珞 珈 经 管 论 丛

中央高校基本科研业务费青年教师资助项目
《基于复杂网络演化模型的设计师合作机制研究》（2722013JC055）成果

设计熔铸价值：
中国工业设计产业研究

● 王娟娟 著

武汉大学出版社

图书在版编目(CIP)数据

设计熔铸价值:中国工业设计产业研究/王娟娟著. —武汉:武汉大学出版社,2013.11
珞珈经管论丛
ISBN 978-7-307-12111-9

Ⅰ.设… Ⅱ.王… Ⅲ.工业设计—工业产业—研究—中国 Ⅳ.F426

中国版本图书馆 CIP 数据核字(2013)第 264420 号

责任编辑:柴　艺　　　责任校对:鄢春梅　　　版式设计:韩闻锦

出版发行:**武汉大学出版社**　　(430072　武昌　珞珈山)
　　　　　(电子邮件:cbs22@whu.edu.cn 网址:www.wdp.com.cn)
印刷:湖北金海印务有限公司
开本:787×1092　1/16　印张:11.75　字数:253 千字　插页:1
版次:2013 年 11 月第 1 版　　2013 年 11 月第 1 次印刷
ISBN 978-7-307-12111-9　　定价:28.00 元

前　言

随着全球化与知识经济时代的到来，世界各国与区域间的竞争日益激烈，依靠自然资源与低成本人力资源投入的要素推动型发展模式正在向依靠创造力获取具有垄断性竞争优势的创新推动型模式转变，"建设创新型国家"也已经成为我国面向未来发展的重大战略。然而"科学技术是第一生产力"这一论断使得创新在过去被简单地理解为以科学技术为基础的创造与发明的商业化应用，忽视了依靠人类原创力来推动经济、社会与文化发展的创意及商业化活动，而设计力是一种最重要的原创力。设计是一切创新实现的桥梁和纽带，没有设计就没有创新。长期以来，我国政府、企业、民众普遍缺乏对设计的重视，对设计出来的成果保护不利，使得工业设计产业的发展步履维艰。我国凭借人口红利、资源红利、能源红利、环境红利以及后发优势维持了较长时间的高速增长，成为制造大国，但这种"全球制造工厂"的角色也有致命的缺陷，随着诸多红利的消失，将会陷入"中等收入"陷阱。因此，对工业设计产业的发展进行深入研究具有紧迫而重要的实践意义。

目前，关于工业设计产业的研究，无论是理论研究，还是政策实践，通常只关注某一特殊设计行业，忽视了工业设计产业的整体产业特征的研究。诸多实证研究发现，工业设计可以从各种行业专业设计中提炼出来，作为一种单独产业形态进行分析。研究这一知识密集型产业的产业属性，可以更好地协调、指导设计服务业与制造业、设计服务业与专业设计服务业的关系。本书在总结先前研究成果的基础上，归纳出我国工业设计产业发展中的三大问题，尝试提出一些解决的办法。全书的主要内容和研究结论概括如下：

首先，对设计、工业设计的相关概念进行定义，界定了本书所研究的对象包括产品设计、工程设计，是一种具有专业性、知识密集性和中间需求性的服务业。在经济学视角下，认为工业设计产业对经济及社会发展、城市建设的重要作用包括促进经济增长、推动产业结构升级、增值产业价值链、增强区域综合竞争力。从经济、文化、制度的角度构建影响工业设计产业发展的三维分析框架，即工业设计产业发展受到产业结构升级、创意产业发展、科技进步及体制改革等因素的影响。通过研究工业设计产业的发展趋势，笔者发现工业设计服务业正朝着专业化、企业化、标准化、规模化、市场化等方向迈进。

其次，通过对工业设计产业发展的历程进行回顾，本书认为我国的工业设计产业经历了计划经济时期、市场经济初期、加入 WTO 之后时期三个阶段，目前还处于生产型工业设计阶段，企业内设计预算不多，外包的设计费用比重也很低。通过将我国设计产业与英国、美国、加拿大、日本等四国进行比较，笔者发现我国的设计产业与发达国家相比还存在着较大的差距，主要表现在以下几个方面：一是工业设计企业的规模普遍偏小，价值创造不能对投资产生吸引力，在市场上的抗风险能力非常差，导致设计产业对制造业的影响力过小，制造业的企业管理层普遍不重视工业设计。二是工业设计产业竞争力比较弱。该行业自身的性质决定了其智力密集型的特点，其所积淀的无形资产是其所有资产中最为重要、比重较大、质地最优的资产，而这一点往往为过去的管理所忽视，所以设计企业管理水平较弱，知识产权意识淡漠。三是工业设计产业的布局不经济，计划配置的惯性造成区域的不平衡，各种产业组织模式没有得到合理的采用，造成一些地区设计人才流失严重，形成后发劣势。

再次，通过对工业设计产业影响力的实证检验，笔者发现工业设计产业的外溢效应对经济增长具有一定的推动作用，设计产出每增长1%，不考虑其他因素的变化，非设计部门的产出将增长2.475%。但目前的设计产业收入在国内生产总值甚至在第三产业中比重相当小，资源配置缺乏效率，市场集中度不高，建议通过企业兼并、工程总承包等方式提高其影响力。通过分析工业设计产业无形资产的构成、特征等，本研究发现我国的工业设计企业大部分没有认识到无形资产的作用，突出表现在上市设计公司无形资产披露不充分、不规范，结果显示发现、判断、优化无形资产对于提高工业设计产业具有重要意义。本书建构了工业设计产业无形资产价值模型，指出无形资产价值由质量、速度、方向构成的方程式来计量，而这三个因素由人力资本、智力资产、结构资本三种指标来衡量。

接着本书研究了工业设计产业集聚理论与案例，构造了工业设计产业集聚动力机制模型，从企业层面、集群层面和集群外层面的三个层面分析影响工业设计产业集聚的因素，专业化、知识溢出、规模效益、吸聚效应以及政府、行业协会、大学等都是工业设计产业集聚发展的动力机制，而且工业设计产业集聚具有激励创新、减少专业性投资、防止欺诈以及创立地域品牌等优势。通过实践和对问卷调查的分析，本研究发现我国工业设计产业存在着两种模式：一是政府规划的综合性的工业设计产业集聚区，二是与制造业紧密联系的专业设计产业集聚区。两种模式各有特点，在政策选择上应区别对待。

最后本书研究了工业设计产业的政策。通过国内外设计产业政策的对比，笔者发现我国在设计产业政策制定方面存在着如下现象：我国主管设计产业技术创新的政府部门有多个，相互之间的协作程度不高。各部门对所制定发布的计划缺乏有效的协调配合，一方面造成某些计划目标的相似，引起人力、物力、财力的浪费，重点不突出，各地存在着发展政策、发展重点趋同的现象；另一方面，也会使某些应该列入计划的项目未列入发展，产生政策体系上的"真空地带"，不利于设计产业的健康快速发展。本书通过对相关理论的回顾，基于 Rothwell (1981) 创新政策框架模型，调查了工业设计产业发展需要哪些因素的支持；探明了目前的设计产业政策关注了哪些方面；通过二者之间的匹配构建目前设计产业政策需求因素的框架结构。

本书共分九章论述上述内容。第一章为导论。第二章为文献回顾与评论。第三章是相关理论基础和工业设计发展趋势分析。第四章是对我国工业设计产业发展进行历史回顾和现状总结。第五章是解决我国工业设计产业规模较小、影响力较弱的问题。第六章是解决我国工业设计产业竞争力不强的问题，提出要重视设计产业中的无形资产管理。第七章是解决我国工业设计产业空间布局不经济的问题，提出发展工业设计产业集聚模式，优化资源配置。第八章是对我国工业设计产业政策制定提出建议。第九章是全书的研究总结及未来研究的方向。

受笔者能力和研究条件限制，本书的研究仅是一个开端，还存在诸多不足，在后续的研究中将不断深入和完善。

目　录

第一章　导　论

第一节　研究背景与问题的提出

一、研究背景

中国过去的经济奇迹架构在人民勤俭节约的习惯上，拼的是如何降低成本，生产物美价廉的产品，即所谓的代客加工（OEM）。随着全球化与知识经济时代的到来，世界各国与区域间的竞争越来越激烈，产业结构的升级和外移，依靠自然资源与低成本人力资源投入的要素推动型发展模式正在向依靠创造力获取具有垄断性的竞争优势的创新推动型模式转变，人们意识到降低成本固然重要，经由设计提高价值则更加重要（ODM）。最终经济的发展必然要通过文化加值设计产业，自创品牌，提升产品的附加价值。2007 年 2 月 13 日，温家宝总理做出了重要批示"要高度重视工业设计"，工业设计已受到政府部门的重视，十八大提出的"建设创新型国家"也已经成为我国面向未来发展的重大战略。

"科学技术是第一生产力"这一论断使得创新在过去被简单地理解为以科学技术为基础的创造与发明的商业化应用。如今，创新的范围已经扩大，逐渐形成了依靠人类原创力推动经济、社会与文化发展的创意及其商业化活动，并形成了创意产业。工业设计产业在创意产业中占据核心地位，贯穿于文化创意产业所涵盖的各产业之中，是直接服务于生产企业自主创新的产业①。

无论发达国家还是发展中国家，由创意产业带来的经济利益正在逐渐增加。《中华人民共和国国民经济和社会发展第十二个五年规划纲要》提出，"加快建设国家创新体系，着力提高企业创新能力，促进科技成果向现实生产力转化，推动经济发展更多依靠科技创新驱动，增强原始创新、集成创新和引进消化吸收再创新能力"。从这

---

①　英国最早将"创造性"概念引入文化政策文件，并且在 1998 年出台的《英国创意产业路径文件》中明确提出"创意产业"这一概念，指出"工业设计"属于创意产业范畴。宋慰祖在《发展我国设计创意产业，服务生产企业自主创新》（Proceedings of the 2007 International Conference on Industrial Design（Volume 1/2），2007）中强调了设计产业在创意产业中的重要性。

一决策来看，创新能力、原始创新、集成创新等都将是未来企业提高竞争力的重要内容。创新涵盖三种创新模式：技术创新、产品创新和商业模式创新。技术创新需要投入大量的研发经费，回收周期长，风险大；商业模式创新则更为困难，需要智慧的战略眼光、长期的管理经验。这两种创新都不是一蹴而就的，小企业和落后企业可能望尘莫及，而以设计为核心的产品和服务的创新，大公司、小公司、外企、民企，甚至个体都可以实行。

美国经济学家波特（1990）指出，一个国家的竞争力在于其产业创新与升级能力。国家整体竞争力的提升，促进经济增长并兼顾生活品质与品位的发展，已成为全球发达国家政策的主要内容。丹麦政府在其国家设计政策"Design Denmark 2007"中提到，设计已成为当今知识经济时代产品及服务吸引消费者和使用者的主要工具。设计以其差异化的力量在竞争中产生优势及附加价值，而好的设计在频繁的国际贸易中也日益重要。设计力是一个国家创造力的核心组成部分，工业设计更是提高技术创新水平与提升企业竞争力的战略工具。现阶段许多世界级领先企业，如苹果公司及索尼公司等，都致力于运用设计创造价值。1990 年美国工业设计协会对企业的调查统计，美国企业平均在工业设计上每投入 1 美元，其销售收入为 2500 美元；在年销售额达到 10 亿美元以上的大企业中，工业设计每投入 1 美元，销售收入甚至高达 4000 美元。巨大的市场使企业与企业之间的竞争日益激烈，通过工业设计来增加花式品种和提升产品品质，已成为商业竞争的需要（张立，2007）。现代社会中，有竞争力的产品必然是设计优良的产品，如苹果公司的电子产品、惠普公司的打印设备、迪斯尼公司的动画产品，不仅拥有成熟的技术，更具有先进的产品概念和管理理念。设计创意产业作为整合科学、技术、文化、艺术等为一体的集成创新型产业，在我国推进建设创新型国家的进程中，具有不可忽视的作用。我国改革开放以来，经济高速发展，人们生活条件改善，为设计产业的发展创造了条件。同时产业结构的调整、经济增长方式的转变，也要求我国的设计产业迅速成长。设计产业的发展在我国已有 30 多年的历史。虽然由于设计资源分布不平衡，各省设计产业发展快慢不均，但在沿海经济发达地区已有较好发展。例如：以北京为核心的环渤海地区设计产业有很好的发展基础。北京市委、市政府已将设计产业纳入北京文化创意产业发展规划之中。据不完全统计，2012 年北京有包括国外设计公司在内的设计企业、设计机构、设计院所近 2 万家，从业人员 20 万人以上，创造产值 194 亿元。同时，北京许多高新技术企业建立了工业设计中心和设计部，如联想、华旗、方正、汉王，还聚集了世界数百家跨国公司的研发设计部门，如诺基亚、LG、摩托罗拉、松下等。

就目前而言，我国设计创意产业中最具推动力的当属工业设计，同时，最急需发展的也是工业设计。因为凭借自然资源和劳动力密集的优势，我国已经发展成制造大国，许多地方已具有大规模制造的能力，为进一步发展打下良好的基础，但这种"全球制造工厂"的角色也有致命的缺陷。由于我国的制造业属于生产加工型，处于产业价值链"微笑曲线"的弧底，产品增值率低，而由外商控制的产业链上游研发设计及下游品牌销售，其增值收益往往是国内加工企业的十余倍甚至几百倍。据媒体报道，2005 年以来，珠三角、长三角区域企业大面积出现利润下滑迹象，多年来一直保持的高速发展势头开始显现出某种疲态。与此同时，"走出去"的企业乏善可陈，多数未能实现预期赢利，国际品牌地位的建立也是遥遥无期。可以说我国企业处在进一步海阔天空、退一步万丈深渊的境地，只有发展才能生存。如果我国企业拥有先进的设计能力，其价值不但在于能够将企业的价值域向上游拓展，更重要的是在价值网络中具备了帮助顾客提高价值的能力，还能获得定价和分配的话语权。设计能力能够帮助缩短供应链，供应链缩得越短，企业的附加价值就越高。中国企业如果掌握了设计能力，就能够提高在供应链上的谈判实力，从而创造更多价值。

我国经济下一个增长极的实现只有一条出路，那就是自主创新。面对我国庞大的制造规模，发展工业设计正是自主创新的一条重要途径，是实现从中国制造向中国创造转变的重要途径，是实现产业升级和结构调整的必然选择。工业设计产业（industrial design industry）是在世界经济进入知识经济时代这一背景下发展起来的一种推崇创新、推崇创造力、强调设计创意对经济的支持与推动的新兴产业。

二、问题的提出

我国工业设计产业的发展刚起步，还面临着较大的问题：

一是全社会对设计创新在自主创新中的核心地位认识不足，长期以来我国经济界、企业界从未真正重视"设计创意"对于经济发展的重要作用。

二是知识产权受到挑战，刚设计出来的产品瞬间就会被模仿。企业对模仿比创新更有信心、更有把握，而且周期短，获利大。这会限制设计产业的发展，因为它会极大打击企业、设计者的创新积极性，阻碍创新。

三是品牌意识薄弱。现在很多企业逐步认识了品牌的价值，但还没有认识到品牌就是一个创意，因为知识产权、技术等等，都靠品牌增加附加值，企业有了品牌意识而没有品牌创意点，这种观念也会严重束缚设计产业的发展。

四是国家对工业设计产业的支持远远不足，缺乏对设计产业的引导和支持，缺乏一套规范的扶植体系。

五是构成设计产业的行业复杂，涉及领域广泛，经济形式多样，管理体系不清。设计产业分布于多个行业之中，多种经济成分并存，量大面广，呈现散、乱局面。没有统一的管理和统计口径，难以完整地反映出设计产业的规模影响及贡献率。

六是设计创意与科技创新的互动缺失，专业设计研究院在设计产业发展中的作用被忽视，设计人才培育机制落后。

这六大问题归根结底是由于我国工业设计产业的影响力过弱、竞争力不强、空间布局不经济三大因素造成的。影响力过弱表现为设计与生产两张"皮"，设计研究脱离实践，设计环节对制造业的影响力过小等。竞争力不强突出表现为知识产权意识淡薄，在设计产业中重有形资产，轻无形资产；重传统无形资产，轻新型无形资产；重无形资产开发，轻无形资产经营；重无形资产增量，轻无形资产存量等。工业设计产业空间布局不经济主要表现在设计院所的计划配置惯性、高校区域布局不平衡、企业设计部门人才缺失和后发劣势。

基于上述分析，本书认为有必要引入产业分析视角研究工业设计产业，通过对工业设计产业在我国发展的历史回顾和现状分析，归纳出我国工业设计产业目前需要解决的三大问题，然后研究基于规模优化来解决工业设计产业影响力过弱、基于无形资产优化来解决工业设计产业竞争力不强、基于产业集聚来解决工业设计产业空间布局不经济等问题，为制定更加合适的工业设计产业政策提供参考和决策建议，从而实现工业设计产业的快速发展，推动产业升级，引导潜在消费，扩大市场需求，促进经济增长。

三、研究意义

（一）理论意义

设计产业是创意产业中唯一的生产性服务业，对我国产业升级、经济发展具有特殊的重要意义。截至目前，从我国工业设计产业政策的现状可以看出，设计产业在我国实际上只是产业雏形，地位不高，影响不大。政府设立的设计产业园还处于摸索阶段，效果还未呈现。尽管各级政府强调设计产业的重要意义，但是对产业的特征、发展机理等还没有清晰的思路，某些地方只是套用创意产业的一般发展模式。本书通过剖析工业设计产业在我国经济发展中的地位，对产业结构升级、创意产业发展、设计企业的体制改革等因素推动工业设计产业的发展进行分析，对工业设计产业发展的专业化、市场化、规模化、标准化、企业化等未来趋势做全面研究，在理论上总结了新兴服务业产业化的形成规律，研究了生产型服务业做大做强的路径，拓宽了无形资产、产业集群理论研究的视角，在前沿理论研究的基础上为我国工业设计产业的发展方向和发展途径提供一定的借鉴。

（二）现实意义

当前知识经济与后工业时代背景下，设计产业成为当之无愧的朝阳产业。作为知识经济社会中新的财富创造形式，设计产业引起了国际社会的普遍关注，并成为发达国家国民经济的支柱产业和扩大对外贸易的主导产业。而在我国建设创新型社会过程中，设计产业也日益成为国民经济的重要产业，在我国经济发展中占据重要的战略地位。

随着全球经济一体化进程加快，我国设计产业面临的市场竞争日益激烈。能否在这样的市场环境中生存以及怎样在这样的市场环境中发展壮大，对于我国设计产业来说，是一个巨大的挑战。本书通过对我国工业设计产业的历史回顾和现状分析指出了该产业存在的三大问题，即影响力较弱、竞争力不强、空间布局不经济，提出从产业规模优化、产业资产优化、产业组织优化的角度来解决这些问题，在实践上可以指导设计企业提升竞争力，并为我国各级政府制定设计产业政策提供决策依据。

第二节 研究思路及方法

一、研究思路

关于工业设计产业的发展，在产业层次的研究大多集中于某方面的经验研究，缺少一般性理论分析框架。本书在文献研究基础上，对我国工业设计产业的发展进行历史回顾与现实总结，发现存在着影响力较弱、竞争力不强、空间布局不经济等三大关键问题，然后构建关于工业设计产业发展的研究框架，把规模优化、无形资产优化、集群模式优化作为解决这三大问题的办法放入系统模型中进行考察，从而形成本书的分析研究框架。最后，对我国的工业设计产业的政策制定提出相关建议。全书的研究思路如图 1-1 所示：

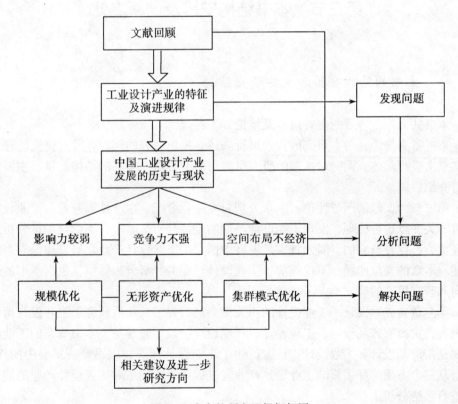

图 1-1 本书的研究逻辑框架图

二、研究方法

关于工业设计产业发展的相关研究，主要运用经济学、管理学、社会学、市场学等相关理论与方法进行多角度的研究。首先，基于文献研究方法，通过对工业设计产业相关经济分析文献进行回顾与评论，在把握已有研究成果的基础上，发现并确立本书的研究方向和内容，构建本书的理论和实证分析框架。其次，理论研究与实证研究相结合，既有定性分析，又有定量检验。在理论分析上，运用适当的数量模型，通过数理推导，增强分析的逻辑性；在实证研究中，通过建立计量模型，挖掘现实数据背后的复杂关系，运用统计软件对理论分析结果进行检验。最后，基于问卷调查分析法，通过问卷设计、问卷发放与回收、资料整理、分析等对我国工业设计产业的现状进行初步研究，并通过走访和参观设计产业的典型企业、访谈、座谈等多种形式开展研究。

第三节　本书结构安排及创新之处

一、本书的结构安排和主要研究结论

本书共九章，各章的主要内容及结论如下：

第一章为导论，对本研究的背景进行陈述，提出研究的问题，并对研究的理论与现实意义进行阐述；同时对本书的研究思路与研究方法、本书的结构安排和主要结论进行介绍。

第二章为文献回顾与评论。本章分别对专业化分工、生产性服务业、工业设计产业等相关文献进行梳理，发现工业设计产业的经济分析文献中，不论是理论分析还是实证检验都存在研究的空间，特别是发展中国家的工业设计产业化研究还没有系统的论述。本章的文献回顾，不仅理清了工业设计产业的经济分析脉络，也为本书的研究方向和研究思路的确立奠定了基础。

第三章首先对设计、工业设计的相关概念进行界定；然后研究了工业设计所包含的内容，主要有产品设计、工程设计、环境设计、设计管理等，本书研究的工业设计主要是指产品设计和工程设计；接着论述了工业设计产业在国民经济发展中的作用，并且从三个方面解释了影响工业设计产业发展的因素；最后对工业设计产业的演进趋势进行系统分析。

第四章对我国工业设计产业现状进行实证研究。首先对我国工业设计产业的发展进行了历史回顾，然后对国内外工业设计产业的现状进行经验分析，最后通过问卷调查的方法，剖析我国工业设计产业存在的问题，并归纳出工业设计产业发展面临的三大障碍：影响力较弱、竞争力不强、空间布局不经济。

第五章主要解决我国工业设计产业影响力的问题。由于产业自身规模较小，实力不强，与相关产业联系不密切，我国工业设计产业无法在经济发展中起到应有的作用。本章首先实证检验了工业设计产业对其他产业的乘数效应，发现确实存在影响力较弱的困境，然后提出了促进工业设计产业发展的路径：一是通过企业之间合并重组实现资源的优化配置和扩大企业规模，二是通过国际通行做法——工程总承包，扩大设计产业与上下游相关产业的联系，提升国际竞争力。

第六章主要解决我国工业设计产业竞争力的问题。首先分析了工业设计产业无形资产的构成、特征、地位和作用，揭示我国的工业设计企业普遍没有认识到无形资产的作用，突出表现在知识产权意识淡薄，重有形资产，轻无形资产；重传统无形资产，轻新型无形资产；重无形资产开发，轻无形资产经营；重无形资产存量，轻无形资产增量等。然后构建工业设计产业无形资产价值的模型，并对模型的指标进行分析，提出优化工业设计产业无形资产的建议。

第七章对工业设计产业集聚进行了理论与案例分析。首先提炼出工业设计产业集聚动力机制模型；接着分析了模型框架的一些影响工业设计产业集聚的因素，主要是企业层面的动力机制与优势、集群层面的动力机制与优势和集群以外的创新机制和优势，并分析工业设计产业集聚的制度优势，最后结合国内外设计产业集聚的案例，归纳我国设计产业集聚目前存在的两种模式：综合性设计产业集聚与专业性设计产业集聚，得出集群模式形成的路径和机理不同，其形态特点与发展要求也不相同的结论。

第八章在比较国内外工业设计产业政策的基础上，提出基于 Rothwell（1981）模型的设计产业政策制定模式，以产业发展的需求因素为依据来制定相关政策，并给出了现阶段及未来五年我国发展设计产业所需要的政策工具。

第九章对全书的研究结论进行了总结，并对我国的工业设计产业政策选择提出相关建议。同时，在总结本研究的不足之处基础上，对未来进一步的研究方向进行了思考。

二、本书的创新之处

在全球经济一体化进程中，工业设计产业发展成为世界性的研究课题，并取得了一些研究成果，遗憾的是针对我国工业设计产业发展的系统性研究较少，本书在参考相关产业发展研究的基础上，对此进行探索性尝试。本书的主要创新体现在以下几个方面：

（1）较早分析了工业设计产业在国民经济发展中的地位，并从产业结构调整、创意产业发展、科技进步、体制改革等方面分析了工业设计产业发展的影响因素，并指出了我国工业设计产业发展的趋势。

（2）本书在回顾工业设计产业的发展历史和总结发展现状的基础上，归纳出产业发展的三大困境，即影响力较弱，竞争力不强，空间布局不经济，从产业经济学角度构建一个基于规模优化、无形资产优化、组织模式优化的工业设计产业发展系统模型，分别研究了工业设计产业发展壮大的路径，从理论上系统论证了工业设计产业，是对服务业理论和创意经济学理论的拓展与补充。

（3）在借鉴前人研究的基础上，鉴于工业设计产业的产业特点，本书利用调查问卷较早分析了我国工业设计产业的竞争力特征。

（4）本书在服务业集聚模型的基础上构造了工业设计产业集聚动力机制模型，这一模型分为 3 个层面，即企业层面、集群层面、集群外层面，并对国内外的设计产业集聚进行案例比较分析，归纳出工业设计产业集聚存在两种集聚模式：综合型和专业型。

（5）结合我国目前及未来五年设计产业发展的需求因素，以 Rothwell（1981）的 12 项政策工具为框架，提出了政府制定政策的依据。

第二章 文献回顾

第一节 基于专业化的分工理论研究

分工问题早在亚当·斯密时代就受到关注。在古典政治经济学中，斯密在研究一国国民财富增长的源泉时指出，一个国家经济增长的主要动力在于劳动分工、资本积累和技术进步。同时，他认为市场容量的大小决定着分工水平。这一论断通常被称为斯密定理。要解释经济增长问题，首先必须说明决定分工和分工演进的因素。推动经济增长的最根本原因是劳动分工的日益深化和不断演进，而劳动分工的深化取决于市场范围的扩大。斯密把这两者结合起来形成了凭借持续引进新的分工而自我维持的增长理论。技术变迁以分工加速知识积累的形式，成为报酬递增永不枯竭的源泉。但是在处理分工与市场扩大的关系时，受历史时代所限，对市场范围的讨论只是从地理角度出发，认为运输的发展是限制市场范围扩张的主要原因，同时考察了人口规模对生产规模进而对分工的影响。李嘉图采用了与斯密不同的方法来研究专业化与分工，强调了外生比较优势与分工的关系。Young（1925）则进一步利用三个重要的概念来阐述分工问题：（1）个人的专业化水平，这种专业化水平随每个人的活动范围的缩小而提高；（2）生产链条的长度；（3）生产链条上每个环节的中间产品数。Young 据此修正了斯密市场容量决定分工的观点，提出了著名的"杨格定理"（Young's theorem），即分工决定分工。也就是说，市场容量决定分工水平，反过来分工水平又决定市场容量。Young 认为，斯密只考察了分工的一种形式，斯密所谓的分工是指职业分离或专业化的发展。实际上分工有多种表现形式，其中最重要的分工形式是生产迂回程度的增加，即经济中出现新的中间产品，初始投入与最终产出之间的链条加长。因此，对于分工这一概念存在两种不同的理解：一种观点认为分工意味着经济的多样化，分工表现为新行业的出现及生产迂回程度的增加，分工经济是一种多样化经济；另一种观点认为分工表现为工人将越来越多的时间用于生产一种产品，即工人专业化程度的加深，分工经济是一种专业化经济。

Yang 和 Borland（1991）认为分工演进体现为个人专业化水平的提高。其主要思想是：假定所有人都是事前同一的，都自给自足所有的商品，并且每种商品的生产函数、交易成本以及人们对它的偏好都是一样的。由于专业化利益的存在，经济会从自给自足向劳动分工状态演进。又由于存在着交易成本，人们对专业化水平有一个最优决策，所有人的专业化决策一起决定了当时的经济增长率，劳动分工水平决定了当时的经济增长率。劳动分工的演进扩大了市场规模，而市场规模的扩大又反过来促进劳动分工的演进，同时提高了交易成本。只要劳动分工演进到一定水平并保持进一步分工的潜力，人均收入就会随时间不断提高，从而经济的持续增长是可能的。因此，即使在人口不增长的情况下，只要保持进一步分工的潜力，经济就可能不断增长，如果人口增长，更严格地说，如果进入交易的人数增多，则进一步提高了分工的潜力，从而保证增长率的持续提高。

Becker 和 Murphy（1992）从社会协调成本出发来研究分工与经济增长的关系。他们指出人力资本的积累会促进专业化水平的提高，反之，专业化水平的提高又能够促进人力资本的积累，使人力资本积累的边际收益不发生递减。这样，在长期，分工水平与经济增长将会相互促进。他们还进一步指出，分工水平并不一定仅仅由市场容量所决定。专业化水平的提高会增加企业的产出，同时也带来了协调成本（监督费用、工人间交流费用等）的增加。因此，协调成本同样也是决定社会分工水平的一个重要因素。但是，他们的模型中隐含着一个不容忽视的假设，那就是企业和市场是不可替代的。众所周知，当企业生产的协调成本足够高时，专业化分工就不会在企业里发生了，取而代之的是市场中的分工。显然，企业和市场不可替代的假设是不符合现实的。因而，沿着 Coase（1937）、Alchian 和 Demstez（1972）等人的研究思路，可以重新考察协调成本、交易费用和分工与经济增长的关系。

关于专业化分工问题的讨论，近几年也有学者持续关注。Yijiang Wang（2005）在一个模型中同时考虑需求、供给及内部协调对劳动分工的影响。大型工作意味着较少的员工能够单独完成整个工作，这有助于协调和产品质量的提高，但是无益于降低交易成本。虽然协调是核心，但模型也显示了工作跨度受需求和供给因素的影响。随着边际劳动生产率降低，市场越大，工作跨度越窄。当协调技术越好和费用越低时，协调范围越窄。Chulin Li 和 Guangzhen Sun（2006）通过劳动力专业化矩阵（最小二乘法）描述专业化模式，然后提出一些公理性质的合理分工措施。Joseph Henrich 和 Robert Boyd（2007）研究了分工、专业化和经济社会分层的演变。

第二节　生产性服务业的文献研究

由于专业化分工的发展，一些原本属于制造业过程的中间投入要素逐渐独立出来，形成生产性服务业。生产性服务业是目前西方大部分服务业体系中对国民经济作用最显著的部分。生产性服务指那些被其他商品和服务的生产者用作中间投入的服务。与此对应，生产性服务业则指生产性服务企业的集合体。从外延角度看，生产性服务业包括狭义的生产性服务业（包括金融、保险、法律、经纪等）以及大部分分配性服务业（包括商业、运输、通信、仓储等）（薛立敏等，1993）。相对于直接满足最终需求的消费性服务业来说，生产性服务业具有如下三个显著特征：它的无形产出体现为"产业结构的软化";它的产出是中间服务而非最终服务,体现为被服务企业的最重要的生产成本;它能够把大量的人力资本和知识资本引入商品和服务的生产过程中,是现代产业发展中竞争力的基本源泉(刘志彪,2005)。正因为生产性服务业具有上述与其他产业截然不同的性质,Riddle(1986)认为生产性服务业是促进其他部门增长的过程产业,是经济的黏合剂,是便于一切经济交易的产业,是刺激商品生产的推动力。从实际来看,当代发达国家近20多年来经济结构变迁和产业升级中最令人瞩目的戏剧性现象便是生产性服务业发展成为国民经济中的支柱产业(刘志彪,2005)。虽然目前国内外的相关文献比较多,但限于研究目的和精力,笔者仅从生产性服务业的作用、知识密集性特点、发展动力、集聚模式等方面进行回顾和评论。

一、生产性服务业的作用

生产性服务对经济生产过程、经济活力的培育以及经济增长都有着重要的影响。毫无疑问,这些影响和作用都与经济活动生产率的提升有关系。如果从经济活动的过程角度来看,几乎每个环节都会有生产性服务活动参与。Gruble 和 Walker(1989)用铜的生产分析了生产性服务在一切生产水平上都参与经济过程,比如,在铜的生产中包含工程服务,而铜又成为通信设备的投入,并通过通信设备导致消费者购买电话服务,并且,所有用于铜的生产的投入本身又消耗掉通信与其他服务。因此,只要专业化分工行为存在,就有可能产生对生产性服务业的需求。专业化分工不仅产生于企业内部,也存在于企业组织之间。所以,生产性服务在经济生产过程中的参与度是比较高的。Hasen(1990)指出,生产性服务作为货物生产或其他服务生产的投入而发挥着中间功能,它们提高了生产过程不同阶段的产出价值和运行效率。阎小培(1999)剖析了生产性服务业提供的产出虽然不直接参与生产或者物质转化,但其中间功能提高了生产过程中不同阶段的产出价值和运行效率。还有学者认为,生产性服务业的产出是中间服务而非最终服务,体现为被服务企业的最重要的生产成本(刘志彪,2005)。所以,生产性服务业的发展将为被服务企业的效率提升带来很大的贡献。

二、生产性服务业的知识密集性特点

在生产的每一过程中,都需要具有专业知识的专门人才来进行计划、整合、控制、评估等专业化的工作,而这正是生产性服务业的产出成果之一。在知识经济时代,知识是提升效率的根本动力之一,所以生产性服务是知识密集型的。Gruble 和 Walker(1989)把生产性服务厂商比作专家组,认为生产性服务部门是把日益专业化的人力资本和知识资本引进商品生产部门的传送带。"人们早就认识到人力资本和知识资本在经济增长中所起的重要作用。现在很明显,在相当大的程度上,生产性服务构成了这种形式的资本进入生产过程的渠道。在生产过程中，它们为劳动与物质资本带来更高的生产率并改进了商品与其他服务的质量"（Gruble and Walker，1989）。OECD（1999）剖析了知识经济是建立在信息科技基础上的服务型经济，包括制造业中的高科技产业以及知识密集型的服务业。知识密集型服务业意味着较多的人力资本存量，这也表明生产性服务业与传统服务业的区别。生产性服务业具有知识密集型特征，因此其产品往往具有专利，以体现其专业化。Saxenian（1994）指出，硅谷有诸多的高科技从业人员离开高科技产业，转向如创业投资公司、科技管理顾问公司等位于硅谷周边的生产性服务业。这表明生产性服务业从业人员常具有较高的人力资本，而缺乏技能的劳动者很难从事专业性活动。也有学者指出虽然技术密集的服务业工作增加很快，但仍占较少的比例。大部分新增服务业工作，以低技能需求的服务性工作为主，而且易于造成结构性失业。另一项研究表明，高科技人才向生产性服务业转移正在成为常态（Andersen，1999）。所以，如果从就业角度来看，生产性服务业似乎并不能有效解决就业问题。从这个原因出发，刘志彪（2005）认为生产性服务业的无形产出体现为"产业结构的软化"，其典型特征之一是能够把大量的人力资本和知识资本引入商品和服务的生产过程中，是现代产业发展中竞争力的基本源泉。

三、生产性服务业的发展动力

生产性服务业日渐盛行的主要原因是厂商生产过程的复杂化及迂回化，对专业化的需求增加，扩大规模，提升效率（薛立敏、杜英仪、王素弯，1995）。生产性服务业的发展速度一直呈上升趋势，这也是研究人员给予其大量关注的主要原因之一。Gruble 和 Walker（1989）在研究加拿大的服务业时发现，在 1961—1986 年，该国的消费性服务的生产按实际产出的百分数计算时事实上是保持在同一水平上，但生产性服务业在国内生产总值中所占的份额在这期间却增加了 20%。无论是用名义值还是用实际值表示，生产性服务业都成为服务部门最大的组成部分，也是增长最快的组成部分。Coffey 和 Bailly（1991）曾经提出企业内部、外部的压力是形成生产性服务业的原因，分为组织引起的原因、环境衍生的原因。Glasmeier 等（1995）对美国生产性服务业的就业进行实证分析，得出在 1969—1976 年，美国非大都市生产性服务业的就业增长率高于大都市就业增长率。OECD（2003）的研究成果表明，20 世纪 90 年代中期，OECD 国家制造业产品价值中平均有 22% 是由生产性服务业所创造的，且比重还在进一步提升，生产性服务业不仅本身显示出快速增长的势头，还为相关产业的发展带来了直接贡献。影响生产性服务业发展的动力主要有以下几点：

一是制造业企业的外包活动刺激了生产性服务业的快速发展。生产性服务外部化是指企业通过市场交易途径，从生产性服务企业获得所需的生产性服务产品，满足其需求，而不是自己生产所需服务产品的过程（Daniels，1991）。也有学者认为外部化主要是指服务产品由企业内部生产转为企业外部生产的过程（Howells，1985），它是影响生产性服务业发展的重要因素。对生产性服务外部化的传统解释是交易成本理论

（Williamson，1985），按照这个理论，生产性服务是内部化还是外部化，关键看其市场资源分配、协调活动及内部管理活动产生的成本。当内部管理的边际成本超过了外部交易的边际成本时，生产性服务才会寻求外部化。专用资产投资、市场交易的不确定和经常变化三个因素影响交易成本，如果这三个因素增加了公司的风险和成本，这些生产性服务就可能由市场途径获得。Barcet（1988）也认为交易成本是选择生产性服务的主要因素，他指出与外部服务企业建立长期的协作关系，有利于为使用者降低交易成本。Coffey（1991）从竞争策略的角度分析生产性服务外包问题，认为面对不确定性，企业会通过外包来分散风险，将资源集中在价值链中企业最有竞争优势的环节，这样有利于提高企业的灵活性和效率，从而增强企业的核心竞争力。通过签订合约外购服务这种"半结合"式的非完全市场化组合形式（如联盟、外包等），原生产单位既有一定效率又能保持灵活性，而且能专心致力于提高自身的核心竞争力。

二是分工深化加速了生产性服务业的发展。20世纪六七十年代是西方资本主义大规模集中生产体系逐渐瓦解的时期，此前大规模集中生产体系占据主导地位，但经济"滞胀"现象所带来的经济危机，使得灵活性生产①成为一种新的经济活动组织方式。这种灵活性生产方式的实现途径之一就是通过深化市场分工的外包模式实现外部化。Greenfield（1966）认为生产性服务业发展的原因是专业化，而非服务功能外部化。Katouzion（1970）指出生产性服务和迂回生产有关，生产性服务提供知识与技术，使生产迂回度增加，实现生产专业化。Oliver Williamson（1975）提出生产性服务外部化的原因是交易成本，企业将原由内部提供的服务交给外部专业厂商以降低成本。Gold（1981）支持专业化为达成规模报酬的要点，他认为借由整合专业化才能确保有效的规划、服务、协调、评估与成果改进，服务部门的成长有许多是产业间需求的结果（王翔炜，1997）。因此，也有学者认为，欧美地区生产性服务业的快速发展不能用外部化理论加以解释，而应从分工深化的角度来理解，因为生产性服务的外部化只是制造业服务从内部提供转向外部提供的结果，没有增加生产性服务业作为一个整体经济的总量。Mckee（1988）从国际分工的角度分析了20世纪80年代以来发达国家日益明显的脱工业化问题。他指出，随着发达国家纷纷把传统工业外迁到发展中国家，发达国家的融资、技术支持、信息处理、营销、储运等生产性服务活动也获得了蓬勃发展，从而形成了发达国家与发展中国家之间"较高层次的服务业与一般工业、制造业"的国际分工格局。Lewis（1988）从劳动力角度指出，行业内部提供服务的劳动力被外部所代替，是生产性服务业快速增长的原因。Hansen（1988）通过对丹麦制造业企业的调查研究，发现生产性服务的外部化有利于降低生产风险和应对偶然需求，有利于企业更专注于核心技术的研发，从而提升技术竞争能力。Perry（1991）认为企业需要专门化的服务部门提供相对独立、公正的服务活动，如独立的审计和鉴定服务、专业化的法律咨询、项目的专门化评估等，而这些活动若放在企业内部完成，将无法遵循市场有效分工原则，从而不可避免地带来生产成本的增

---

① 有时也被译为柔性生产、弹性生产。

加。所以，交给专业化的服务企业效率最高、效果最好。这样的生产组织方式无疑促进了生产性服务业的快速发展。

四、生产性服务业的集聚模式

对产业集聚现象的研究最早可追溯到 100 多年前，自韦伯和马歇尔以来，集群研究大多集中于制造业及工业集群，许多经济学家和经济地理学家致力于构建制造业"集聚经济"理论。他们认为，集聚经济是企业因在某地的产业规模及由此引发的与同处集群的其他企业分享外部性支出而带来的企业成本的节约（Keeble，2000）。研究产业集聚的文献多是以工业或制造业为研究对象，针对现代服务业尤其是生产性服务业集聚问题的研究并不多。近年来，伴随着全球产业布局和价值链分工的持续推进，生产性服务业日益成为发达国家重点发展的产业，并在发达国家经济中占据越来越大的比重，一些国际性大都市往往是生产性服务业密集、竞争力强的地区。对此，新经济地理学开创者保罗·克鲁格曼指出，生产性服务业有比制造业更为明显的集中趋势。然而许多学者如 Moullaert 和 Gallouj 等指出，制造业集聚的理论与模型并不适合服务业。因为服务企业提供用户定制的服务，其创新的信息、专门的知识和技能有别于为最终消费生产产品的制造企业。对服务业集群研究的不足，且用传统产业集群的概念解释服务业集群存在局限性，导致一部分国外学者试图开发现代服务业集群的新框架。Scott（1988）率先将"服务业集群"概念化，强调"极为适应外界变化的外部联系的重要性"。他发现，新柔性集聚区域显著地出现在三大主要的产业部门，即重获新生的工艺和设计密集型产业、高技术产业、服务性产业（主要为商业性服务企业）。

国外的文献主要集中在对生产性服务业的集聚动因、集聚模式和集聚形态动态演化等问题的初步探讨方面。理解这些观点，有助于深入剖析设计产业集聚的基本特征，并发现其中的规律。

对生产性服务业集聚动因的研究，大多是在马歇尔、克鲁格曼、波特等制造业集聚理论的基础上展开的（王晓玉，2006）。对此，Moullaert 和 Gallouj（1993）指出，运用已有集聚理论对生产性服务业集聚问题进行研究的适用程度是有限的，其结论也应受到质疑。

目前，学术界对生产性服务业集聚的动因还没有系统的阐述，但一些学者关于这一问题的思考却颇具启发性。Alexander（1970）对伦敦、悉尼、多伦多等城市的事务所进行调查发现，企业的经营者追求集聚的目的主要包括：有利于同政府机关接触，有利于接近顾客，有利于接近关联企业，有利于接近其他服务业，有利于决策者集中等。Daniels（1985）指出，传统和威望等人为因素以及劳动力等经济因素仍然会促使生产性服务业的办公场所向大城市的中央商务区集聚。S. Illeries（1989）把加速生产性服务业空间集聚的因素归纳为以下几点：第一，享受人力资源的"蓄水池"；第二，获得后向联系的机会；第三，获得前向联系的机会。Senn（1993）则认为生产性服务业在空间上集聚,一方面是因为位置上靠近可以使服务企业之间便利地享受相互间的服务;另一方面是由于经济环境的快速变化以及由此产生的不确定性。

在分析集聚动因的基础上,研究者进一步分析了生产性服务业集聚与竞争优势形成的关系。Keeble 和 Nacham(2002)通过对伦敦的生产性服务业集群中 122 家管理和工程咨询服务企业与英格兰南部非集群化布局的 178 家同类企业进行对比,得出在集群中的生产性服务企业可以通过集聚学习机制来获得优势的结论,并且他们发现这种集聚学习机制主要通过以下三种途径来实现:一是通过非正式的社会关系网络获得新知识;二是通过集聚区中生产性服务企业之间正式的合作安排来促进形成集体学习机制;三是通过集聚区中技能劳动力的流动来促进知识的流动。另外,他们还发现生产性服务企业集聚所带来的竞争力也与这些企业获得进入全球网络的资格有关,因为许多生产性服务企业,特别是一些大型企业都需要进行全球化经营,这些企业一旦能够位于一个国际化都市(如伦敦)中的知识密集型服务业集聚区,就会获得发展全球化联系的额外优势。Rolf Stein(2002)从文化资本的视角对生产性服务业集聚优势的原因进行解释,他认为,生产性服务企业在空间上集聚,经常会带来一种社会文化上的接近,这种社会文化上的接近会使这些企业之间形成共同的价值观、信念和默认的理解,并形成一种非交易的相互依赖。Daniels(1985)及 Heskett(1987)均认为造成服务业集中发展的关键因素是互补共生,也就是单一类型的服务业需要与各种不同的服务业聚集在一起,才能实现其服务的最终目的。例如,广告商需要与出版商、电信业、传播业等服务业在业务上相互合作才能达成广告宣传的最终目的。这种互补共生对服务业的相对重要性因服务业的类别、相互结合的规模及其组织结构而有所不同。这个原因与聚集经济形态中形成都市化经济的原因相同,主要是为了分享主要资本投资和基础设施,以及靠近特定的劳动力。集聚允许快速容易地进入其他互补的或相关的企业,或是为了采购而投入进行生产后向关联,或是为了提供服务而产出进行生产前向关联。除了这些市场驱动的交易外,更多的文献强调企业集聚的作用,即能方便信息交换、隐性知识传播、创造丰富的信息环境(Saxenian,1994;Audretsch and Stephan,1996;Audretsch,1998)。

目前国内对生产性服务业集聚的研究较少[①],在研究过程中多是对国内外生产性服务业的集群模式的归纳和总结。李红(2005)梳理了国外知识型服务业集群的研究成果,点评了知识型服务业集群研究的不足,呼吁对知识型服务业集群研究的紧迫性。陈守明、韩雪冰(2006)从生产性服务业发展的僵局及其化解的角度,提出了基于产业集群价值链分解的生产性服务企业的发展。王晓玉(2006)从生产性服务业集聚的内涵和机理、生产性服务业集聚区的模式和演化以及集聚、扩散的关系等方面,对国外生产性服务业集聚的相关研究进行梳理和评论。杨亚琴、王丹(2005)通过对纽约、伦敦、东京三个国际大都市现代服务业集群发展模式的比较研究,对上

---

① 生产性服务业的概念最早由 Greenfield 在 1966 年提出,20 世纪 80 年代开始引起部分学者的关注。

海陆家嘴金融贸易区、外高桥保税区、赤峰路现代服务业集群三个案例进行了分析，并指出外生性服务业集群和内生性服务业集群的产业特征、内在机理和相关的产业政策。蒋三庚（2006）论述了现代服务业集群的含义、形成因素、集聚模式以及发展现代服务业集群的条件。

第三节　关于工业设计产业的文献研究

工业设计首先出现在企业内部，是企业生产产品的前期活动。随着专业化分工的发展，虽然企业雇用大部分设计师，但是 Bluce 和 Morris（1998）认为，企业寻求外部设计服务将会越来越普遍，主要有以下若干原因：（1）产品复杂度提高而且生命周期变短，企业需要专家提供不同观点的支援；（2）设计实务上新的技术对设计过程有帮助；（3）设计服务业的专家具有专业性；（4）企业建立协力网络有助于提升附加价值。基于上述优点，设计公司以专业设计服务与设计咨询的方式，向企业提供高度弹性化、机动化与高效率的设计整合能力（吴俊杰，2004）。

一、工业设计的产业特性分析

工业设计业是服务业的一种，服务的对象包含生产者及使用者，但以制造产品的生产者为主要服务对象。设计服务是依据使用者的需求，着重结构、功能、价值及经济的考量，为生产制造者创出具有美感、符合其生产技术及设备且易于销售的产品，并由一连串设计程序的活动来施行。

张文智、张仲良（1999）指出，设计服务的主要工作在于提供创新的设计概念、专业的判断力与知识，为客户解决在产品开发及设计上的各种问题。也就是提供无形的专业知识，辅以具体的平面图、立体图或模型来提供服务、展现专业，设计服务的提供者也是销售者，以直接提供服务来销售设计，且在提供服务的同时，客户必须直接参与、给予意见，因此符合"无形性"与"不可分割性"的特性。

在面对不同的客户与不同的设计需求时，设计师所提供的服务会有所调整，且不同的设计师所提供的服务也会略有差异，具有高度的可变性。而设计服务是应各种不同客户的需求而提供，无法如实体产品可事先生产储存以供需求产生时用，所以当设计需求大于供给时，设计服务业无法立即增加产能来提供服务；反之，当设计需求低落时，服务的硬件设备与人力却呈现闲置状态。这说明设计服务具有"异质性"与"不可储存性"①。

另一方面，客户在委托设计前无法事先预估产品的外观或结果，仅能凭直觉或经

---

① 不可储存性针对传统的服务业，通常是一次性服务，而生产性服务业在服务过程结束后，会给从业人员留下经验、教训等，在这方面具有可储存性。

验来评估设计公司的专业可靠度（张文智、张仲良，1999），具有"信心品质"的特性。设计服务业经由一连串的设计程序来提供服务，也就是在接受客户委托后，以一系列的分析、研究、制图、试验等工作来完成，因此需要相当多的人力资源来达成，具有劳动力密集、专业知识密集的特性。在整个服务流程中，客户高度参与设计具有相当重要性，设计师如何引导其意见并与客户进行有效的沟通，对整个服务流程具有极大影响，因此具有"高度客户互动"的性质。

所以说，设计是一门专业，也属于服务业，符合专业性服务的特质，具有服务的无形性、不可分割性、异质性等特征；并且具有专业性服务的信心品质、劳动力密集、专业知识密集与高度客户互动等异于一般服务的特性。

二、工业设计产业外包组织模式的相关研究

有关工业创新的文献都承认外部技术服务对提高制造企业的生产效率起到很大作用（Clark，1995；Robertson and Swan，1998；Wood，2002）。制造企业正日益分包含有知识组成部分的产品，交给独立的商业服务单位经营，如工业设计公司，而不仅仅是分包要素的制造过程（Bryson et al.，2004）。Howells 和 Tether（2004）指出最近全球化、信息技术的发展，促进设计从生产过程中分离出来成为企业内专业化的一部分。他们介绍了英国的 TTPCom 公司，为移动通信产业所涉及的芯片组提供设计服务，业务迅速扩大到海外，临近重点客户，还可以招揽人才，这些客户以前的芯片组都是在企业内部进行设计。在市场交易成本较低的时候，公司更倾向于从市场上购买，而不是在企业内生产。反之，当市场交易成本高的时候，公司更倾向于在企业内生产（Standifird and Marshall，2000）。与此相反，资源基础理论认为，拥有许多资源的公司联盟的形成，使需要额外资源时，不必通过市场交易来购买（Yasuda，2004）。Yasuda（2004）将资源基础理论和交易成本理论进行比较，看其是否适合解释高技术环境下企业进入战略联盟的动机，发现战略联盟的四种技术驱动的因素（技术许可、R&D 合作、采购协议、合资）不是获得伙伴的资源就是缩短进入市场或生产的时间，或者降低成本。Yasuda（2004）总结了在解释高新技术产业战略联盟方面，资源基础理论压倒交易成本理论，因为战略联盟的主要动机是获取拥有资源的合作伙伴，其次是减少开发或市场营销所需的时间。快速增长的先进技术给相关的专业人士带来了困难（Reiss，1991）。许多文献都指出 R&D 已经更加具有外部性（Arora et al.，2001；Howells，1999；Bessant and Rush，1995；Chatterji，1996；Quinn，2000）。外部化或外包与创新都具有正效应（MacPherson，1991，1997a，1997c；Tether，2002）。另外，Chiesa 等（2004）对外包问题进行深入研究，认为其具有潜在优势和劣势，外部知识的获取、技术管理和组织的合作与外部合作伙伴，这些与获得外部技术支持的资源相关，专业性技能、分担风险、促进技术创新以及降低、分担和压缩成本是其主要的优势。

MacPherson（1997）以生产科学仪器的 81 家公司为样本，研究了外部技术支持

对纽约州制造企业创新的影响。研究显示快速地获得外部技术支持在小企业创新活动中起到重要的作用。同时，该研究表明，某些地点更有利于发展这种关系。这些结果显示了成功创新和各种形式的私人或公共研究存在着密切关系，需要对在"服务欠佳"地区的企业实施补偿性的政策。

虽然获得外部来源的创新有很多优势，但与获取外部技术相关的高昂的交易费用、低适配性、对创新过程缺乏控制、降低工作效率和有效性、和合作伙伴之间的冲突，以及商业化的一些弊端，都会妨碍外部资源的创新（Chiesa et al.，2004）。另外，Beneito（2003）将内部创新和获得外部资源进行比较，发现如果采用内部创新，那么公司是技术的所有者。Coffey 和 Drolet（1996）研究得出大部分外部性服务是没有公司特征的活动。另外，许多非成本因素（Beyers and Lindahl，1996；O'Farrell et al.，1993；Tordior，1994；Wood et al.，1994；Perry，1990）在公司决定是自己内部生产还是购买外部服务时起到主要作用（Coffey and Drolet，1996）。内部技术上的限制、对服务特殊的需求、对质量的考虑，都是影响企业追求外部技术的因素。总之，Coffey 和 Drolet（1996）宣称尽管越来越多地使用外部服务公司，对内部生产者服务的取代不是独立的生产性服务业增长的主要因素。这意味着当涉及技术服务外包时，企业资源观能给服务外包提供很好的解释。Bryson 等（2004）认为服务公司不仅承接制造公司分包出来的合同，而且聚集相当大的一部分知识组成完整的产品，以独立的商业服务机构运行。

大量文献从实证的角度探讨了有关外包的问题：Kleinert（2003）分析了中间投入要素国际贸易的增加与全球化外包的关系，他发现二者存在显著的正相关关系；Falk 和 Koebel（2002）分析了外购服务和进口中间要素对于不同技能劳动需求的影响，他们发现随着外购服务和中间要素进口的增加，对劳动的需求全面减少，尽管这种效应并不明显；Feenstra 和 Hanson（1999）则着重研究了外包的测量问题。

三、基于无形资产的工业设计产业竞争力优势分析

大部分学者认为工业设计产业的竞争优势通常是与内部所拥有的智力资本、无形资产等联系在一起的。Vida Vanchan（2006）对工业设计公司的竞争优势进行实证分析，发现排在前五位的影响因素分别是服务质量、创意、客户服务、客户关系以及专业化。

何玉玲（2003）以台湾省内上市的 IC 设计公司为研究对象，选取获利能力、短期偿债结构、创新投入效能、资产运用效能、资产配置效能、研发创新力、人力资源、顾客关系、业务成长性、组织稳定性等十个因素，得出均与企业价值正相关，并将台湾 IC 设计业有关智慧资本的内涵区分为财务资本、结构资本、顾客资本及人力资本等四大构面，其中财务资本所能解释的变异比例最大，其次依序为结构资本、顾客资本及人力资本。

台湾 IC 设计业的特性较一般传统产业不同，企业投入增加未来竞争力的资产时，

必须承受短期账面利润的减少，例如人力教育训练、流程的改造、研究发展、专利开发、创新投入等，用传统绩效衡量指标无法显现企业价值（钟惠珍，2000）。宋同正（1998）分析了如果厂商希望以设计作为企业竞争的主要利器，应先评估本身有何设计资源。独特性设计资源（如设计资源的稀少性、专属性或可累积性）得到确认后，再将其转换为企业竞争的优势。许多学者（Cooper，1998；Kotler，1999；Hite Doku，2000）认为产品创意的产生与管理活动是极为重要的设计过程。现今企业组织的成功与失败，取决于其创意的品质，以及这些创意的最佳部分能以多快的速度加以执行（Lawrence and Summers，2003）。

Marslow（1971）指出一个没有创意的组织，注定会失败。设计公司最重要的能力之一就是创意，3M 和索尼的成功就是明证，因为只有这么多的创意、不断的创新才能让其保有竞争优势。资源基础理论强调，真正能为企业建构竞争优势的除了有价值及稀少的资源之外，资源的不易模仿性及不可替代性才是厂商拥有持续性竞争优势的主因，在知识经济时代创新是企业生存及获利最重要的能力之一。

李来春（1995）认为设计公司的产品，即客户所委托的设计项目，因同业间的技术层次雷同，相比之下设计管理活动所衍生的设计品质及为客户所提供的服务品质便成为各设计公司的竞争关键。研究结果指出，设计公司认为影响项目的成败因素，依序为设计公司的执行能力（设计的专业能力）、费用是否合理（时间、投入的设备及人力）及设计主管的态度与能力，并建议设计公司对项目的服务态度宜加强后续的追查工作，"售后服务"也是与客户维持良好关系的有效做法。

陈世辉（1999）以 1998 年《半导体工业年鉴》所列的 IC 设计公司为研究对象，试图找出台湾省 IC 设计业的竞争因素，发出 61 份问卷，实际回收 25 份，问卷设计量表定为五级，并以一般策略技术、支援产业、研发与行销、人才政策等构面设计问卷，最后归纳出四项关键成功因素，分别是人才、品牌和信誉、与晶圆代工厂的良好合作关系、系统单晶片技术。

张文智、林德安（2000）指出，产品畅销、客户满意、获利及达成特定目标为评量设计项目成功与否的重要指标；客户满意、公司口碑，将影响客户是否继续委托设计案，得奖与取得专利也可以作为评估的标准；同时指出设计师能力包括设计能力、沟通能力及团队合作能力，是影响设计品质的最主要因素。

林宝树（2001）以不同的模式来评价 IC 设计公司，包括相对评价法之本益比法、股价净值法、股价销售比法、Debt Free 本益比法、Debt Free 股价净值法、Debt Free 股价销售比法，折现价值法之自由现金流量、经济附加值法等，采用 Theil's U 值作为评价效度的标准，尝试找出 IC 设计业最合适的评价模型；并以智慧资本作为问卷内容，采用 AHP 问卷设计方法，希望找出 IC 设计业的重要关键因素。实证结果发现 Debt Free 股价销售比法为最佳模式，而关键技术、研发投入与创新能力公认为 IC 设计业最重要的关键成功因素。

许正芳（2001）采用定性的探索性研究方法，并配合定量的问卷调查发现，技术自行研发、与晶圆厂的关系、人才需求、系统单晶片技术等因素均为 IC 设计厂商重视的关键因素。

周建宏（2001）以问卷调查的方式发现，IC 设计业的智慧资本内涵可区分为顾客资本、更新及开发资本、流程资本及人力资本，依重要性分述如下：（1）更新及开发资本：创新投入、智慧财产权、合作关系、成长力；（2）人力资本：竞争能力、工作态度及效率、机敏度、员工结构；（3）顾客资本：顾客关系、顾客持续、市场占有率；（4）流程资本：时间及品质、流程管理。最重要的 3 个因素为创新投入、竞争能力、时间及品质。

我国学者对工业设计院所利用智力资本获得竞争优势的研究也开始出现，曹亮功（2003）认为设计企业的历史、业绩成果就是设计企业的无形资产。王万弘（2003）以水泥行业的成都建材设计研究院为研究对象，应用战略管理理论得出了研究开发战略、人力资源战略是对企业成长最重要的战略。范沁红（2006）从对知识产权资源的有效利用和运用知识产权为工业设计提供全方面的保护两个方面来阐述这个问题，认为我国目前工业设计在知识产权方面存在着保护意识淡薄、没有充分利用专利文献等不足之处，并在此基础上提出了工业设计的全方位知识产权保护的新观点和有效利用知识产权外观专利文献资料进行工业产品设计的另一条新思路。韩涛（2007）剖析了智力资本中的技术资本、人力资本在城市规划设计院市场拓展战略中所起的重要作用。

另外有学者从文化的角度分析了文化与工业设计产业发展的关系。杨伟东（2006）比较了珠三角和长三角地区工业设计产业发展的不同道路，并从文化因素分析了造成两地区产品设计不同的原因。杨婷婷（2007）提出文化元素的内涵、特征及其与工业设计之间的关系；着重分析工业设计中的多种文化元素的内容及特征，并且以文化元素在工业设计中所表现出来的重要价值为核心，进一步分析工业设计中所包含的各种文化元素以及这些元素在工业设计中的作用与影响，从而更好地将文化元素和工业设计相互渗透与融合。

四、基于工程总承包模式的工业设计产业竞争力优势分析

工程总承包模式（EPC）是当今设计产业发展的模式之一。Vanchan（2006）表明，商业上最成功的美国设计公司正在运用"总承包供应商"（Total Package Provider, TPP）模式。Chiesa 等（2004）指出，这种情况也是欧盟创新设计社区的真实情况，特别是在英国、意大利和法国。TPP 模式的设计咨询单位能够提供快速交货时间表（Vanchan, 2006）。

转变为以 TPP 模式提供服务的好处，已在一些文献得到解释，主要由两个因素引起。第一，客户企业越来越多地寻求"一站式"产品开发解决方案，总承包供应商有很多渠道，可以减少其搜索或采购的努力（Laursen and Salter, 2006）。这不仅最大限度地减少了交易成本，也创造了效率。根据 IDSA（2003）的研究，设计公司提供多种服务，比那些仅提供设计服务的公司更容易赢得高技术合同。第二，美国设计

学校毕业生在 TPP 模式下更可能接受专业训练。这表明，新员工进入"总承包"供应商模式的设计企业将具有一个更广泛的技能基础，比那些年长的只具有某一项技术的同行更具竞争优势（Okudan and Zappe，2006）。

国内也有文献研究了设计产业的工程总承包模式。贾成贵（2003）回顾了新中国成立以来我国基本建设管理所采用的几种形式，总结了这些管理体制在多年基本建设实践中积累的经验教训，阐明了以设计为主体的工程总承包的重大意义，指出了以设计为主体的工程总承包使投资、质量、进度三大工程要素得到有效的控制。

闫伦江、叶卫江（2006）通过分析工程总承包业务发展的趋势和国内外开展工程总承包业务的环境因素，以及石油工程设计企业开展工程总承包业务所面临的困难和机遇，提出石油工程设计企业必须从思想认识、体系建设、队伍培育、业务流程再造、信息系统和基础工作等各方面开展深入、细致的工作，切实提升参与并实施工程总承包业务的核心竞争能力。

胡顺云（2006）剖析了设计院从事工程总承包有较强的资源优势，设计院是技术和人才密集型企业，有齐全的各类专业技术人员，了解并掌握国内外最新技术，具有丰富的工程管理经验、先进的设计手段和几十年创下的工程业绩，将这些内部资源参与到项目总承包管理中，可以使设计的技术优势延伸到项目采购和施工阶段，特别是高素质的技术人员能够很快地适应工程总承包建设的需要。设计工作同制造厂、施工单位联系密切，对制造厂、施工单位有很深的了解，这是外部资源，可以为业主选到最佳的制造厂和施工单位。

陈勇强、胡佳（2007）论述了美国工程总承包市场的变迁过程和发展现状，从宏观和微观两个方面对其发展的原因进行了分析，主要包括工业发展的要求、法律法规的支持、行业协会的推动、企业的技术管理水平、人员素质和组织模式、融资能力、业主的态度和观念等方面的内容，结合目前我国工程总承包和对外工程承包发展的具体情况，对存在的问题提出了一些启示性的建议。

余如生（2007）以我国成达工程公司为案例剖析了成达工程公司从化工部第八设计院转制而来，采用工程总承包模式经营，成功地开拓印度尼西亚市场，使公司的营业额从 2001 年的 2232 万美元增长到 2006 年的 19375 万美元。

国内外工程界普遍承认在工程项目总承包模式下，承包商必须以设计为中心，发挥设计的主导作用。设计阶段虽然只是描述项目产品具体要求的阶段，设计工作本身只消耗项目成本的 5%～8%，大部分费用被下游的生产准备、采购和施工过程消耗，但它对整个工程的成本、投入运营的时间以及质量有着决定性的影响，所以承包商在早期设计阶段就必须及早全面地考虑工程建设中的各个后继环节（陈永高、孙剑，2007）。

宋绪鹏（2007）分析了设计院从事工程总承包具有一些优势：有利于设计、采购、施工紧密配合，打造精品工程；有利于控制工程建设造价；有利于工程设计改进和加快技术创新的步伐，使业主企业的技术骨干把精力放在抓好生产、提高效益上，进一步提高工程项目整体管理水平。

长期以来，我国的一些学者倾向于由勘察设计企业开展工程总承包。一些专家学者认为应该"突出设计院在工程总承包中的龙头地位"①，认为设计院在工程总承包中具有设计、技术、人才等方面的优势②。许多学者以研究专业设计院为核心的总承包模式为出发点和落脚点，通过理论分析和实践验证，提出了专业设计院向总承包企业的改革是必要的，也是必然趋势（杨忠义，2002；卢冈，2006；李允升，2006；陈映，2007）。

五、设计产业政策研究

学术界对设计政策的概念进行了一些研究：韩国学者 Keum（2003）认为设计政策是具有设计概念的国家公共政策。Mollerup（2003）规划爱沙尼亚的国家设计政策时，认为设计政策是一系列规划，用于实施与推广设计知识的活动，并有效地运用专业设计于各层面。Tunstall（2008）强调，设计政策是运用科技与设计来提升国家的经济利益与竞争力。国家设计政策属于公共政策中的一种，其目的具有总体性，包含经济发展与社会发展。Keum（2003）将设计政策发展目的分为两类：自然目的性与组织形态目的性。Amir（2004）认为设计政策的发展目的要以人为中心，不论社会服务或经济层面，不应仅以设计来提升经济发展，设计应以服务人类的观点出发，而国家设计政策应以发展优质社会为目标，才有良好的成效产出。

对于设计产业政策的分析不能忽略对创新政策的研究。Stoneman（1987）认为，创新政策是国家通过干预技术创新的过程进而干预国家经济的一系列活动。Klein-Woolthuis 等（2005）基于系统的观点，得出了利用系统故障框架来实现创新系统的策略。Chaminade 和 Edquist（2006）分析了创新政策中创新过程系统的使用。Tidd（2006）评论了创新系统模型和关于政策悖论的实证研究。Smits 等（2009）从创新理论、实践和政策的角度，提出提高公共创新政策的方法。除此之外，当前对创新政策研究，开始强调对不同政策领域之间的协调（Lengrand，2002；Pelkonen et al.，2008）。我国学者也对创新政策进行了大量的研究：刘凤朝、孙玉涛（2007）分析了1980—2005 年我国创新政策的历史演变路径，认为我国创新政策的发展从单向政策向政策组合转变。彭纪生（2008）以技术创新政策为案例，在政策量化方面做出了有意义的探索性研究。

政策网络理论兴起于 20 世纪 70 年代，在国外已有近 40 年的研究历史。Rhodes（1992）、Frans van Waarden（1992）对政策网络的类型进行了分析。Bressers（2001）对政策网络的参与主体及其特征进行了研究。Lars Carlsson（2000）对政策网络的结构特征进行了分类研究，包括个体参与型、NGO 自治型、NGO 协作型、政府引导型、

---

① J. D. 弗雷姆：《新项目管理》，世界图书出版公司 2001 年版。
② 中冶集团重庆钢铁设计研究总院：《以设计为龙头的工程总承包是工程建设的必由之路》，《建筑》2001 年第 10 期。

政府合作型等。政策网络研究在我国则处于起步阶段，刚开始主要用于公共政策理论研究，近来一些管理学者开始将这一理论用于产业政策分析：郭雯（2010）引入政策网络的概念，从政策制定进程的角度诠释工业设计服务业创新政策研究的新范式。郭磊（2011）根据政策网络治理理论，采用案例研究方法探讨陕西能源化工产业技术创新管理过程中的政策网络治理。吴瑾（2012）基于政策网络的视角对我国科技型中小企业技术创新基金政策变迁进行了研究。宋琳琳（2012）从政策网络行动者、政策网络结构和政策网络互动三个方面对我国建筑节能政策网络进行了分析。从已有的研究来看，主要采取的是定性法尤其是案例分析法，较少采用基于数据的实证研究方法，因此得出的结论有待进一步验证。

对于政策工具的相关研究，Rothwell 和 Zegveld（1981）认为创新政策是国家制定的为获得及维持产品国际竞争力的科技政策和产业政策的组合，其 12 个需求层面为本研究在设计产业政策工具选择方面提供借鉴。Johansson 等（2007）将创新政策工具分为一般性政策工具和特定政策工具。一般性政策工具包括制度、基础设施、激励、教育与培训、国际贸易、劳动市场、金融市场、公司等；特定性政策工具包括创新系统、R&D、商业化、政府采购等。Freitas 和 Tunzemann（2008）的研究是有关创新政策分类的最新研究，代表了跨国创新政策比较和分类的最新水平。他们提出了一个三维度的创新政策分类框架，这三个维度是：知识目标的类型、政策工具、政策执行。武欣（2010）发现结构—演化理论流派目前主要研究了"为什么需要创新政策"这一理论问题，对"需要什么样的创新政策"这一规范问题的研究还较少。

鉴于设计产业在经济发展中的重要性，部分学者对设计产业与政府的关系展开了的探索研究。You Zhao Liang、Ding Hau Huang 和 Wen Ko Chiou（2007）认为中国制造业的廉价劳动力因素逐渐稀缺，催生中国设计产业研究，发现设计创新必须面向制造业需求。Guy Julier（2010）阐述了政府与设计产业发展之间的关系，发现单纯强调利润使设计产业面临很大的创意资本问题，因此政策从单纯"为获得更高的利润而设计"转向强调设计技术。Sung-Sik Lee 等（2010）认为新兴设计产业应该在政府的快速推动下引领经济的发展。德韦塔·萨拉夫（2010）认为印度设计具有全球竞争力，因为印度拥有较好的独创思维技能，拥有更强有力的知识产权保护，能够为好的产品设计申请专利并进行销售。

综上所述，学者们根据他们论证问题的需要对专业化分工、生产性服务业、工业设计产业以及相关政策方面等进行研究，一定程度地揭示了工业设计产业的产业特征，然而不论是理论分析还是实证检验都存在研究的空间，特别是我国的工业设计产业化研究还没有系统的论述。笔者在他们的启迪下，对工业设计产业的发展进行系统研究和量化分析。

第三章　工业设计产业的含义与发展

第一节　工业设计产业的内涵及行业划分

一、工业设计的内涵

（一）工业设计产业的定义

设计（design）一词从拉丁语 designare 而来，是"画上记号"的意思，相当于"制图"、"计划"等意义。在我国古代文献中早已有了与之相对应的词义，《周礼·考工记》即有"设色之工，画、缋、锺、筐"。此处，"设"字与拉丁语"designare"的词义"制图"、"计划"一致。而《管子·权修》中"一年之计，莫如树谷，十年之计，莫如树林，终身之计，莫如树人"，此"计"字也与用以解释"design"的"计划"一致。

1986 年版《大不列颠百科词典》的解释是，"所谓设计是指立体、色彩、结构、轮廓等诸艺术作品中的线条、形状，在比例、动态和审美等方面的协调"。

工业设计是第一次工业革命以后从设计中剥离出来的一个方向，特指工业时代的一种技术和美学与人的统筹规划设计。1980 年国际工业设计协会联合会（International Council of Industrial Design）对工业设计作出以下定义："就批量生产的产品而言，凭借训练、技术知识、经验及视觉感受，赋予产品的材料、结构、形态、色彩、表面加工及装饰一新的品质和规格，并解决宣传展示、市场开发等方面的问题，称为工业设计。涉及市场需求、市场概念、产品的造型设计、工程的结构设计、快速模型模具的制造、小批量的生产直到批量化上市，以及形象品牌的策划等领域。"

经过近几十年的飞速发展，工业设计的内涵和外延都包含了更丰富的内容。上述定义对工业设计的意义、范围和要求的界定显然还停留在以机器制造业为基础的经济环境中，这种状况无法适应和满足信息时代飞速发展的、以非物质文化为代表的生存环境和市场经济体制的竞争要求。

人类历史的发展以无可辩驳的事实证明，人们对事物规律的认识、对事物本质的发掘是在时间的推移中逐渐形成和完善的。从无知到有知，从模糊到清晰，从无序到有序，正是在这样渐进的循环上升的过程中，人的世界观实现飞跃①。对于介于物质文明与精神文明之间，同时整合了艺术与科学内容的工业设计的整体发展来说，在新的历史形势下，对"工业设计"概念的重新界定无疑是十分必要的。基于此，2006年国际工业设计协会联合会（ICSID）再次修改定义："工业设计是一种创造性的活动，其目的是为物品、过程、服务以及它们在整个生命周期中构成的系统建立起多方面的品质。因此，设计既是创新技术人性化的重要因素，也是经济文化交流的关键因素。"依据这样的思路，我们可以进一步抽离出工业设计的内涵，即以创新为核心的具有无限开放性和丰富性的设计创意产业②。

世界知识产权组织（WIPO）对于工业设计的说明是：工业设计是一实用对象上所具有的装饰性或美学特性的设计，包含了三维的形态，例如对象的形状或曲面；或是二维的形态，例如排列方式、线条或颜色。工业设计广泛应用于工业产品与手工艺品，从钟表、珠宝等时尚流行品或奢侈品，到工业用或医药用器材；从家用零件、家具、电器用品，到汽车与建筑结构；从实用对象、纺织品设计，到休闲用具，如玩具与宠物用品等。

（二）工业设计的内容

工业设计在企业中有着广阔的应用空间。因此，从企业对工业设计的需求层次角度来分析工业设计的内容，对企业更好地运用工业设计，创造更大的价值，将提供极大的便利。

1. 工程设计

工程设计是根据建设工程和法律法规的要求，对建设工程所需的技术、经济、资源、环境等条件进行综合分析、论证，编制建设工程设计文件，提供相关服务的活动，包括总图、工艺设备、建筑、结构、动力、储运、自动控制、技术经济等工作。

2. 产品设计

产品设计是工业设计的核心，是企业运用设计的关键环节，它实现了将原料的形态改变为更有价值的形态。工业设计师通过对人生理、心理、生活习惯等一切关于人的自然属性和社会属性的认知，进行产品功能、性能、形式、价格、使用环境的定位，结合材料、技术、结构、工艺、形态、色彩、表面处理、装饰、成本等因素，从社会的、经济的、技术的角度进行创意设计，在企业生产管理中保证设计质量实现的前提下，使产品既是企业的产品、市场中的商品，又是普通消费者的用品，达到顾客需求和企业效益的完美统一。

3. 环境设计（人与硬件之间的界面设计）

工业设计是作为沟通人与环境（建筑、交通、居室、商场、街道）之间的界面语言来介入环境设计的。通过对人的不同的行为、目的和需求的认知，赋予设计对象

① 尹定邦、陈汗青、邵宏：《设计的营销与管理》，湖南科学技术出版社 2003 年版，第 18 ~ 21 页。

② 田君：《作为创意文化产业而发展的工业设计》，《装饰》2005 年第 12 期。

一种语言，使人与环境融为一体，给人以亲切方便、舒适的感觉。环境设计着重解决城市中人与建筑物之间的界面的一切问题，如信息、信号系统、环保方案等，从而参与解决社会生活中的重大问题。

4. 设计管理

即将设计活动作为企业运作中重要的一部分，在项目管理、界面管理、设计系统管理等产品系列发展的管理中，运用设计手段，贯彻设计导向的思维和行为，并将之与战略或技术成果转化为产品或服务的过程。设计管理是企业迈向成功必不可少的要素，企业要依循设计的原则和策略在企业生产经营活动中对各部门进行指导，以实现设计目标，使产品增值。成功地运用设计管理，可使企业在战略策划阶段就蕴含了经营的策略，同时，策略上的优势也为产品和企业在竞争中奠定良好的基础。

总之，随着工业技术的进步与商业活动的发达，工业设计的应用范围逐渐拓宽，本书所讨论的工业设计产业概念的范围主要是指工程设计和产品设计。

（三）工业设计产业的行业划分

从工业设计的定义可以看出工业设计产业是一个包含很多行业的产业，因此对工业设计产业的部门分类是非常复杂和困难的。

美国标准产业分类体系有"工业设计"产业（代码是541420），主要从事创造性和发展性设计与规格说明，最优化使用价值和产品的外观设计。这些服务可以包括材料、建筑、机械、形状、颜色和产品表面的测定，同时考虑到人类的特点和需要、安全性、市场号召力，以及在生产、分配、使用和维修中的效率。工业设计机构所提供的汽车、家具工业设计服务或工业设计咨询服务也包括在这个行业中。具体包括汽车设计服务、家具设计服务、工具设计服务、工业设计咨询服务、包装设计服务等。

1994年，我国官方统计资料《国民经济行业分类和代码》没有对工业设计单独分类，只是在N科学研究和综合技术服务业大类中93综合技术服务业9380工程设计业和9390其他综合技术服务业包括工程设计、专利审批、产品设计等活动，所以工业设计产业在我国属于科学研究和综合技术服务业类（见表3-1）。

表3-1　　　　　　　　　　　1994年工业设计产业分类

N			科学研究和综合技术服务业	
	93		综合技术服务业	
		9380	工程设计业	包括各行业的工程设计活动
		9390	其他综合技术服务业	包括专利审批、产品设计等活动

2002年的《国民经济行业分类和代码》基本延续了1994年的分类方法，但是将设计业置于专业技术服务业中，强调了设计业的专业性（见表3-2）。工业设计产业

的上市公司在我国《上市公司行业分类指引》中，也是归在 K 大类社会服务业中
K2020 专业设计服务业，强调其专业性。

表 3-2   **2002 年工业设计产业分类**

M			科学研究、技术服务和地质勘查业	
	76		专业技术服务业	
		767	工程勘察设计	包括工程管理服务、工程勘察设计、规划管理
		769	其他专业技术服务	包括专利审批、产品设计等活动

第二节　工业设计产业的作用

工业设计孕育于 18 世纪 60 年代的英国工业革命，诞生于 20 世纪 20 年代的德国，成长于 20 世纪 30 年代的美国。20 世纪 50 年代以后，日本、意大利、北欧诸国的工业设计发展很快，形成了多极的设计世界。

许多企业采用了整体性的设计方案，并获致成功，例如 IBM、苹果、索尼、Esprit、飞利浦等，哈佛商学院教授 Robert H、Hayes 把这些企业称为世界级公司，Hayes 所指的世界级公司，就是其设计方案不只生产让人想要的产品。这些公司利用设计促成制造的有效简化；与竞争者的产品有所差异；通过扮演国际整合环节角色，整合从概念到市场的整个过程；透过视觉及文字媒体，与众多顾客沟通公司的价值及品质[①]。由此可知，设计对企业而言，应该是一种策略能力，而非仅是行销或工程的服务。对此美国《金融时报》管理编辑 Christopher Lorenz 亦指出，设计不再是行销及企业策略中可有可无的部分，而是核心部分[②]。

按照 Hayes 的观点，设计对于企业在节约生产资源、制造市场差异、获取市场信息等方面均能提供一定的价值。Rachel Cooper 及 Mike Press 亦指出设计对于企业的价值包括降低制造成本、改善品质及强化企业形象等方面有极大帮助。多种研究报告说明了设计如何改进财务表现、提高市场占有率及增加外销数量等。在服务业中，企业

---

① 参见 Rachel Cooper 和 Mike Press 著，游万来、宋同正译：《设计进程》，台湾六和出版社 1998 年版。

② 吴忠卫：《虚拟组织关键成功因素之研究》，台湾铭传大学管理科学研究所硕士论文，2000 年。

识别、信息及环境设计有助于提升效率与公司在市场上的地位。整体而言设计对于企业竞争力所发生影响之处如表 3-3 所示。

表 3-3　　　　　　　　　　　　设计在竞争力中所扮演的角色

因素	设计的影响
价格	降低生产成本
	决定使用及维护成本
非价格因素	产品表现
	独特性
品质	可靠度
	易于使用
	耐久性
公司形象	产品呈现
	展示、包装、促销
上市时间	为容易开发而设计
售后服务	为易于维修而设计

资料来源：Walsh，V.，et al.（1992）.

在经济学视角下，工业设计产业对经济及社会发展、城市建设的重要作用可以概括为以下几个方面。

首先，工业设计产业促进了经济增长。工业设计产业对经济增长具有促进和拉动作用，不仅因为它是一种新兴的产业类型，更重要的是设计创意作为生产要素已成为推动经济增长的重要手段。工业设计产业规模虽小却是服务经济中最具有技术创新的部门，这个部门向制造业输入关键的创新（Howells，1999；Britton，2003；Howells and Tether，2004），同时就知识的流动性、创意性及艺术表达而言，该部门是服务产业化的关键组成部分之一（Leslie and Reimer，2006）。

其次，工业设计产业推动了产业结构升级。在知识经济和信息时代，经济的增长主要依靠技术和知识的投入。工业设计产业是智能化、知识化的高附加值产业，并具有很强的渗透力和辐射力。工业设计是现代资本主义生产体系的基础，当其有效发挥作用时，能提高整个生产过程效率，降低生产过程的成本。它也能提高产品的附加值，从而有理由对产品定高价来满足高生产成本的需要（John R. Bryson，2004）。美国哈佛大学教授海斯曾预言："现在企业靠价格竞争，明天将靠质量竞争，未来靠设计竞争。"如今，这个预言正被无数企业的发展事实所佐证。美国工业设计协会曾经做过一个调查，美国企业在工业设计上平均投入 1 美元，其销售收入为 2500 美元，其中全年销售额达 10 亿美元以上的大企业，工业设计每投入 1 美元，销售收入为 4000 美元。同样，英国的一项调查显示，过去 10 年里，设计驱动型企业的增长率超出了英国证券市场整体表现的 200%。日本日立公司提供的统计材料也许最具说服力，该公司增加的每 1000 日元销售额中，设计工作所发挥的作用约占 51%，技术与设备改造的作用占 12%。工业设计师在产品设计中会充分考虑产品开发、生产和使用中的各种因素，根据市场调查确定产品的设计定位和目标市场，对产品的外观造型、材料选择、使用方式以及包装、广告宣传等进行精心的设计。除成本等其他固定价值的因素外，产品的功能、形态、色彩等给人带来的心理感受是难以衡量的，这些都是产品附加值提高的因素。同样功能、同样制造成本的产品，往往由于设计的不同导致价格的差异，动辄几倍到几十倍，可见工业设计使产品更加优秀，具有更高的附加值，为企业带来丰厚的利润。追求优良设计的附加值将成为引导未来市场潮流的重要特征。工业设计产业具有较强的关联效应和波及效果，可能引发新一轮的产业变革甚至产业革命，进而导致产业结构突变——实现产业结构的根本性调整和升级。

再次，工业设计产业通过创意使产业价值链增值，把相关行业的高端价值创意部分集聚在某些特定区域。同时，工业设计产业集聚的发展以众多相关企业为主体，因而这种发展在空间产出上把设计师、咨询师、生产商、销售商、研究机构等不同参与者联结起来，形成一条企业协作链（见表3-4），链条中的各个环节可能涵盖各种类型的具体产业，同时又是一条创意设计价值链。具体而言，工业设计产业集聚的发展在领域与空间上呈现出巨大的包容性，不仅关注了经济与艺术的互动性和互补性，还拓展了"以知识和信息为资本"的生产空间；不仅包容了"以物质资本、经济资本为运转方式"的传统产业，还拓展了"以智力资本、文化资本、数字资本为运营方式"的新的信息文化产业。这种既整合和增值了产业价值链，又整合和增值了区域空间价值链的创意产业区被学者戏称为"产业巨无霸"（花建，2005）。

最后，工业设计产业增强了区域综合竞争力。工业设计产业发展对地方经济的作用主要体现在促进经济多样化、加强地方生产和服务的出口、促进地方生产网络的形成等方面，从而带动经济再生，并使经济表现更具多样性、促成新的技术发展、跨部门间的合作整合等。一个城市的核心竞争力首先源自其自身的创新能力，通常包括文化与科技创新能力、企业创新能力、政府创新能力等。而这其中作为产业结构中最具创新性、创意性的部分——工业设计产业的发展水平将直接影响一个城市的创新能力。Scott（2005）认为，创意产业与生俱来具有城市集聚化趋势，创新是其形成的一个重要机理，集聚区能促进创意产业的创新或创意产业本身，其发展与区域经济水平是息息相关的。

表 3-4　　　　　　　　　　　　　工业设计产业链

产业	功能	研发						商品化					制程		营销		
		动力设计	机械设计	电子设计	IC设计	软件设计	材料设计	产品设计	平面设计	包装设计	机构设计	模具设计	工业工程设计	自动化工程设计	品牌化设计	商品电子化设计	展示设计
运输	自行车	●	●				●	●	●	●	●	●	●	●	●	●	●
	汽机、汽车、船舶、飞行器	●	●	●	●	●	●	●	●	●	●	●	●	●	●	●	●
机械	工具机	●	●	●			●	●	●	●	●	●	●	●	●	●	●
	金属手工具			●			●	●	●	●	●	●	●	●	●	●	●
	电动工具	●	●	●			●	●	●	●	●	●	●	●	●	●	●
资讯通信	电脑及周边			●	●	●	●	●	●	●	●	●	●	●	●	●	●
	手机			●	●	●	●	●	●	●	●	●	●	●	●	●	●
	主机板			●	●	●	●	●	●	●	●	●	●	●	●	●	●
	半导体			●	●	●		●	●				●	●	●	●	●
民生工业	家用品、文具、玩具	●	●	●			●	●	●	●	●	●	●	●	●	●	●
	运动器材	●	●	●			●	●	●	●	●	●	●	●	●	●	●
	家具		●				●	●	●	●	●	●	●	●	●	●	●
	袋、包、箱		●				●	●	●	●	●	●	●	●	●	●	●
	珠宝						●	●	●	●	●	●	●	●	●	●	●
	鞋类						●	●	●	●	●	●	●	●	●	●	●
	纺织、成衣						●	●	●	●			●	●	●	●	●
生化	制药						●	●	●	●	●	●	●	●	●	●	●

资料来源：张光明：《设计产业全球竞争力之发展愿景与策略》，载《2002 年工业发展研讨会之策略报告》。

　　具体而言，20 世纪 80 年代以来，制造业由于城市空间局限和发展成本等因素，基本上退出了大城市舞台，取而代之的是服务业。"十一五"期间，武汉市武昌区 15 家规模以上制造企业中，武汉市裕大华集团股份有限公司、武汉江南实业集团有限公司、中国南车集团武昌车辆厂、武汉锅炉集团有限公司和武汉重型机床集团有限公司五家企业逐步从原址迁出，完成区内"退二"的任务。技术工人、创新和需求的不断变动正促使创意产业区生根于城市，使留在市中心的主要是高科技产业和设计业等创意产业，从而形成了创意产业区。这些具有自主创新性质的创意产业区为经济增长提供了动力，并引发了零售业和娱乐产业的发展，对其他经济部门有强烈的溢出和乘数效应，因而促进了经济多样化发展，同时对就业的贡献是相当明显的。新加坡政府2003年评估设计产业的乘数效应是1.76，比一般制造业的乘数要高得多。

我国产品设计2005年的年产值约为300亿元，占2005年世界创意产业产值的1.27‰，相当于2004年我国国内生产总值的2.19‰，从业人员约30万人①。与此同时，设计产业专业化的生产性质，促使其产品和服务的市场范围超越了城市区域和国内市场，且国际和全球市场不断增加，而设计产业区的发展为专业化生产线敏锐地把握出口市场提供了平台。如2000年，香港设计业产出的70%且总额达10亿美元的部分是用来出口的（Yusuf and Nabeshima，2005）。

第三节　影响工业设计行业发展的因素分析

目前我国工业设计产业的发展受三种因素影响：一是产业结构升级的需求拉动工业设计产业发展；二是创意产业的发展为工业设计产业提供了创意和指明了方向；三是科技发展、体制改革给工业设计产业的发展提供动力（见图3-1）。

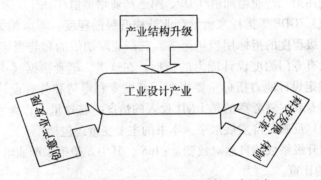

图3-1　影响工业设计行业发展的三大因素

一、产业结构升级对工业设计产业发展的影响

20世纪八九十年代英国旅游业和文化遗产业的膨胀成为设计需求的一个主要来源。根据Howells和Tether（2004）的分析，工业设计部门的增长受到很多经济因素

———————

① 中国艺术设计联盟：《设计改变中国——2007年中国工业设计年会》。

的影响如商业周期、互联网和其他技术的扩张、品牌、个性化等。他们还在研究的基础上，总结了一些特征：设计是经济发展不可分割的一部分，大部分的经济活动，如建筑、家具、电子和时装等都促进工业设计产业的增长。在竞争激烈的环境中，缩短交货时间、柔性化生产方法缩短了产品的生命周期，导致了更高程度的设计、工程和制造流程的一体化。产业结构影响需求，需求拉动技术创新。由于需求诱导，某一产业可能会出现快速增长的趋势，为了使整个产业的总产出水平能够保持适当的规模，提高或改善产品和服务的质量，再加上竞争影响，这一产业中的企业会加大设计力度，改善工艺流程，重新组合现有技术。这种过程必将对工业设计形成强大的需求，从而推动工业设计。相反，如果某个产业处于落后状态或进入衰退期，该产业将"自然"地选择（假设没有其他外力作用）退出或重生。这也意味着对传统产业的改造将为工业设计提供更多的机会和更大的空间，因此产业结构将对工业设计产业的方向、速度和规模产生很大影响。从这个意义上讲，产业结构"内生"地决定着工业设计产业。产业结构优化升级对产业软要素的需求日益增加，工业设计产业在这样的背景下得到最大程度的推动，原因除了产业结构本身与工业设计有着不可分割的天然联系外，更重要的是工业设计产业本身就是产业结构升级后的一种结果。

（一）研究变量和研究样本

反映产业结构升级的指标有很多种，国内学者杨琳、李建伟（2002）研究认为发展中国家产业结构提升主要表现为第二、三产业产值比重不断增加，我国经济发展主要在 1979 年以后，且产业结构变化主要体现在第二产业和第三产业增加值不断提高，因此，他们用第二产业增加值/GDP、第三产业增加值/GDP、（第二产业增加值+第三产业增加值）/GDP 等指标来衡量产业结构升级的程度。考虑相关实际情况，本书中产业结构升级程度的指标用当年第二、三产业增加值的和与当年 GDP 之比来表示。目前，还没有专门测度设计能力的指标，在这里，笔者根据《中国创新能力报告》的思路，确定设计能力指标主要由实用新型专利申请和外观设计专利申请两项指标构成。发明专利主要考察的是 R&D 投入的情况，在这里不作考察①。另用国内生产总值（GDP）反映经济发展水平。本书的主要变量还包括：

产业结构的升级系数的自然对数变量：$\ln S$，其中 S 是第二产业增加值+第三产业增加值占 GDP 的比重。

设计能力水平的自然对数变量：$\ln H$，其中 H 是实用新型+外观设计专利授权数，代表设计能力水平。

实际产出的自然对数变量：$\ln GDP$，其中 GDP 是我国当年国内生产总值。

变量前的 Δ 表示该变量的一价差分，即：

---

① 有关 R&D 和设计的区别，英国的贸易与工业部认为项目的目的是达到科技进步、直接贡献于在科技上的成就和解决科技不确定性的就属于 R&D，而有些表面的艺术性的创新活动则属于设计。国外有研究提出，从设计产业角度需要重视另外两类专利（实用新型、外观设计）及其组合，参见 Honeyman 和 Vittengl（2009）。

$$\Delta\ln(\text{GDP})_t = \ln(\text{GDP})_t - \ln(\text{GDP})_{t-1}$$

本书拟以 1985—2008 年①的以上变量值为样本进行研究，所有数据均可从我国统计年鉴查得，统计软件使用 EVIEWS 3.1。

GDP、S 和 H 样本数据如表 3-5 所示：

表 3-5　　　　　　　　　　1985—2008 年我国经济指标值

年份	GDP（亿元）	S（%）	H（件）
1985	9016.0	71.6	98
1986	10275.2	72.8	2968
1987	12058.6	73.2	6389
1988	15042.8	74.3	10922
1989	16992.3	74.9	14826
1990	18667.8	72.9	18750
1991	21781.5	75.5	20494
1992	26923.5	78.2	27509
1993	35333.9	80.3	55571
1994	48197.9	80.2	39414
1995	60793.7	80.1	41671
1996	71176.6	80.3	40804
1997	78973.0	81.7	47498
1998	84402.3	82.4	63156
1999	89677.1	83.5	92519
2000	99214.6	84.9	92662
2001	109655.2	85.6	97955
2002	120332.7	86.3	110925
2003	135822.8	87.2	145072
2004	159878.3	86.6	140878
2005	183217.4	87.8	160698
2006	210871.0	88.7	210216
2007	249524.9	88.7	283834
2008	300670.0	88.7	318276

资料来源：《中国统计年鉴》（2008），《中国专利统计年报》（1985—2008）。

（二）设计能力水平与产业结构升级的变量平稳性和协整关系检验

1. 变量平稳性检验

所谓平稳性检验，也就是分析变量序列是否存在单位根。如果存在单位根，则变

① 1985 年 4 月 1 日，《中华人民共和国专利法》实施，因此专利数从 1985 年才开始统计。

量序列为非平稳序列，否则为平稳序列。本书主要采用 ADF 单位根检验方法。检验结果如表 3-6 所示。

表 3-6 变量的单位根检验

变量	ADF 检验值	ADF 临界值			样本数
		显著性水平为 1%	显著性水平为 5%	显著性水平为 10%	
lnGDP	−2.14444	−3.8304	−3.0294	−2.6552	24
ln S	−0.972105	−3.8572	−3.0400	−2.6608	24
lnH	−0.7095	−3.8572	−3.0400	−2.6608	24
ΔlnGDP	−2.7604	−3.7856	−3.0114	−2.6457	23
ΔlnS	−3.9927	−3.7856	−3.0114	−2.6457	23
ΔlnH	−4.8794	−3.7856	−3.0114	−2.6457	23

对于变量 lnGDP、lnS、lnH，根据表中的 ADF 的检验值和临界值的比较，不能在显著性水平 5% 甚至 10% 的水平下拒绝存在单位根的零假设，因此这三个变量存在着明显的非平稳性；但是这三个变量的一阶差分变量 ΔlnGDP、ΔlnS、ΔlnH 的 ADF 检验值的绝对值大于 ADF 临界值的绝对值，所以这三个差分变量序列为平稳序列。

2. 两变量之间的协整关系检验

协整是对经济时序变量之间相互关系的一种表征，按照经济学的观点，两个经济变量，虽然各自具有长期波动规律，但如果是协整的，则它们之间就存在着一种均衡力量，即存在一种作用机制，使不同的变量在长期内保持一定的比例关系。并且，只有当两个变量的单整阶数相同时，它们才可能具有协整关系。由上述的变量平稳性检验得知 lnS 和 lnH 之间可能具有某种长期均衡关系。

本书使用两变量 EG 检验法（1987）来验证变量 lnS 和 lnH 是否存在协整关系。如果两个变量序列的线性组合是平稳序列，那么其回归残差也应该为平稳过程。因此，对这个线性组合是否为平稳过程的检验，实际上就是对两者的线性回归的残差的平稳性检验。当残差是平稳的，时序的线性组合就具有协整性。

以 ε 表示变量 lnS 和 lnH 回归方程的残差。ADF 的检验结果得出 ε 为 −3.6327，小于显著性水平是 0.05 时的临界值 −3.0400，因此可以认为估计残差序列 ε 为平稳序列，表明 lnS 和 lnH 具有协整关系，这一结果证明了设计能力与产业结构升级之间存在着长期稳定的均衡关系。在此基础上可以对研究变量进行 Granger 因果关系的检验，以确定它们之间的作用关系。

（三）产业结构升级与设计能力水平的因果关系的实证分析

令 y 为 ΔlnS，x 为 ΔlnH，然后取滞后期阶数 P 分别等于 1、2、3，对产业结构升级与设计能力水平做 Granger 因果关系检验，检验结果见表 3-7。

表 3-7　　　　　设计能力水平与产业结构升级的 Granger 因果关系检验

P	零假设（H_0）	F	P 值
1	$\Delta\ln H$ 不是 $\Delta\ln S$ 的原因	0.11768	0.73533
1	$\Delta\ln S$ 不是 $\Delta\ln H$ 的原因	0.76682	0.39214
2	$\Delta\ln H$ 不是 $\Delta\ln S$ 的原因	0.08094	0.92262
2	$\Delta\ln S$ 不是 $\Delta\ln H$ 的原因	0.98811	0.39389
3	$\Delta\ln H$ 不是 $\Delta\ln S$ 的原因	0.0201	0.99592
3	$\Delta\ln S$ 不是 $\Delta\ln H$ 的原因	12.9768	0.00033

检验结果表明，设计能力水平与产业结构升级之间的作用关系是：当期两者之间没有 Granger 因果关系，在第 3 期滞后，产业结构升级有力地促进了设计能力提高，而设计能力提高不是产业结构升级的原因。

为了进一步弄清楚产业结构升级作用于设计能力水平的具体机制，本书将建立产业结构升级与设计能力水平作用关系的误差修正模型。

对于设计能力变化模型，首先设定为：

$$\ln H_t = c_0 + \sum_{i=1}^{2} \alpha_i \ln S_{t-i} + \sum_{j=1}^{2} \beta_j \ln H_{t-j} + \varepsilon_t \tag{3-1}$$

使用软件 Eviews3.1 来估计这个自回归分布滞后模型，剔出不显著的变量，得到：

$$\ln H_t = -29.3896 + 0.3801\ln H_{t-1} + 7.3537\ln S_t + 2.4388\ln S_{t-1} - 1.1176\ln S_{t-3}$$
$$(2.29)\qquad(1.25)\qquad\quad(2.03)\qquad\quad(0.48)\qquad\quad(0.31)$$
$$\tag{3-2}$$

F 统计量 = 67.385　　　$P = 0.0000$　　　$\text{Adj}R^2 = 0.9544$　　　D. W. = 1.7199

各解释变量的回归系数都在极高的显著性水平下不为零，拟合优度也很高。

建立误差修正模型：

$$\Delta\ln H_t = \alpha\Delta\ln H_{t-2} + \beta_1\Delta\ln S_{t-1} + \beta_2\Delta\ln S_{t-2} + \gamma\text{ecom} + \varepsilon_t \tag{3-3}$$

在 Eviews 主窗口直接输入命令，即可得到：

$$\Delta\ln H_t = -37.0876 + 0.3009\Delta\ln H_{t-1} + 8.3401\Delta\ln S_t + 1.8401\Delta\ln S_{t-1} - 5.2833\text{ecom} + \varepsilon_t$$
$$(8.234)\qquad(6.701)\qquad\quad(2.763)\qquad\quad(0.6083)\qquad\quad(0.962)\qquad(3-4)$$

F 统计量 = 285.0526　　　$P = 0.0000$　　　$\text{Adj}R^2 = 0.98$　　　D. W. = 1.73

其中，$\Delta\ln H_t$ 是设计能力水平的自然对数的一阶差分值，其经济含义是设计能力提高速度；$\Delta \ln S_t$ 是产业结构升级系数的自然对数的一阶差分值，其经济含义是产业结构升级速度。该方程的回归系数均通过显著性检验，拟合优度比较满意。

根据模型（3-4）中 $\Delta \ln S_t$、$\Delta \ln S_{t-1}$ 的系数可知，滞后 1 期的产业结构升级水平的变化将引起设计能力水平的变化，也就是说，产业结构升级的速度提高 1%，将引起当年的设计能力水平提高 8.34%，将引起未来一年的设计能力水平提高 1.84%。这说明产业结构升级对设计能力水平的提高具有"乘数性质"的加速作用。同时，误差修正项系数的大小反映了对偏离长期均衡的修正力度，从系数值 5.2833 来看，修正的力度是很大的，这说明我国正处在经济发展的上升期，设计能力水平具有很大的波动性。

近年来，我国服务业在保持较快发展速度的同时，其内部结构明显改善，服务业结构转换与升级速度加快。物流、金融、信息服务等生产性服务业的带动作用开始显现，旅游、文化、教育培训、医疗卫生、体育、会展、中介服务、动漫、创意等需求潜力大的新兴服务业发展迅速。现代技术型、知识型服务业迅速发展，各种新型业态层出不穷，提升了服务业对国民经济特别是对制造业的支撑能力，但交通运输业、邮电通信业、批发和零售贸易业等传统产业的主导地位并未改变，物流、信息、金融等现代服务业发展总体水平仍然偏低。从服务业内部各行业增加值来看，批发和零售贸易、交通运输、仓储和邮政、住宿和餐饮等传统服务业所占比重最高，在全部服务业增加值中的比重高达 38.9%，而金融保险、信息传输、计算机服务和软件、科学研究与技术服务等现代服务业和新兴服务业的科学研究、技术服务的比重还比较低，约为 20%[1]。对照一下美国的服务业结构，我们就会发现，金融保险、专业技术服务、健康与社会救助等现代服务业处于主导地位，而住宿和餐饮、批发和零售贸易等传统服务业所占比重相对较低。发达国家与我国的服务业结构，其差距是显而易见的。可以说，总量增长缓慢与结构性缺陷两种矛盾相互交织，共同制约着我国服务业增长。如何优化和提升服务业结构，在继续发展传统服务业同时，充分发挥现代服务业和新兴服务业的主导作用是我国服务业发展面临的一个重要挑战。

Coffey 和 Bailly（1991）曾经提出生产性服务业发展是由企业内外因素共同作用的结果。外部因素主要是社会生产力提高、专业化分工日益细化，为企业从外部购买生产性服务提供了前提条件；内部因素则是由于市场竞争压力，企业基于成本节约和核心竞争力培育，把那些不创造价值或创造价值很小的功能转移出去，可以预见，将来这种趋势会越来越明显。

二、创意产业发展对工业设计产业发展的影响

在全球化的消费社会背景下发展起来的创意产业是一种推崇创造能力、强调文化艺术对经济的支持与推动的新兴理念。"创意产业"的概念是 1997 年英国工党上台

---

① 以上数据来自《中国统计年鉴》（2008）。

以后提出的。2001 年 3 月，英国国务大臣克里斯·史密斯撰文认为："文化产业作为创意产业对知识经济和国民财富的重要性得到了广泛认同——创意产业已经从外围进入中心。"经济学家霍金斯在《创意经济》一书中，把创意产业界定为产品在知识产权法的保护范围内的经济部门。知识产权有四大类：专利、版权、商标和设计。创意包含了创造力和创新力的内容。创造力是观念、思维；创新力是创造力的实现和表达。保罗·罗默是较早研究创意经济的学者，他强调的是创意要素，认为创意会衍生无穷的新产品、新市场和创造财富的新机会，并在此基础上建立了罗默模型，将创意作为除劳动、资本之外的又一生产要素列入生产函数，证明了创意对长期经济增长的强大推动作用。

　　而创意产业与工业设计产业的关系是密切的，创意产业为工业设计产业的发展提供了最重要的部分——创意要素。设计是个讲求创意的工作，美国著名的设计思想评论家乔治·尼尔森说："设计不谈创意还谈什么！"Marslow（1971）指出一个没有创意的组织，注定会失败。设计公司最重要的能力之一就是创意，M 公司和索尼公司的成功就是一个例子，因为只有这么多的创意、不断创新才能让其保有竞争优势。资源基础理论强调，真正能为企业建构竞争优势的有价值及除稀少的资源之外，资源的不可替代性才是厂商拥有持续竞争优势的主因，在知识经济时代创新是企业生存及获利最重要的能耐之一。由此可知创意在设计活动过程中扮演着相当重要的角色（黄茗富，2004）。

　　现代设计的核心已不是技术与方法，而是整合了知识和技能的创意能力。针对设计创意而言，大致可区分为三种观点，第一，创造的观点，认为设计人员是暗箱，其神秘的创意是由暗箱跳跃出来的。第二，理性的观点，认为设计人员是明箱，箱子里的内容完全是可以解释的，创意是一种理性的程序。第三，控制的观点，认为设计人员是一种自组织系统，它可以找出超越未知领域的捷径（王锦堂，1992）。对工业设计公司而言，设计创意是理性的程序并且可以提升设计公司竞争力及为顾客创造价值。宋同正（1998）认为如果厂商希望以设计作为企业竞争的主要利器，应先评估本身有何设计资源，经独特性设计资源（如设计资源的稀少性、专属性或可累积性）的确认后，再将其转换为企业竞争的优势。许多学者（Cooper，1998；Kotler，1999；HiteDoku，2000）认为产品创意的产生与管理活动是极为重要的设计过程。现今企业组织的成功，取决于其创意的品质及这些创意之最佳部分能以多快的速度加以执行（Lawrence and Summers，2003）。

　　第二次世界大战之后，以英、美、日为代表的发达国家以设计作为国家政策的方针，无疑为列强占领经济制高点谋求了先机。对于起步较晚的我国工业设计来说，快速找准设计的经济定位无疑是非常紧迫的任务。

　　我国各地政府意识到发展创意产业的重要性，北京、上海、深圳、杭州等都已经建立创意产业园区，在每个产业园区中都能看到设计产业的身影（见表 3-8）。

表 3-8 城市创意产业经济数据

城市	年份	占全市区 GDP 的比例	创意产业增加值（亿元）	创意园区内的设计产业园
北京	2007	10.6%	992.6	德胜园工业设计创意产业基地
上海	2006	5.61%	581.38	设计工厂
深圳	2006	10.9%	382	田面"设计之都"创意产业园
杭州	2007	11.95%	490.23	之江创意设计园
武汉	2007	38.5%	100	江南研发设计创意产业集聚区

资料来源：各城市统计资料。

　　在深圳田面创意产业园，当前国际排名前 50 位的设计大师决定入驻的已有 10 位，包括德国设计大师易吉·克拉尼、法国"设计鬼才"菲利普·斯塔克、日本设计大师田中浩沼等一批国际知名设计师，还有瑞士波斯卡公司（水上摩托车）、日本 01 工业设计公司、韩国 TMT 视频设计公司、ASIA 澳大利亚设计公司顶尖设计机构等也将陆续进驻。工业设计领域大师——以色列 Technion 技术研究院工业设计教授、红点设计概念奖评审主席郎·纳巴罗表示："中国创意产业的活力和发展前景吸引了我们。"工业设计随着最近创意产业在我国如火如荼地发展，越来越受到政府和企业的重视。

　　设计从本质上是一种文化，文化是需要时间积累、提炼、升华才能体会到其中神韵的。工业设计随着创意产业在我国的快速萌芽发展，受到越来越多的重视，但两者在我国都是年轻的产业，要做到真正中国的设计、创意，我们需要坚实的文化根基的依托、良好的经济氛围的支持和完善的知识产权制度的保障。全世界的优秀设计大师和团体都瞄准我国市场。以经济为目的、以文化为导向、以创意为核心是对设计本质的重新挖掘。时代发展到今天，国家之间的竞争归根结底取决于文化和科技的竞争力。而在全球化成为不争事实的情况下，以"第四媒体"——互联网为代表的信息传播媒介的发展速度之快大大削减了由科技进步造成的技术条件的差距。正如美国著名未来学家约翰·奈斯比特所言："通信和电脑技术上的新发明将缩短信息和流动时间，加快变化的步伐。"在这种情况下，承载了民族精神的文化成为提升民族竞争力的决定因素。文化是综合了社会和经济两方面的精神财富，而现代经济是人文化的经济，从产品设计到生产流程，从企业管理到品牌形象的确立，从客户研究到售后服务，无不充满了现代人文精神。它既是物质的，也是非物质的。

　　作为文化创意产业重要组成部分的工业设计，是科技、文化与艺术的完美结合，是通过创意将艺术与文化转化为生产力的核心环节，工业设计产业以科技为先导，以文化为依托，以创意为种子，营造生态化的创新环境。对于工业设计来说，"创意"是核心要求，"文化"是设计的内涵和本质，而"产业"指明了设计的发展方向。作为"文化创意产业"发展，使工业设计内涵的界定更加清晰，从而有利于推动工业设计向纵深发展。另一方面，作为文化创意产业发展又是时代赋予工业设计的使命。工业设计的定义不是对以上三个名词的简单叠加，而是在此基础上对庞大知识体系和内容的整合与提升。其实，依托我国强大的制造业基础，在创意产业涌动的大潮中，设计业应首当其冲地成为我国文化创意产业中最活跃的板块。

设计人才需要具有多元化的特点，需要具备跨行业、跨地区、专业化、国际化的背景。因此，要形成创意产业集群，将诸多艺术、设计、广告、公关等以创意为主的个人工作室或服务性公司，集中在一个特色区域，形成多元文化生态和创意服务产业链。通过城市创意产业集聚效应给创新的产生、转化、生产、扩散和商业化提供载体和发展空间（李于昆，2006）。

参照发达国家创意设计产业的成功发展经验，做设计不是简单地做"眼球"、做"视觉"，创意与创造力才是设计产业发展的核心竞争力。工业设计具有很深的文化和艺术内涵。如果能通过设计提高产品的文化艺术含量，就可以提高产品的附加价值，提高企业经济效益。随着人们生活水平的提高，人们对精神享受的需求正在增长，人们对商品的要求也在变化，要求商品含有更多的文化品位和艺术价值。总的趋势是随着人们生活水平的不断提高，工业设计中文化和艺术含量的比重将不断增加。

三、科技进步、体制改革有利于工业设计产业发展

工业设计企业不断增加科技投入，发挥专业优势特长，利用知名专业带头人和配套团队，研发具有自主知识产权的技术和专利，加强企业集成技术与创新发展。加工业、制造业的体制改革与生产能力的增长为工业设计产业发展奠定了基础，在中央明确要求大中型企业构建技术中心的政策带动下，一批具有重要影响力的企业在重视技术创新的同时重视工业设计的投入产出，加大资金投入力度，发展工业设计产业，设立相应机构。而工业设计产业本身的改革进一步深入，开放进一步扩大，为创意设计生产力的进一步解放提供了强大动力。大院的产权多元化、中小院的民营化，都体现了技术、管理等要素参与分配的原则，对于以人才资源、无形资产为主要依托的工业设计产业而言，无疑具有十分重大的意义，确立了企业的市场主体地位，增强了企业活力。通过改革，勘察设计单位逐步由过去的国家统管、缺乏活力的事业单位转变为适应市场经济要求的自主经营、自主创新、自我发展和自我约束的企业法人实体和市场主体。企业按照市场规律运作，拥有人员任免、调配、收益分配和经营管理等自主权。同时国防科研工业向民品领域拓展，扩大了工业设计产业的规模。

一批由政府和企业合作建立的工业设计促进机构在全国各地建立，已成立中国工业设计协会及各省市工业设计行业自律组织共有 16 个，工业设计机构开始形成并呈现经营模式多样化的趋势。设计教育力量雄厚，全社会对设计的专业认知越来越成熟。根据调研，目前全国各教育部门所属高等院校中开设的工业设计及相关专业仅次于中文、外语、会计、计算机技术等热门专业。作为行业基础的社会传播、宣传及学

术研讨活动日趋活跃。全国每年都有代表国际最新发展趋势和国内最高专业水准的展览、博览活动举行，学术论坛与国际交流日趋频繁。

设计院所企业化改制是科技体制的重大变革，是国家宏观经济体制改革的重要组成部分，也是落实科教兴国的重大举措。改革的关键是要通过设计院所改制使其成为设计创新的主体，走设计产业化道路。从国家事业单位脱胎出来进行企业化运作的设计院所，从经济性质到收入分配等诸多方面将发生重大的根本性的变化；由执行国家特殊职能的事业单位变为在市场中求生存、求发展的经济主体；其经济性质由单一的国有变为国有和非国有混合的科技型企业；开发性科研院所经费来源由主要靠国家预算拨款变为主要靠市场；以项目和任务为导向的管理模式转变为以市场为导向的管理模式；普通科研人员由国家人变为院所的股东或雇员；以职称、资历为主要依据的分配模式转变为以成果的市场转化情况、股权等为主要依据的分配模式等等。

设计院所的改制给设计业的发展去除了枷锁，解放了生产力。2001年勘察设计行业全年营业收入只有722亿元，到2007年全年营业收入就达到4684.33亿元，上涨了5倍多。青岛某设计院实行项目经理负责制后，业务量比上年增加了40%，同时设计与工程质量也有了很大的提高，这得益于项目经理的责任得以明确与利益得到有效保障，同时也为培育后续项目管理人才创造了条件。下面用某建筑设计院的收入利润率来反映我国工业设计产业制度的变化对其绩效的影响。

从表3-9可以看出，这家设计单位在2000年净资产收益率还是0.55%，行业收益率相当低，处于微利经营状况。2006年盈利开始增多，2007年的净资产收益率是2004年的5倍，增幅显著。

表3-9给出了相关年份设计业产权制度方面的一些背景材料。1978年虽然开始进行企业化改革，但从全国看，整个行业的格局仍然没有大的改观。到1985年，勘察设计单位作为事业单位实行企业化经营，取消事业费，按照国家规定收取勘察设计费，独立核算，自负盈亏，并在全行业推开。但由于国内价格体系还没放开，市场机制还不健全，并没有改变行业低利润率的现实。1999年、2000年中央的两个文件明确了勘察设计单位由事业单位改为科技型企业、逐步明确现代企业制度的改革方向和目标，是全行业脱钩改制、重新定位的两年。

2004年是该建筑设计单位正式注销事业单位实行企业化管理的第一年，成为自主经营、自担风险、自负盈亏的经济实体。产权改革解放了生产力，该公司的主营业务收入在当年达到历史之最，突破9926.37万元。2006年、2007年产业化改革步伐加快，国内房地产业、固定资产投资都达到高峰，出现了建筑设计行业的业务收入翻倍增长的景象。从表3-9提供的制度背景材料可以看出，工业设计产业在近几年的绩效受到了制度变迁的显著影响，制度的变迁对于设计市场效率的提高起到了一定的积极作用。

表3-9　　　　　　　　某建筑设计院体制因素对收入利润率的影响　　　　　　单位：万元

项目	1979年	1985年	2000年	2001年	2004年	2006年	2007年
总资产	440.03	1311.91	15891.51	11306.19	17683.35	20521.72	28272.65
主营业务收入	—	725.55	5541.43	5866.78	9926.37	17247.59	25552.40
净利润		242.61	42.97	52.42	376.55	1061.03	3318.04
净资产收益率	—	—	0.55%	1%	10.24%	26.95%	54.21%
重要制度背景	1979年，勘察设计咨询业开始进行改革试点，中共中央、国务院中发〔1979〕33号批转国家建委党组《关于改进当前基本建设工作的若干意见》指出"勘察设计单位现在绝大部分是事业费开支，要逐步实现企业化，收取勘察设计费"	1984年国务院下发《国务院关于改革建筑业和基本建设管理体制若干总的暂行规定》（国发〔1984〕123号）、《国务院批转国家计委关于工程设计改革的几点意见的通知》，要求国营勘察设计单位实行企业化，增加勘察设计单位的活力，规定"勘察设计向企业化、社会化方向发展，全面推行技术经济承包责任制"。从此，勘察设计单位作为事业单位实行企业化经营，全行业取消事业费，按照国家规定收取勘察设计费，独立核算，自负盈亏，并在全行业推开	1999年12月、2000年10月，国务院办公厅先后下发《关于工程勘察设计单位体制改革的若干意见》（国办发〔1999〕101号）、《国务院办公厅转发建设部等部门关于中央所属工程勘察设计单位体制改革实施方案的通知》（国办发〔2000〕71号）两个文件，明确了勘察设计单位由事业单位改为科技型企业、逐步建立现代企业制度的改革方向和目标，并具体规定了体制改革的基本原则、方案、配套政策和组织领导		勘察设计单位完成事业性质向科技型企业转型	2007年10月，在党的"十七大"即将召开之际，协会受国家发改委的委托，开始了《工业设计服务业发展政策》的课题研究和起草工作2007年3月成稿的《工业设计服务业发展政策（征求意见稿）》	

第四节　工业设计产业的发展趋势

工业设计产业是现代生产实践的具体形式，作为新兴产业和其他新生事物一样具有广阔的发展前景。从工业设计产业在现代生产实践中的地位看，其作为一种产业形态在生产实践中的地位越来越重要，从工业设计服务与社会意识的相互作用看，工业设计对社会意识的影响越来越明显，并表现出相对独特的发展规律；从工业设计对人的发展的推动作用看，工业设计为人的自由全面发展创造了越来越多的条件。具体而言，工业设计产业的发展趋势主要有以下几方面：

一、工业设计专业化发展

广泛的设计外包促进了工业设计专业化发展。有关工业创新的文献研究指出外部技术服务对提高制造企业的生产效率起到很大作用（Clark，1995；Robertson and Swan，1998；Wood，2002）。制造企业正日益分包含有知识组成部分的完整的产品，交给独立的商业服务单位经营，如工业设计公司，而不仅仅是分包要素的制造过程（Bryson et al.，2004）。Howells 和 Tether（2004）认为全球化、信息技术的发展，促进设计从生产过程中分离出来成为企业内专业化的一部分。在市场交易成本较低的时候，公司更倾向于从市场上购买，而不是在企业内生产。反之，当市场交易成本高的时候，公司更倾向于在企业内生产（Standifird and Marshall，2000）。外部化或外包与创新都具有正效应（MacPherson，1991，1997a，1997b；Tether，2002）。另外，随着对外包问题研究的深入，研究普遍认为外部知识的获取、技术管理、与外部合作伙伴合作都具有潜在优势和劣势（Chiesa et al.，2004）。MacPherson（1997c）以科学仪器的部门 81 家公司为样本，研究了外部技术支持对纽约州制造企业创新的影响，得出快速地获得外部技术支持能在小企业创新活动中起到重要的作用。同时，该研究表明，某些地点更有利于发展这种关系。

根据台湾外包研究机构 2002 年对 1110 家 IC 设计外包公司进行的调查研究，在十个主要的外包原因中，使公司集中于核心能力是最主要的原因（占 55%），而这正符合外包的主要内涵，也就是让公司致力于该公司的专长，即核心能力，将不具效率的作业或活动交给专业的公司进行运作，以提升公司的竞争力。而一般公司重视的成本（占 54%）排在第二位，再次的原因为为其他目标释放资源（占 38%）和可取得世界级产能（占 36%）（许世洲，2003）。

2007 年国务院发布加快发展服务业 7 号文件，指出我国将大力发展国内服务外包与承接国际服务外包。进入 2007 年，我国本土新兴品牌企业一夜之间出现了大规模涌现的局面。世界银行最近披露的报告显示，我国本土制造业正在经历一场制造品牌化运动，并估计未来不久，在非高科技领域，我国本土品牌的数量将增长 20 倍以上。按照国际惯例，新兴品牌企业的竞争力主要来自于设计溢价和市场运作，因此，对设计外包对象的产品化能力要求非常之高。

二、工业设计企业化发展

各国政府越来越认识到工业设计在国民经济中的重要地位和作用，对其重视程度不断提高，企业运用工业设计的意识不断增强，许多企业成立了专门的设计机构，加大工业设计费用的投入力度，工业设计企业不断成长壮大。而一些科研设计单位企业化改制也逐渐深入，治理模式、组织结构、企业文化、管理方式及动力机制等都按照现代企业制度中的组织制度和运行机制来设计，以提高设计企业竞争力。工业设计作为研发设计的重要方面，是服务外包业务中业务流程外包（BPO）的重要组成部分，更是研发外包（CRO）的主要内容。近几年，主要的工业企业已经开始实现高端外包——将知识密集型服务活动例如 R&D、产品设计以及工程设计等活动外包出去（Parker and Anderson，2002；Lynnand Salzman，2007）。为了减少投资和降低成本，波音公司把波音 787 70%的部件设计进行外包（Harrigan，2006）。全球第三大飞机制造商加拿大的庞巴迪将 R&D 和设计相关的活动大部分外包给欧洲飞机制造商（Pritchard，2006）。在欧美，约 40%的汽车设计由独立设计公司来完成。由于我国设计行业刚刚兴起，工业设计外包活动发展较为缓慢。但在各行各业，也存在着一定程度的设计外包活动。如东莞国际家具设计研发院对 321 家家具制造企业的调查发现，90%左右的企业没有完整的设计团队，家具企业的设计主要依靠外包、购买专利等途径①。而作为中国最大的独立汽车设计公司阿尔特，客户由早期的奇瑞，拓展到一汽大众、华晨、海南马自达、天津夏利，业务范围由整车开发突破到汽车动力总成②。

三、工业设计规模化发展

工业设计走向规模化，是设计劳动的商品化、社会化过程，是市场经济和生产力发展的结果。它不仅在产业链的结构上强调设计对于产业链低端环节的拉动和刺激效应，而且在设计本身的表现上注重设计的创造性和创新性，强调在全球市场环境中通过发展和完善知识产权制度来保护创造性成果的经济化和社会化，进而发展为一种规模化的生产与服务方式、价值创造方式，形成行之有效的判断、评价、监督、宣传机制。在我国经济结构、市场机制日益完善，人们对于设计认知逐渐成熟的今天，设计的规模化将不仅对工业设计产业产生巨大的经济联动作用，同时也将对整个制造业、服务业的结构调整、产业升级、品质优化，对于进一步提高我国经济运行质量和效益起到关键性的促进作用。"任何产品的形成，第一步是设计，第二步才是生产、制

---

① 罗林林：《家具产业链生变设计链要单立门户》，《东莞日报》2011 年 9 月 23 日第 A08 版。
② 于宛尼：《阿尔特：为电动车插上梦想的翅膀》，《工人日报》2010 年 4 月 29 日第 7 版。

作。因此，设计产业必然成为国民经济的先导产业，它着重于产业竞争和经济发展中那些软价值的层面，也是最具竞争力的层面。"①

四、工业设计模块化发展

技术的飞速进步，使产品工程越来越复杂，企业必须在不断变化的环境中应对越来越复杂的工程技术。客户对产品个性化需求程度的增加，导致产品定制化趋势越来越明显，企业必须创建数量庞大的产品系列来满足客户不断变化的需求。企业一方面必须利用产品的批量化、标准化和通用化来缩短上市周期、降低产品成本、提高产品质量，另一方面还要不断地进行产品创新使产品越来越个性化，满足客户的定制需求。这样，如何平衡产品的标准化、通用化与定制化、柔性化之间的矛盾，成为赢得竞争的关键能力。

模块化的产品设计可以在保持产品较高通用性的同时提供产品的多样化配置，因此模块化的产品是解决定制化生产和批量化生产这对矛盾的一条出路。在开发成本上，模块化设计带来的效益是不容忽视的。较之整体构架来说，模块化设计的交互复杂性大大降低，各团队的独立性增强，也促成了并行开发的可行，模块化设计带来的另一好处是更具预见性的团队交互及数据交换。模块化操作可为设计演进提供广阔空间和多样化路径②。

总之，模块化操作可促进设计技术层面标准化数字化程度。现代工业设计活动建立在计算机技术、人机工程等基础之上，可以对工业设计的程序进行量化统计。

五、工业设计市场化发展

如果说艺术的市场化在某种程度上是以艺术个性的损失为代价的，那么相对于逐渐市场化了的艺术品拍卖、投资、复制行业来说，设计在产业化中的优势是先天存在的。以为大众生活服务为宗旨，以工业生产和制造业为依托的工业设计从诞生之日起就是市场化的，是经济链条中不可分割的一环。设计、生产、销售和回收再利用形成设计完整的周期。设计的成败必须经过市场的检验，得到大众的认可。

就设计企业自身情况看，规模、技术、设备、手段、思想观念均与从前不可同日而语。其内部的发展壮大，不仅表现在设计能力上，而且也反映在完成任务的产值结构上。20 世纪五六十年代，我国的设计院模仿苏联模式建立，指令性任务占有绝对比重，外接任务几乎没有，随着设计院的发展壮大，在完成的产值中，指令性任务比

---

① 白仲尧：《设计产业的地位和作用》，载中国工业设计协会编：《产业政策研究参阅资料》，2003 年。

② 张治栋、荣兆梓：《基于契约结构的模块化设计及其演进》，《中国工业经济》2006 年第 9 期。

重逐年下降，外接任务比重逐年上升，直到指令性任务收入占到全收入的一小部分，这已为设计院走向市场打下良好的基础。

确立企业的市场主体地位，增强企业的活力。通过改革，勘察设计单位逐步由过去的国家统管、缺乏活力的事业单位转变为适应市场经济要求的自主经营、自主创新、自我发展和自我约束的企业法人实体和市场主体。企业按照市场规律运作，拥有人员任免、调配、收益分配和经营管理等自主权。企业实现了从靠计划、等任务向主动对接市场、参与竞争的观念转变，强化了利润、效益、服务、品牌和人才等经营理念，增强了发展的内在动力。大部分勘察设计企业在激烈的市场竞争中，以优质勘察设计、灵活反应赢得项目，在增强综合竞争力上下工夫，与进入国内的国际工程咨询公司相抗衡，并积极开拓国外市场，实现了快速发展。

从产业形成的角度讲，工业设计至少要包含三方面的内容：一是宽松的政策和制度环境，这是市场化的先决条件；二是知识产权的保护，这是市场化的有力保证；三是市场化的交易平台和手段，这是必要因素。

要发展工业设计，必须创造一种宽松的政策和制度环境。制度环境从某种意义讲是产业核心要素。目前，北京、上海等地在设计产业的发展上都非常重视，政府对这一新兴的产业提供了众多优惠措施以鼓励设计产业基地的建立、更新、发展。工业设计产业的核心内容是创意活动，其产品内涵是一种设计、一种创意，产品价值主要体现在创意和创新环节的收益上，需要通过知识产权保护来保障创意主体、创意企业的合法收益。设计产业的发展不能仅仅依靠政策支持，还必须有实质性的产业发展与推广。当前各国设计产业的发展面临的主要问题已不是理念转换，而是如何实际运作，推动设计企业的快速生长，并发挥集聚效应，培育创意市场。

六、工业设计产业化发展

产业化，是指某种产业在市场经济条件下，以行业需求为导向，以实现效益（包括社会效益和经济效益）为目标，依靠专业服务和质量管理，形成系列化和品牌化的经营方式和组织形式，是一种在市场经济规律支配下所形成的规模经营的机制。

工业设计专业化、企业化、规模化、模块化、市场化是工业设计产业化发展的内容同时也是动力（见图3-2）。工业设计在产业化中的优势是先天存在的，工业设计行业具备产业化的条件，并且在信息经济大潮中，在以知识获取和新技术、新信息为核心的全球化经济的大环境下，工业设计产业必将飞速发展。

参照国内外的各种理论，联系我国工业设计发展的实际，本书认为我国工业设计必须具备上述条件才能进行产业化运作：专业化、企业化、规模化、模块化、市场化。笔者将"工业设计产业化"定义为，工业设计利用自身的信息资源优势和服务优势，以模块化设计的方式将信息资源、信息服务甚至信息技术转换成可以量化出售的产品，实现产品的市场化、生产的一体化、经营的规模化，积极参与到市场竞争中，通过市场竞争来提高工业设计服务的质量，发挥工业设计在信息经济时代知识生

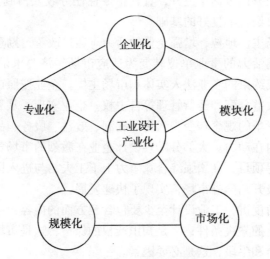

图 3-2 工业设计产业化的五个因素

产和再生产过程中支柱产业作用的活动和过程。由于工业设计在我国的发展时间不长，我国工业设计还处于产业化初期阶段。国内已形成小规模的工业设计产业群，专业设计公司约 200 家，但其聚集与扩散功能尚未充分发挥①。

① 上海市经济委员会上海科学技术情报研究所：《2006—2007 世界服务业重点行业发展动态》，上海科学技术文献出版社 2006 年版。

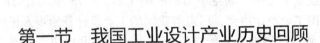

第四章 我国工业设计产业现状研究

第一节 我国工业设计产业历史回顾

一、工业设计产业在我国的发展历程

从 1952 年至今，按照我国工业设计产业演变的不同特点，笔者将这一过程分为计划经济时期、市场经济初期和加入 WTO 后时期三个阶段。考虑到设计业的发展并不是毫无关联的，要严格准确地给这三个时期划分一个年限有一定困难，在此，笔者根据改革开放对设计业发展带来的较大影响，以及设计业加入 WTO 大致出现在 2001 年左右这两个方面的原因，把 1978 年和 2001 年作为划分这三个时期的界限，所以工业设计产业在我国发展历程大致可以分为如下三个阶段。

（一）计划经济时期（1952—1978 年）

1949 年，新中国在经历了半个世纪的战火后庄严成立，此时的中国大地，满目疮痍，百废待兴，新生政权此时面临的首要问题就是生存与发展，而此时帝国主义对中国采取了封锁政策。中国当时的发展，除了自力更生以外，就是依靠以苏联为首的社会主义国家的经济援助。为了加快工业化进程，在苏联政府帮助下，我国在全国各地仿效苏联模式，先后建立了一批国家级大型勘察设计院，这些单位规模很快就达到千人以上，有的甚至超过万人，业务范围覆盖了国民经济的各个领域，如机械、化工、冶金、航空、建筑等。这些大型勘察设计单位大多建在我国的东北及中部地区，后来，随着三线建设的开始，这些单位又纷纷奉命开赴西南、西北地区，有的甚至搬到深山沟里，而我国的各省市自治区又纷纷仿照这一模式，建立起各自的大型或中小型勘察设计单位，涉及的业务范围几乎与国家级大型勘察设计单位相同，从而形成了具有中国特色的勘察设计队伍。我国的工程设计业早期称为设计院，实际上是计划经济和学习原苏联的产物，这是为了适应国家大规模工业及民用建设的需要。设计院具有工种齐全、分工明确、配合严密的组织形式，能够按照国家的统一计划，有步骤地完成大型综合的工程建设项目设计。在 20 世纪 80 年代以前设计院是不收费的，其设计任务由上级部门指派，职工工资与其他处室或科室并无二致，没有人担心工资，更没有市场这个概念。在这段历史时期里，产品设计更是处于空白阶段，当时我国工业的发展，基本上走的是引进—仿制—批量生产—再引进—再仿制—再批量生产简单的循环，缺乏自己的再创造。加上本身体制（计划经济）的局限，产品统购包销，无需设计，所以这一阶段几乎没有什么产品设计。

（二）市场经济初期（1979—2001 年）

20 世纪 80 年代的中国，正处于由计划经济体制向市场经济体制转型的时期，改革开放使我国经济开始快速发展，同时也给企业带来了更大的竞争压力。我国政府也了解到，依据发达国家的经验，工业设计是振兴产业、发展经济的重要手段，是增强产品竞争力、企业竞争力和市场竞争力的战略工具。1979 年，当时的中央副主席李先念批示成立中国工业设计协会，标志着我国的工业设计开始步入正轨①。

1979 年，工程设计咨询业开始进行改革试点，中共中央、国务院下发［1979］33 号批转国家建委党组《关于改进当前基本建设工作的若干意见》，指出"勘察设计单位现在绝大部分是事业费开支，要逐步实现企业化，收取勘察设计费"。随后在中央及地方部分勘察设计单位开始了企业化和勘察设计取费试点工作，拉开了改革序幕。1984 年，国务院下发《国务院关于改革建筑业和基本建设管理体制若干问题的暂行规定》（国发［1984］123 号）、《国务院批转国家计委关于工程设计改革的几点意见的通知》，要求国营勘察设计单位实行企业化，增加勘察设计单位的活力，规定"勘察设计向企业化、社会化方向发展，全面推行技术经济承包责任制"。从此，勘察设计单位作为事业单位实行企业化经营，全行业取消事业费，按照国家规定收取勘察设计费，独立核算，自负盈亏，并在全行业推开。

从 20 世纪 80 年代起，珠三角地区最先对外开放。由于地理位置接近香港澳门，生产成本较低，再加上当时国内尚处于商品物质匮乏的时期，原来为鱼米之乡的珠三角，在短短几年的时间，迅速涌现了一批小家电生产厂家，通过技术和设备的引进，开始向广大的内地市场提供廉价的消费产品。而国内其他地区此时正处于相对封闭状态，因而深受港澳影响的珠三角产品，在国内处于绝对领先的位置，20 世纪 90 年代开始，横行中国市场的"广货"都是又快又新又时髦的产品。但是当时的"广货"的成功并非源于优秀的设计。从经济学的角度讲，由于国内物质相对匮乏，尚处于"供小于求"时期，只要机器生产一转动，就不怕有卖不出去的产品。从设计造型上讲，当时的"广货"有一定的设计因素，但更多是模仿港台产品，或是由港台设计好，再由珠三角生产，缺乏激烈的市场竞争，并没有发展真正的产品设计。

80 年代末，珠三角作为当时经济最活跃的地区开始尝试进行工业设计，某些产品市场开始转向了买方市场，珠三角因而先后诞生了一批设计机构，如"广州大学万宝工业设计研究院"、"南方工业设计事务所"、"蜻蜓设计公司"、"雷鸟产品设计中心"等（童慧明，1998）。同时，广东省工业设计协会成立，珠三角的工业设计开国内行业的先河，发展快速并且纳入规范的管理轨道。

1992 年，邓小平进行南方视察，他对珠三角发展的肯定再一次为当地企业流入

---

① 朱炎主编：《北京工业设计发展报告》，北京工业设计促进会，2000 年，第 15～17 页。

了新的活力。中国的市场化更加成熟，竞争越加激烈，珠三角企业家们越来越认识了工业设计的价值。一家家的工业设计机构纷纷诞生，如海豚、彩鸽、造型坊、金文、讯星等。在大型企业中，威力洗衣机、美的空调、科龙冰箱、康佳电视机等当时国内名牌企业纷纷在企业内部组建自己的工业设计部门，将珠三角推向国内工业设计的最高点（童慧明，1998）。

与珠三角不同，长三角地区的工业设计走了一条由学术到实践的道路。上海很早就开始进行工业设计探索，1982 年成立了上海工业美术设计协会，其经济、技术、人才等实力已在全国同行业中处于领先。20 世纪 80 年代初，无锡、上海等地的一些大学教师被派赴德国、日本进修学习工业设计带回了崭新的现代工业设计理论。他们与国内学者一起，以巨大的热情通过频繁的学术演讲和著述，宣传工业设计，使工业设计这一新兴的学科得以广泛传播，并在一定程度上引起了政府部门与产业的关注，并使长三角设计教育起步（杨向东，2006）。然而由于长期计划经济的惯性影响，工业设计无法作为促进发展的手段，在开放后一段相当长的时间里，现代工业设计发展相对缓慢。

1992 年以后，全国市场经济发展进入一个新的阶段。以上海为中心的长三角地区也开始成为国家经济发展的战略新宠。1993 年上海工业设计促进会成立，该协会积极为上海的工业设计服务，如举办工业设计展评会和工业设计的培训等，尤其是做了不少有关工业设计的软课题研究，如上海轻工企业设计现状与趋势的研究、关于提升上海工业产品设计品质的研究等，为上海产品的上档次、上等级、走出国门做出了贡献①。

历经了二十多年的辗转与徘徊，经历了一代人的奋斗与努力，我国工业设计在市场经济中开展。海尔、美的、华为和联想设计品牌策略的成功，使工业设计在企业真正开始得到承认、推广和运用。全国 260 所高等院校纷纷开设了工业设计专业课程，工业设计教育也在我国开始新一轮层次的普及。另一方面，由于企业的推广与普及，在广州、深圳、上海和北京等城市，许多工业设计公司纷纷成立并获得成功，国际设计信息与出版物的流通，让我国又兴起一波国际设计交流的浪潮②。20 世纪 90 年代的设计共识不仅来自学术界，也来自企业界、政府机关和社会大众，设计成为推动企业及社会经济文化发展重要作用之一。

（三）加入 WTO 后时期（2001 年至今）

进入 21 世纪以来，我国经济的快速发展已被世界所关注，2001 年 12 月 11 日加入世界贸易组织（WTO）之后，标志着其与世界接轨的决心，我国经济体制将更深入地融入全球经济体系。根据计算，我国加入 WTO 后，由于国际贸易增加、外资投资、资本与技术的投入，每年我国居民所得将会增加 219 亿美元，对 GDP 增长率贡献 0.5% ~0.6%（施哲雄、魏艾，2003）。开放的市场经济带来了更激烈的竞争，居

---

① 唐蓓茗：《上海设计："含金"何处》，《解放日报》2005 年 6 月 7 日第 10 版。

② 陈秉义主编：《21 世纪的工业设计》，北京工业设计促进会，2000 年。

民收入水平的提高让消费者对产品有更高的品质与服务的需求，工业设计产业面临巨大的发展机会。

国际资本迅速进入我国，世界设计巨头松下、索尼、三星、伊莱克斯、通用电气等设计总部先后落户上海，长三角地区也迅速出现了一批有实力的工业设计咨询公司，如龙域、指南等。这一批设计公司借助上海国际化都市的地域优势和国际影响力，更加快速、有效地建立了自己的设计品牌，积累了一批包括国外企业在内的优质客户，把设计咨询的业界影响力又提升了一个档次。上海设计和制造的自行车、缝纫机、家用电器等工业品曾经创造过辉煌，现在上海发展先进制造业，更需要靠设计来实现产品高附加值、高利润①。

珠三角地区通过 20 多年的市场进程，已经产生了很多具备与国际对接的市场化设计企业。由于产业升级等有利因素，对设计需求巨大，大批专业设计公司如雨后春笋般地出现，据不完全统计，深圳在 2005 年就有"大大小小工业设计公司在千家以上，而在 2000 年，这个数字也只有两位数"。② 其中不乏一批有实力的设计公司如嘉兰图、浪尖等，但大多数设计公司人数在 10 人以下，面临着生存的问题。

工业设计产业也开始出现集群化组织模式的发展。长三角地区开始进行工业设计的集群化建设，2003 年我国第一家以工业设计为主的工业化园区在无锡成立。上海也意识到设计业对产业经济升级的作用，在 2005 年成立近 20 个创意产业园，整个城市拥有 36 个创意产业工业园，占地约 100 万平方米，如此规模在全球城市中也属少见。2005 年末，联合国全球创意产业研讨会在上海召开，以上海为首的长三角设计业已经吸引了全球的目光。2007 年 5 月 16 日，中国（深圳）田面设计之都创意设计产业园在深圳中心区福田田面正式开园，该园区以工业设计为特色，以中外顶级国际大师和知名品牌设计企业为主体，意在发挥集聚效应，培育创意市场，提供完整创意设计产业链，打造面向全球的创意设计产业聚集区。

勘察设计单位由事业单位改为科技型企业、逐步建立现代企业制度的改革方向和目标，并具体规定了体制改革的基本原则、方案、配套政策和组织领导。从此，中央和地方所属勘察设计单位中绝大部分由事业单位改为企业，并加快进行产权制度改革、建立现代企业制度，实现企业制度创新。上海现代集团 1998 年成立时年营业收入仅为 3.12 亿元，到 2006 年上升至 13.29 亿元，年均增长率近 20%；2006 年实现利润总额为 8490 万元，年平均增长率超过 15%。北京钢铁设计研究总院于 2003 年底改制设立为中冶京城工程技术有限公司，2004 年营业收入为 18.77 亿元，2006 年达到 55.44 亿元，增长 195%。

二、对我国工业设计产业发展阶段的评价

20世纪特别是第二次世界大战之后，全球产业发展出现崭新的迹象，工业设计产业在各国经济发展中的地位不断上升。英国设计理事会（Design Council）的统计显示，过去10年里，设计驱动型企业的增长率超出了英国证券市场整体表现的200%。日本日立公司提供的统计材料也许最具说服力，该公司增加的每1000日元销售额中，设计工作所发挥的作用约占51%，技术与设备改造的作用占12%。

制造业发展的阶段性，决定了工业设计发展的阶段性。与原配件生产（OEM模式）对应的是生产型工业设计，与原创设计管理（ODM模式）对应的是营销型的工业设计，与原创品牌管理（OBM模式）对应的是管理型工业设计。三个阶段的工业设计产业，都会对设计师和设计服务提出自身独特的要求。

从世界各国工业设计产业发展的历程来看，大体经历了三个阶段（洪华，2005）：

第一阶段：生产型工业设计。

生产型工业设计强调设计与生产的紧密结合。天花乱坠的概念设计在此阶段没有太大的市场。产品造型的改良是工业设计师的核心工作，产品结构的优化和生产成本的控制是工业设计工作中的重要问题。对于企业来说，在设计上不需要花费太多的预算，大部分企业没有自己的工业设计部门，即使委托外边的工业设计公司进行设计，设计费用也较低。

这种类型的工业设计要求工业设计师具有较高的产品造型能力，并且对各种生产手段比较熟悉，能根据产品的特点和生产的数量决定适合的材料，并能有效地与工程师进行沟通。这种熟悉生产和具有较高产品造型能力的工业设计师，称为务实型工业设计师。优秀的务实型工业设计师，只能诞生于工业设计公司和企业内的设计部门。

第二阶段：营销型工业设计。

当制造业发展到一定程度后，厂家的重点逐渐会转向潜在的顾客。营销型工业设计将同市场营销策略和活动紧密结合起来。从某种程度上来说，工业设计成为整合营销传播（IMC）的一个环节。整合营销传播强调的是，企业倾其内外的全部资源，发出统一的声音，去争取顾客。工业设计显然是其中至关重要的一环。没有好的设计，就没有好的产品；没有好的产品，整合营销传播便是"王婆卖瓜，自卖自夸"。当然，工业设计也要根据整合营销传播的基本要求，和其他资源一起，发出统一的声音。

营销型工业设计对设计实践提出了新的要求。第一个明显的改变是：先调研，后设计。在生产型设计时代，不需要进行细致的调研，最多也只要求进行二手资料调研，设计师接到任务后，翻看一些产品资料集，东拼西凑，马上构思产品的形态。用

户为本的设计理念到这个阶段才得以笃行。第二个改变是，单打独斗式的工业设计将不再流行，团队合作变得至关重要。工业设计师跟市场营销人员的合作将更加频繁。工业设计师光有手上功夫（产品造型能力和设计表现能力）还不行，嘴巴也要厉害（设计的好处要能说出来，让用户有充分的购买理由）。对于这一阶段出现的工业设计师，我们可称之为"协调型设计师"。

第三阶段：管理型工业设计。

在自主品牌时代，设计成为企业管理的一部分，设计策略成为企业策略的重要部分。设计也许在这一时期能够创造出新的商业模式，如 Amazon. com 的网上售书模式。管理型工业设计师在这一阶段涌现出来。

由于为时尚早，对这种管理型的工业设计认识上不可能十分清晰，但是有些趋势是可以估计出来的。其一，产品形象识别成为可能，每个品牌都要有自己的个性，这种个性也将体现在企业的所有产品中。其二，设计的对象会有所拓宽。我国传统向来重有形之物，轻无形之事。事与物同等重要，缩小而言，产品和服务一样值得重视。企业不光销售产品，还销售服务。既然有产品设计，为何没有服务设计？无形之事将成为未来设计的重要对象。再将目光向远眺望，体验设计也不是没有可能。其三，设计方法上将更加强调团队合作，团队成员将来自更广阔的领域，如哲学家、心理学家、材料专家、软件专家等等（此即 Philips Design 所谓的"High Design"）。

现实中工业设计产业并不是完全按照这三个阶段发展的，实际上要复杂得多，各阶段之间也非常模糊。目前我国的工业设计以生产型工业设计为主，但营销型工业设计也在某种程度上存在，只是没有普及。当然，即使到了营销型设计时代，也需要大量懂生产、造型能力强的所谓务实型工业设计师。

我国的工业设计业尚处在初期的发展阶段，国内设计公司无论从数量、规模与综合实力或是经济效益来看，都与发达的国家和地区存在着不小的差距。长三角、珠三角的许多私营企业都是靠承接国外订单来生存的。产品的外形基本上是国外厂家确定的或者是仿造国外厂商的。要提高制造业的层次，必须大力发展 ODM 模式（原创设计管理，也有人称其为设计代工）和 OBM 模式（原创品牌管理）。据统计，香港的制造企业中，OEM 模式占85%，ODM 模式和 OBM 模式占15%。同香港比较，我国大陆制造企业中 OEM 模式占的比例更多（洪华，2005）。目前的经济危机给我国经济影响最大的是企业，尤其是以 OEM 为核心的加工制造业。我国大部分的民营企业通过给外资品牌做加工，接订单，利用我国廉价的劳动力成本赚取加工费。在珠三角、长三角一带，这些企业占据大部分。这样一个外向型、依赖出口的经济结构，当金融危机出现时，我国的对外贸易出口额急剧下滑，订单减少；另一方面，人民币的升值、新劳动合同法的出台让企业经营成本急剧上升，在国际的环境不利、国内优势不再的情况下，我国的制造业遭遇前所未有的危机。

第二节 工业设计产业现状分析

一、国外工业设计产业现状分析

工业设计产业具有高投入、高产出的特性，近年来发达国家的领先企业纷纷加大设计创新力度，以实现超常规发展。研究指出，企业设计投入对销售收入、市场价值、盈利水平等具有促进作用。设计投入的增长促进了企业商业绩效的稳步提升。主要发达国家的工业设计产业保持着高增长态势，以下分别介绍英国、美国、加拿大、日本四国工业设计产业的发展情况。

（一）英国工业设计产业概况

英国是仅次于美国的世界科技强国。英国的工业设计产业在世界范围内也是相当发达的，尤其在设计服务领域更是首屈一指。

1. 英国工业设计产业发展平稳

欧盟统计局 2007 年发布的统计报告显示，1997—2003 年，英国工业设计产业增加值年均增长率达到 12.6%，2001 年增长率更是高达 41%（见图 4-1）。

从业人数实现较快增长，统计数字显示，英国工业设计产业从业人员总数从 1997 年的 13.7 万扩大到 2002 年的 16.7 万。英国工业设计产业劳动生产率高，2001—2003 年，平均劳动生产率较欧盟平均水平高出 9.6%。

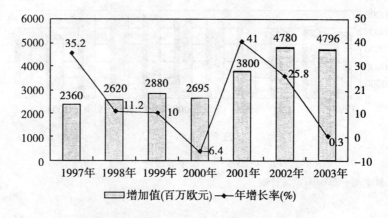

图 4-1 1997—2003 年英国研发服务业发展

资料来源：*European Business：Facts and Figures*（2006）.

作为世界工业设计服务的发源地、欧洲最注重设计的国家之一，英国的工业设计产业发展较快，成为英国重要的出口产业。2006 年 11 月，英国国际贸易投资署

（UK Trade and Investment）发布英国工业设计产业年度调查报告（*The British Design Industry Valuation Survey*，对英国设计公司共发放了4500份调查问卷，设计企业类型包括：广告、多媒体、包装、会展以及创意设计管理。报告显示，在经历了2000—2003年的衰退后，英国的工业设计产业正处于调整阶段，见图4-2。

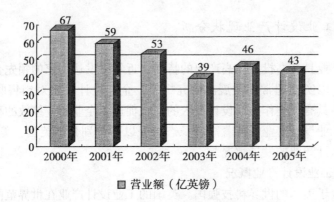

图 4-2　2000—2005 年英国工业设计产业发展情况

资料来源：*European Business：Facts and Figures*（2006）.

2. 英国工业设计产业就业和出口情况

1995—2003年，英国工业设计产业的就业人口年均增长5%，且1997—2003年年均增长6%，但近年来也有下降的趋势，2005年从业人数同比下降8.4%（见图4-3）。

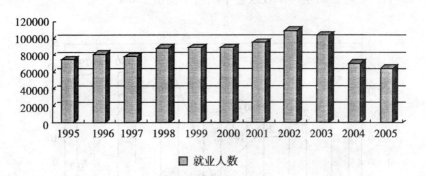

图 4-3　1995—2005 年英国工业设计产业就业情况

资料来源：英国国家统计局。

2003年，英国大约有4500家的注册机构从事设计咨询服务，比2002年的4000家和2001年的3700家都有大幅上涨，雇用人员76000人。英国的设计公司主要以小型公司为主，对英国1500家设计公司调查得出，其中5人以下规模的公司占总数的比重超出一半，2005年达到51%，但这一比重呈现下降趋势，表明公司正逐渐成长壮大；同时，84%的公司雇用的职员不到20人；6～20人就业规模的比重不断提升，

2005 年达到 32%，而 2003 年这一数字还仅为 21%，只有 7% 的公司员工数超过 50 人①。

近年来，英国的工业设计产业出口呈不断增长的态势，2002 年设计咨询服务业海外总收入达到 14 亿英镑，全球平均每 6 秒钟就会有消费者购买一件由英国公司设计的产品。与营业收入减少相比，近年来英国工业设计产业海外收入不断攀升，2003 年为 5.3 亿英镑，2004 年为 6.7 亿英镑，2005 年为 8 亿英镑。欧洲市场是英国设计业务的最大市场，占据了英国海外市场 73% 的比重；居第二位的是北美市场，占 17% 的比重；亚洲市场居第三位，只有 5% 的比重。Bryson 等（2004）指出全球化也给英国的设计产业创造了机会，英国的设计产业从全球客户获得的收入已占到总收入的 40%，而 10 年前这个数字只有 15%。

3. 设计服务大大推动英国企业的发展

英国设计委员会对其国内企业的设计投入与市场收益作比较，发现 1998—1999 年度，英国采用设计的企业，销售额平均增加 45%；而未采用设计的企业，销售额平均仅增加 15%。企业对设计的前期投资，平均在 15 个月内即可收回，有 90% 的设计项目都获得商业上的成功。关于对设计效果的评价，英国设计委员会的调查统计显示：设计帮助企业提升竞争力的占 84%，设计帮助公司打开新市场的占 88%，设计增加经济效益的占 87%，设计增加附加值的占 86%，设计改进生产过程的占 83%，设计提高创新和解决问题的能力的占 72%（马春，2006）。

（二）美国工业设计产业概况

1. 美国工业设计产业高速发展

按照美国统计局的分类，工业设计产业主要包括：室内设计服务、平面设计服务以及其他设计服务等。美国统计局发布的 2005 年应税设计企业收入显示，合计实现产值 213.2 亿美元，较 2004 年的 196.2 亿美元增长 8.7%，1998—2005 年年均增长率为 4.9%，虽然在 2001 年、2002 年出现颓势（主要由平面设计服务下滑引起），近年来又迈上健康发展的轨道（见表 4-1）。

表 4-1　　　　　　　　1997—2005 年美国工业设计产业发展情况

年份	1997 年	2000 年	2001 年	2002 年	2003 年	2004 年	2005 年
产值（百万美元）	14254	17889	17776	17076	18090	19617	21315
年增长率	—	10.7%	-0.6%	-3.9%	5.9%	8.4%	8.7%

资料来源：美国统计局。

从事设计服务的企业数量从 2000 年的 26436 家增长到 2005 年的 30420 家，年均增长率为 2.8%。

2. 高度集中于室内设计和平面设计服务

①　数据来源：*The British Design Industry Valuation Survey*（2005-2006）.

2000—2005 年，美国工业设计产业近 84% 的产值是由室内设计和平面设计两项业务贡献的；从企业数量看，近 90% 的企业属于以上两类。

3. 特殊设计服务企业集聚程度较低

从特殊设计服务企业按产值分的集聚度数据看（见表 4-2），2002 年在美国 30420 家特殊设计服务企业中，前四强企业的产值占总产值的 3.4%，前八强企业占总产值的 4.4%，前二十强企业占总产值的 6.4%，前五十强企业占总产值的 9.7%，这反映出美国特殊设计服务企业数量大，但规模小。工业设计企业的集聚程度较其他要高很多，前五十强企业产值集聚度达到 40.9%。

表 4-2   **2002 年美国特殊设计服务企业产值比重比较**

		产值（百万美元）	所占比重（%）
特殊设计服务企业	合计	17076	100
	前四强	578	3.4
	前八强	745	4.4
	前二十强	1090	6.4
	前五十强	1653	9.7
室内设计企业	合计	6996	100
	前四强	125	1.8
	前八强	214	3.1
	前二十强	411	5.9
	前五十强	714	10.2
工业设计企业	合计	1248	100
	前四强	182	14.6
	前八强	244	19.6
	前二十强	347	27.8
	前五十强	511	40.9
平面设计企业	合计	8067	100
	前四强	507	6.3
	前八强	652	8.1
	前二十强	937	11.6
	前五十强	1335	16.5
其他设计企业	合计	765	100
	前四强	45	6.8
	前八强	69	10.6
	前二十强	114	17.4
	前五十强	194	29.5

资料来源：美国统计局。

（三）加拿大工业设计产业概况

加拿大特殊设计服务业是指专门从事特殊设计服务的产业，包括室内设计服务、工业设计服务、平面设计服务、其他特殊设计服务等，但不包含建筑设计、计算机系统设计和工程设计。如图 4-4 所示 1999 年加拿大特殊设计服务业产值为 17.5 亿美元，到 2007 年增长至 27.23 亿美元，年均增长率 5%。期间，产业经营利润实现了较高速度的增长，年均经营利润达到 13.2%。2007 年，加拿大特殊设计服务业从业人员近 5 万，实现产值 27.23 亿美元。其中出口超过 2 亿美元，占产值比重的 10%，较 2002 年的 8% 有所提升，其主要出口国为美国（对美国出口占总出口的 77%）。2007 年，加拿大前 20 家最大的特殊设计公司的年销售额仅占行业产值的 8.5%。雇员数超过 20 人的企业比例仅 3%，超过 50 人的企业比例低于 1%。大部分加拿大的设计厂商，其员工数均少于 5 人。

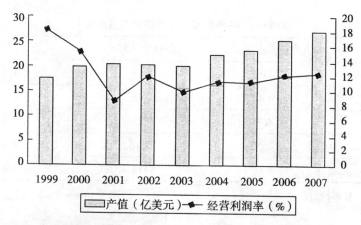

图 4-4　1999—2007 年加拿大特殊设计服务业发展情况
资料来源：加拿大统计局。

加拿大 20 家最大的特殊设计服务企业中，有 14 家是从事平面设计服务的；从产值看，2007 年加拿大特殊设计服务业收入的 49.58% 来自于平面设计服务业。

（四）日本工业设计产业概况

日本的工业设计产业又称为"商务及工程设计服务业"，属于服务业范畴的"专业服务业"分支。

日本统计年鉴显示，1999—2004 年，日本工业设计产业企业数量由 2723 家增长到 2900 家，年增长率 1.3%；从业人数小幅增长，从 18.3 万上升到 19.2 万，年增长率 1%。

从企业经营规模来看，与 1999 年的数据相比，2004 年日本工业设计产业企业规模得到发展壮大，基本扭转了 1999 年的经营规模"两头大、中间小"（即产值在 100 万日元以下和 1 亿日元以上的占了大多数）的状态，现在经营规模在 100 万日元以下的企业仅占 0.6% 的比重；100 万~1000 万日元的企业比重也只有 5.4%；94% 的企业经营规模在 1000 万日元以上，其中 1000 万~1 亿日元、1 亿~10 亿日元，以及 10 亿日元以上经营规模的企业数量分别达到 1033 家、1135 家、558 家，所占比重分别为 35.6%、39.1% 和 19.2%。

日本统计局的统计数据显示，1985—2004 年日本设计服务业在产值、企业数、从业人数等方面都有大幅度的上升，产值从 1985 年的 1106 亿日元增长到 2004 年的 6208 亿日元，年增长率达到 9.01%；企业数从 1985 年的 2437 家增长到 2004 年的 9415 家，年增长率为 6.99%；从业人数也从 1985 年的 1.1 万人增加到 2004 年的 4.6 万人，年增长率为 6.13%（见表 4-3）。

统计数据显示，相比 1994—1999 年日本设计服务业的高速发展态势，1999—2004 年，设计服务业出现一定程度的萎缩，具体表现在企业数目、从业人数和产值上，期间，产值下降 6.7%，企业数减少 6.9%，从业人数下降 2.1%。

表 4-3　　　　　　　　　　**1985—2004 年日本设计服务业发展概况**

年份	产值（亿日元）	企业数（家）	从业人员（万人）
1985	1106	2437	1.1
1989	4501	8143	4.2
1994	4616	8225	3.8
1999	6652	10118	4.7
2004	6208	9415	4.6

资料来源：日本统计局。

从表 4-4 数据可看出，产值 1000 万日元以下的企业比例为 38.21%；1000 万~1 亿日元的企业比例达到 51.08%，一半以上企业的经营规模都在这一区间；1 亿~10 亿日元经营规模的企业比例为 10.45%；而经营规模在 10 亿日元以上的仅有 24 家。平均每家设计服务企业的年产值只有 6594 万日元。

表 4-4　　　　　　**2004 年日本设计服务企业经营规模比较**　　　　　（单位：家）

企业数（占比重）						营业额	
总数	100 万日元以下	100 万~1000 万日元	0.1 亿~1 亿日元	1 亿~10 亿日元	10 亿日元以上	总产值（100 万日元）	企业平均实现产值（100 万日元）
9415	281 2.98%	3317 35.23%	4809 51.08%	984 10.45%	24 0.26%	620813	65.94

资料来源：日本统计局。

二、我国工业设计产业现状分析

（一）我国产品设计行业现状分析

截至 2005 年底，我国产品设计行业从业人员约 30 万人，年产值约为 300 亿元人民币，占 2005 年世界创意产业产值的 1.27‰（陈冬亮，2007），相当于 2005 年我国国内生产总值的 1.64‰。设计人员从业者年龄结构呈年轻化，从业人员集中分布在发达经济地区（见图 4-5）。

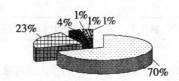

□20~25岁 田26~30岁 図31~35岁 □36~40岁 □41~45岁 図51岁以上

图 4-5　2005 年我国产品设计人员年龄分布图

资料来源：陈冬亮：《中国工业设计产业发展的机遇与挑战》，《哈佛设计》2007 年第 7 期。

调查显示，我国产品设计行业的从业者主要属于年龄段 20～30 岁，所占比例达到 93%。设计人群集中分布在华北、华东、华南等较发达经济区域，从业者比例分别是 24%、22% 和 20%，西南地区和东北地区所占比例均占总量的 8%，而西北地区的从业者最少，占总数的 4%。这与我国人口分布与经济发展水平区域差异相关（见图 4-6）。

（二）我国工程设计产业分析

截至 2007 年，全国共有勘察设计企业 14151 个，企业全年营业收入 4684.33 亿元，比上年增长 26%；其中，境内收入 4504.94 亿元，占总营业收入的 96.1%；境外收入 179.39 亿元，与 2006 年的 115.75 亿元相比，增长明显，但只占总营业收入的 3.9%，说明目前国内勘察设计企业开拓国际市场的能力仍亟待提高。企业利润总额 436.83 亿元，比上年增长 50%。企业实力明显提高的同时，科技活动投入也有大幅增长。企业科技活动费用支出总额为 111.91 亿元，比上年增长 42%；累计拥有专利 9915 项，比上年增长 7%。此外，企业全年应交所得税、人均营业收入以及各项业务完成情况等硬指标均有明显提高，保持了行业的稳步发展，并取得了很好的经济效益。

（三）我国工业设计机构呈现多样化的模式

随着经济和市场的发展，我国的工业设计机构呈现出多样化的模式：企业设计模式、科研单位设计院所模式、高校设计工作室模式。

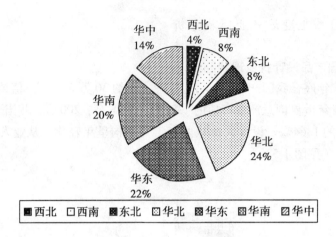

图 4-6 2005 年我国产品设计行业人员区域分布

资料来源：陈冬亮：《中国工业设计产业发展机遇与挑战》，《哈佛设计》2007 年第 7 期。

1. 企业设计模式

企业设计模式主要有两种，一种是指制造企业内部的设计部门模式，另一种是指单独的设计顾问公司模式。20 世纪 90 年代开始，企业的体制调整与改革进入一个新的阶段，新的股份制企业集团对市场予以高度重视，科技开发与工业设计也被提到更加重要的位置。到了 1995 年左右，许多企业接受了工业设计，加上有力的推广，新产品的研发不断获得市场的成功。于是对工业设计的要求迅速提高，企业纷纷成立自己的设计机构，还委托国外的大型设计机构进行合作设计，迅速提升了设计的质量和层次。海尔、美的、华为和联想设计品牌策略的成功，使工业设计在企业真正开始得到承认、推广和运用。在大型企业中，威力洗衣机、美的空调、科龙冰箱、康佳电视机等当时国内名牌企业纷纷在企业内部组建自己的工业设计部门。设计顾问公司向企业提供设计技术服务，以及设计咨询专业服务。Myerson（1992）提及，在设计历史上，设计顾问开创者是由一批受包豪斯（Bauhaus）影响的欧洲设计师，于 1940 年在美国首创。他们认为设计师的角色是顾问而不是公司内部的职员，其中以 Raymond Loewy、Henry Dreyfuss、Walter Dorwin Teague 与 Norman Bel Geddes 为代表。20 世纪 80 年代末期是我国工业设计职业化发展的开始时期，真正意义上的专业化工业设计公司于 20 世纪 80 年代末出现在广州和深圳。部分设计公司将工业设计与工程设计、模具制造等整个过程联合起来，这些公司的特点是善于紧密地将设计与生产制造相结合，以设计的市场实现和销售状态为最主要的评价标准，在时间把握上具有优势。其主要客户对象涉及家电、信息、通信、医疗等产业领域，如南方工业设计事务所、蜻蜓设计公司、深圳怡美工业设计公司及深圳嘉兰图产品设计公司。

2. 科研单位设计院所模式

这类设计机构指科研设计单位，是一个复杂和特殊的群体，其经营性质有传统计划事业单位色彩；按隶属关系，有中央单位和地方单位之分；按规模，有大型和中小型之分；按范围，几乎涉及所有行业，包括电力设计院、化工设计院、船舶设计院、建筑设计院、规划设计院等，如国网电力科学研究院、中国科学院武汉岩土力学研究所、长江水利委员会长江勘测规划设计研究院，还有以 701、719、710、712 等为代表的舰船设计院所，这些机构的客户对象包括政府机构、国有企业和其他私营企业等。

3. 高校设计工作室模式

以高校为依托的工业设计工作室或公司主要偏重于企业设计课题与设计教育实践的结合，注重设计概念的创新。高校模式由于集中了教授、研究生和大学的不同研究部门、人员，更注重设计的整体解决方案和企业的文化性。其涉及的企业范围包括信息、家电、通信、医疗、交通工具制造业和建筑业等范围，另外还有其他设计院所委托研究项目①。这种模式包括：院校成立设计院，如武汉大学设计院、清华大学建筑设计研究院、东南大学建筑设计研究院等；依托大学、教师或学生自己创业建立的设计工作室，如同济大学周边的设计带，建筑、城市规划和土木工程等是同济大学的优势学科，校内出现了不少由教师公开创办的公司和工作室。

设计服务机构分类与客户状况见表4-5。

表4-5　　　　　　　　　设计服务机构分类与客户状况

设计服务的主体		客户
企业设计模式	设计顾问公司	企业
	企业内部设计部	本企业
		其他企业
科研单位设计院所模式		国家、政府
		国有企业
		其他私营企业
高校设计工作室		国家项目
		其他设计院所
		企业

这三大模式在我国工业设计产业中所占的比重，由于缺乏统计数据，无法获知，

---

① 例如 2009 年，荆门市水利勘察设计院、北京市测绘设计研究院、中国水电顾问集团成都勘测设计研究院、中国水电顾问集团成都勘测设计研究院、中国水电顾问集团成都勘测设计研究院、中铁第四勘察设计院集团有限公司等都委托武汉大学从事设计开发工作。

但可以近似通过统计设计产出来比较这三种模式对我国总体设计能力的贡献程度。依据《中国创新能力报告》的思路，设计能力主要由实用新型专利申请受理量和外观设计专利申请受理量两项指标构成。统计从 1985 年《专利法》颁布后的 1986 年开始到 2007 年的实用新型专利和外观设计专利申请受理量，跨度 22 年，基本可以反映工业设计产业的整体概况（见表 4-6）。

表 4-6　　　　　　　国内实用新型专利和外观设计专利申请受理量
（1986 年 1 月—2007 年 12 月）

类型	总累计					2007 年				
	合计	大专院校	科研单位	企业	机关团体	合计	大专院校	科研单位	企业	机关团体
实用新型	435158	34431	36781	339681	24265	74715	6377	3598	63371	1369
	100%	7.9%	8.5%	78.1%	5.5%	100%	8.5%	4.8%	84.8%	1.9%
外观设计	444365	7374	4265	416277	16449	93722	3302	773	86208	3439
	100%	1.7%	1%	93.7%	3.6%	100%	3.5%	0.8%	92%	3.7%
总计	879523	41805	41046	755958	40714	168437	9679	4371	149579	4808
	100%	4.75%	4.67%	85.95%	4.63%	100%	5.75%	2.6%	88.8%	2.85%

从表 4-6 可以看出，企业的设计部门在我国设计行业中具有绝对优势，1986—2007 年实用新型专利的受理量所占比例是 78.1%，外观设计的受理量所占比例是 93.7%，两项合计所占比例是 85.95%。大专院校、科研单位、机关团体所占的份额比较小，两项合计依次是 4.75%、4.67% 和 4.63%。

（四）工业设计产业的竞争力情况

2007 年勘察设计企业为 14151 个，占全国企业总数的 3.55%，比重偏低，其中国有企业比重为 34.99%，集体经济企业为 3.38%，私营企业和外资企业的比重高达 61.63%。察志敏、杜希双、关晓静（2004）研究指出外资、集体和港澳台资企业具有较强的技术创新能力，勘察设计企业的创新基础比较好。2007 年勘察设计企业的从业人员是 117.52 万，占全国就业人员的 0.15%，比重较低。但勘察设计单位的专业技术人数为 84.45 万人，与金融业（154.4 万人）、信息传输、计算机服务和软件业（56.9 万人）、租赁和商务服务业（38.8 万人）、房地产业（35.6 万人）等专业技术人员相比排在第二位，反映了设计产业技术实力较强。2007 年勘察设计企业的利润总额是 436.83 亿元，相比 2006 年增长 50%，增幅较大。科技活动费用是 111.91 亿元，占全国科技活动费用的 1.58%；企业累计专利 9915 项，占全国专利总数的 2.82%，这两项指标可以看出科技产出超过投入，但投入回报率还有进一步发展的空间。

我国的设计能力在国际竞争中处于劣势。在2002年世界经济论坛上，新西兰经济研究所提交的《全球竞争力报告：设计指标》中，中国香港竞争力排在第18位，设计竞争力排在第24位，说明香港的设计竞争力与其经济实力相比较弱。而我国不论是经济实力还是设计竞争力，都没有出现在全球20强榜上，这与大国身份不相符合（见表4-7）。

表4-7　　　　　　　　　　　　　　　全球竞争力排行榜

国家及地区	竞争力	品牌化程度	创新力	产品设计的独特性	产品过程的复杂性	市场化程度	设计平均值	设计竞争力
芬兰	1	6.3	6.4	6.3	6.7	5.9	6.3	1
美国	2	6.2	5.9	5.9	6.4	6.7	6.2	2
荷兰	3	5.9	5.5	5.6	6.4	6.6	6.0	7
德国	4	6.3	5.7	6.0	6.5	6.2	6.1	3
瑞士	5	6.4	5.7	6.3	6.3	6.0	6.0	6
瑞典	6	6.0	5.8	5.9	6.1	6.1	6.0	8
英国	7	6.2	5.1	5.3	5.8	6.4	5.8	10
丹麦	8	5.9	5.5	6.0	5.9	5.8	4.8	9
澳大利亚	9	4.0	4.4	4.4	5.3	6.0	4.8	21
新加坡	10	4.5	4.2	4.0	6.0	5.3	4.8	22
加拿大	11	4.7	4.7	4.9	5.8	6.0	5.2	15
法国	12	6.1	5.9	5.9	6.3	6.5	6.1	4
奥地利	13	5.4	5.1	5.1	5.8	5.8	5.6	12
比利时	14	6.0	4.8	5.1	5.8	5.5	5.2	16
日本	15	6.4	5.9	5.9	6.3	3.8	6.1	5
冰岛	16	5.4	4.7	4.8	6.2	5.6	5.3	14
爱尔兰	17	5.1	5.7	5.3	5.7	5.4	5.4	13
中国香港	18	4.2	3.7	4.0	5.4	6.0	4.7	24
挪威	19	4.9	4.7	5.2	5.6	5.3	5.1	18
新西兰	20	5.1	4.7	4.8	5.3	5.6	5.1	20

注：这些指标从潜在的最小值1到最大值7。
资料来源：世界经济论坛（2002年）。

目前，我国的设计业务只能出口到一些亚洲、非洲等发展中国家，2006年设计业务出口到亚、非国家占总数的比例是87.21%，到2007年，这个数字达到93%，而一些欧美市场则进入得较少，2006 年是 12.79%，2007 年只有 7.01%。

（五）工业设计产业的市场结构情况

市场结构是产业内厂商在数量、份额、规模上的关系以及由此决定的竞争形式。依据垄断程度从低到高的次序，市场结构被划分为四个类型：完全竞争、垄断竞争、寡头垄断和完全垄断。决定市场结构的因素很多，包括：市场份额、市场集中度、规模经济、产品差别化、市场进入与退出壁垒、市场需求增长率、市场需求的价格弹性、空间分布等。对于工业设计产业而言，市场集中度、产品服务差别化是两个决定性的因素。

1. 工业设计产业市场集中度问题研究

与发达国家相比，中国服务业发展慢、在国民经济中所占比重低，市场结构更是严重不合理，这突出表现在市场集中度的"二元化"，即集中度过高与过低并存。在同一服务部门中，高端市场的垄断趋势与低端市场的过度竞争将同时并存。工业设计产业就存在这一境况，工程设计需要资金、专业人才、大型设备，因此业务集中于少数一些"国家队"；而产品设计只需要一些懂设计的人才、面积不大的工作室，所以以产品设计为主的公司较多，但中国目前还没出现较强的设计公司，市场集中度过低。

（1）工程设计市场集中度分析。由于工业设计产业缺乏统一的统计数据，分析工程设计行业的市场情况，通常使用美国《工程新闻纪录》（ENR）每年的统计数据。

2007 年 ENR"中国工程设计企业 60 强"企业的总体业绩继续走强，设计总营业收入从 2006 年的 369 亿元提高到 2007 年的 445 亿元。入围门槛由 2006 年的 1.16 亿元上升到 2007 年的 1.78 亿元，上升幅度达到 53%。共有中交第一公路勘察设计研究院有限公司、中煤国际工程集团北京华宇工程有限公司、中国电力工程顾问集团东北电力设计院、中冶赛迪工程技术股份有限公司、广东省建筑设计研究院、北京国电水利电力工程有限公司、上海邮电设计院有限公司、中国建筑西北设计研究院、华森建筑与工程设计顾问有限公司、武汉市建筑设计院、辽宁邮电规划设计院有限公司等 11 家工程设计企业新入围 60 强榜单。其中，中交第一公路勘察设计研究院有限公司和中煤国际工程集团北京华宇工程有限公司一举进入前二十名。

从排名成长性来看，共有 15 家工程设计企业的排名位次比上届有所提高。其中，进步最大的三家企业是中国移动通信集团设计院有限公司、中船第九设计研究院工程有限公司、中国石油天然气管道工程有限公司，名次分别上升了 10 位以上。

与 2006 年相比，2007 年 ENR"中国工程设计企业 60 强"10 强中的前九家企业的设计总营业收入均超过 10 亿元，第十位广东省电力设计研究院也达到 9.34 亿元。其中，前三强企业具有较大的领先优势，中国石化工程建设公司一枝独秀，首次超过 50 亿元的关口。前十强的设计总营业收入占到 60 强总和的 50.1%，其中国内项目占到 48.2%，国际项目占到 68.2%。可见，前十强企业在国际市场的表现明显优于其他 50 家企业，国际市场的业绩主要由这十家企业创造，同时也说明国内市场竞争十分激烈，这十强公司也仅占到 60 强的 48.2%。

（2）产品设计市场集中度分析。勾淑婉（2005）介绍 2004 年我国台湾省有 200 多家的 IC 设计公司，根据工研院经资中心（IEK）2005 年 1 月整理的资料，排名前二十位的公司就占整个台湾 IC 设计业产值的 86.7％，集中度非常高。我国大陆产品设计刚开始，公司规模小，人员少，没有哪家公司形成垄断，因此市场集中度较低。

2. 工业设计产业产品服务差别化问题研究

产品差别化是指企业在所提供的产品上，造成足以引起买者偏好的特殊性，使买者将它与其他企业提供的同类产品相区别，已达到在市场竞争中占据有利地位的目的。

设计服务业属于中介服务性行业。根据产业组织理论的定义，设计服务业的产品差别化是指设计师提供的服务方面，以造成引起购买者偏好的特殊性，使购买者将它与其他设计师提供的同类服务相区别，以达到在市场竞争占据有利地位的目的。

张文智、张仲良（1999）指出，设计服务业的主要工作在于提供创新的设计概念、专业的判断力与知识，来为客户解决在产品开发及设计上的各种问题。也就是提供无形的专业知识，辅以具体的平面图、立体图或模型来提供服务、展现专业，设计服务的提供者也是销售者，以直接提供服务来销售设计，且在提供服务的同时，客户必须直接参与、给予意见，因此符合"无形性"与"不可分割性"的特性。设计业主要的产品是服务。无形的服务产品与有形产品有很大区别，有形产品以物质形态存在，无形服务则以行为方式存在。北欧服务营销权威格鲁诺斯教授认为，"服务是一种活动，而不是一样东西，而且它要发生在过程中，同时，顾客是否满意取决于他在整个消费过程中获得的感受和体验，而不是从单一产品中获得的功能满足"。可见，顾客是否购买某一服务产品在很大程度上取决于他的整个消费过程，而不仅仅是产品本身。因此，对于服务产品而言，顾客消费过程的差异化战略比产品差异化战略更能吸引和留住顾客，从而获得更大的竞争优势。

服务产品的个性化、以客户为中心的特征使服务业成为具有较高产品差异程度的产业。在文献中，广告被认为可以起到扩大产品差异程度的作用，研究者通常以某个行业中企业的广告支出占其全部销售收入的比例来表示该行业的产品差异特征。我们没有设计企业的广告支出数据，但从行业调查报告中我们可以看出设计企业的一些广告宣传活动偏好。根据赢典咨询的调查数据，大部分（90％以上）设计机构都很少做媒体宣传，它们更重视在行业聚会中与企业直接接触的机会。其中，行业专注程度高的设计机构的"项目机会捕获频率"和"项目机会签约率"都比较高，它们普遍不重视媒体宣传的作用；与此相反，专业专注程度高的设计机构，它们比较认可媒体宣传的作用，但受到"设计不是上门买卖"思维定势的影响，它们更愿意利用给专业媒体提供内容机会来达成间接宣传的目的。而对于那些同时重视专业定位和行业定位的设计机构来说，它们更愿意把转移定位作为"项目漏斗"来看待，对媒体宣传相当重视，往往设置专人与媒体沟通，即使是网络媒体这样的低效果宣传方式也不放过。对于媒体宣传的内容，受设计机构的企业文化的影响比较大，宣传作品和获奖信息占了大多数，宣传设计风格（同时宣传老板）的是少数，而宣传核心设计师的几乎没有。相较于近年来纷纷采取各种形式进入中国的国外设计机构来说，它们更注意宣传设计风格和核心设计师，这反映出国外设计行业职业信用水平相当发达。

决定市场结构的上述因素是互相影响的，当决定市场结构的某一因素发生变化时，就会导致市场结构中其他因素的变化，从而使该产业整个市场结构的特征发生变化。

三、国内外工业设计产业比较分析

（一）我国工业设计企业的规模普遍较小

目前我国的产品设计企业的规模普遍较小，形成不了规模化发展（行业内规模最大的企业不过百人），价值创造不能对投资产生吸引，是构成行业发展缓慢的重要原因。同时企业因为规模太小，导致在市场上的抗风险能力非常差。很多例子都说明，市场和客户很小的波动，都能给设计企业造成致命的打击，一些知名设计公司的命运，其实就栓在一两个客户的手里。

我国勘察设计行业规模总量也偏小。如表4-8所示按从业人数统计，2007年我国的勘察设计行业从业人数规模118万人，而美国在1997年就已经超过100万人。前些年由于国家宏观调控，基本建设投入较少，勘察设计市场任务不饱满，从政府到勘察设计行业一直认为从业人员规模过大，需要政府采取措施予以控制。从比较数字来看，我国勘察设计行业的规模还有待发展。从注册人数对比，我国的注册建筑师和注册结构师仅分别为美国的1/2、1/3。而根据国际惯例，只有具有注册资格的人才能从事勘察设计工作。中国为与国际接轨，于1995年开始实施注册制度，已取得较大的进展，但与发达国家相比还有较大差距。从企业个数和企业平均人数对比，我国企业个数仅为美国的16.97%，而企业平均人数是美国的7倍多。可以看出，美国等发达国家勘察设计行业中个体所有制和合伙制企业较多，这类企业具有人员精干的特点。而我国大部分小型勘察设计单位属于县市、区的行业主管部门，从业资格以单位资质为主，一般人数较多。就是近年成立的私人设计事务所，因需要满足单位资质对人员的要求，也没有达到相当精干的程度。从产值、人均产值、境外收入比例对比，我国勘察设计行业仅分别为10年前美国的57.20%、50.18%、74.51%。一个行业所创造的价值，体现该行业的服务能力。我国的勘察设计行业自新中国成立之初始，为经济建设做出了巨大的贡献，但与发达国家相比，差距是明显的。

对照发达国家的勘察设计行业，我们在从业人员规模、设计市场准入制度、组织形式、生产能力等方面存在较大的差距。与美国等发达国家勘察设计行业相比，我国勘察设计行业的业务范围比较狭窄。我国勘察设计行业的主要业务领域就是勘察和设计，详图服务没有单独从设计服务中分离出来，建设管理服务传统上也没有被作为一项独立的业务来对待，试验服务、测绘服务、建筑物检查服务等则传统上是由政府机构提供，市场化程度还非常低，所以尚未被纳入相关统计，而这些其实都是对勘察设计行业发展至关重要的相关辅助行业。

表 4-8　　　　　　　　　　　　中美勘察设计行业状况对比

比较项目	美国（1997 年）	中国（2007 年）	中国/美国
从业人数（万人）	104	118	113.46%
人均服务国民人数	255	1102	432.16%
注册人员（万人）	23.5	12.81	54.51%
注册建筑师（人）	53366	33281	62.36%
注册工程师（人）	161173	41944	26.02%
企业数量（个）	83380	14151	16.97%
企业平均人数	12	84	700%
产值（亿美元）	1170	669.19	57.20%
人均产值（万美元）	11.3	5.67	50.18%
境外收入比例	5.1%	3.8	74.51%

　　资料来源：美国数据来源于陈克军：《勘察设计行业体制改革研究》，国防科技大学 2006 年硕士学位论文；中国数据来源于 2007 年勘察设计行业年报。

　　总之，设计企业规模比较小，制造业中的设计与生产两张皮，设计环节对产业的影响力过小。设计在产品形成过程中是一个无形投入要素，很难准确计量产品的价值有多少是来自于设计（Alex Macoun，2007）。我国的企业（除一些超大型企业）普遍认为在设计上花钱没有必要，与此相反，在美国或者韩国，企业管理层非常重视设计，他们认为设计的研发资金是非常重要的投资。这种支出的设计观反映出投资人原始的经济观，是小农经济思想和计划经济的惯性使然，其结果是在面对全球激烈的市场竞争环境时，必将导致企业的发展策略陷入困境。也正是基于此，我国严重缺乏普遍有效的产业投入和优良的设计发展环境。目前，我国的企业普遍重视市场与技术、而轻视设计。这种管理模式和战略定位是典型的内耗式模式，无法获得真正持久的与国外企业抗衡的竞争力（海军，2007）。

（二）我国工业设计产业的竞争力较弱

1. 我国工业设计企业管理薄弱

　　工业设计企业的管理者一般都是工业设计专业出身，多少都带点艺术家气质，这将导致管理上的幼稚和薄弱。稍有管理水平的公司，大多采用或借鉴传统企业的管理模式，而设计业特质与传统行业有着本质的不同，传统企业的生产力是建立在物质上的。简单地说，也就是靠机器或者经营场所为生产力基础的经营模式，而设计业的生产力是人，设计师比机器有主见，有思想，有情感，有需求。如果行业缺乏针对创意产业专门设定有效的、可以复制的管理模式，将会导致规模稍有扩大，效率和利润就大幅降低的经营现实。

2. 工业设计业人才流动频繁、整体素质不高

由于管理上的不科学，工业设计业人才流动的频繁程度，较之其他行业是比较严重的，这种现实导致了企业和员工之间的互不信任，伤害了企业培养人才的积极性，导致了企业普遍采用"榨汁机"式的人才使用制度，这种制度反过来又严重地伤害了员工的工作热情，加剧了员工工作强度和精神压力，造成人才流失，形成恶性循环。很多公司一年半载就换血一次，很多号称成立十几年的公司，其实追究起来只有两三年的文化传承，因为除了老板本人，员工大部分是新来的。而设计企业其实最需要积累和沉淀才能形成企业的风格、思维方式及生产方法。没有设计思想，没有企业文化传承的公司，即使成立了 100 年也是一个新公司。尽管勘察设计行业属于技术、知识密集型的行业，这支近百万人的队伍为我国的工程建设事业也确实做出了不可磨灭的贡献，但在进入国际市场后，显露出知识面偏窄、动手能力较差、整体素质不高、对国际惯例不熟悉、缺乏复合型人才的弊端。少数走出国门进入国际市场的国内先进的设计咨询单位，也只处在技术劳务的层次。

3. 工业设计企业产权不清

管理体制、经营机制在转变，但政企不分、产权不清、权责不明的状况仍然存在。我国勘察设计行业国有、集体企业在逐年减少，有限责任公司、私营企业在增加。2007 年国有、集体经济企业 5430 家，占全国勘察设计企业的 1/3 以上。这些国有、集体勘察设计企业，大多隶属于政府部门、企业集团、高校或其他事业单位，尽管正在进行管理体制改革，即与政府部门脱钩，改为科技型企业，但由于各方面的原因，政企不分、产权不清、权责不明的现象依然存在。我国工程勘察设计市场的准入制度是以单位资质管理为主，个人执业资格管理为辅。单位的资质以资历信誉、技术力量及专业配置、技术水平及业绩、管理水平、技术装备及应用水平等为衡量标准，按行业、专业类别分为甲、乙、丙等级。凡从事工程勘察设计咨询的单位，必须取得相应资质证书，方可承接任务。国外一般不对单位资质进行认证。关于个人的执业资格，1996 年后，我国先后开始实行注册建筑师、注册结构工程师制度，但注册建筑师、注册结构工程师只能受聘于一个设计单位执业，实行与单位资质证书并用的双证管理，不得自行开业。这与国际上只管个人执业资格，没有单位资质有较大的差距。

总之，工业设计产业以专业设计知识为投入要素，产出高附加值产品，其中设计服务费用占整体费用比例相当高，而知识产权是最重要的收入来源。我国工业设计企业的竞争力不强，突出的表现为知识产权意识淡漠。企业管理者主要注重有形资产，轻视无形资产；重视传统的无形资产，轻视新型的无形资产；重视无形资产开发，轻视无形资产经营；重视无形资产增量，轻视无形资产存量。

（三）我国工业设计产业的空间布局不经济

工程设计单位的计划配置惯性造成区域不平衡（见图 4-7）。东南、华北几乎占到总从业人数的一半；城市文化层次奠定设计基础，也注定高校工业设计毕业生就业地区分布不平衡。东南沿海城市文化的层次和发展均比西北省份的城市文化层次要高，发展要快，工业设计的氛围自然浓厚。所以，工业设计毕业生就业的地区差异性

跟城市的文化层次有着相当的关系。大城市、大企业的设计公司的机会待遇都比中小城市、中小企业高，优秀的设计人才都跳槽到大型企业或外资企业，造成小城市、中小设计部门人才缺失和后发劣势等。设计逐制造而居，特别地区特别行业需要相应的设计产业集群。例如长三角地区的轻纺工业比较发达，该地区就应该形成轻纺设计产业集群；佛山陶瓷产业较著名，那里就应该集中全国较优秀的陶瓷设计企业，目前我国这种专业特色的设计集群还没有较大规模的发展。

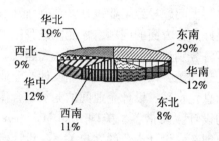

图 4-7　2007 年勘察设计单位的人员区域分布

资料来源：《中国统计年鉴》（2008）。

　　我国工业设计创新活力区域差异明显。在与工业设计联系较为密切的实用新型和外观设计方面，2007 年广东的外观设计专利和实用新型专利是 5.27 万件，依次是浙江（3.99 万件）、江苏（2.96 万件）、山东（2.14 万件）、上海（2.12 万件），比较少的省份如山西、内蒙古、江西、广西、云南等都只有 1000 多件，而甘肃、青海、宁夏等则更少，只有几百件，西藏只有 64 件①。

（四）我国工业设计面临着外资竞争压力

　　设计市场存在外资竞争压力。加入 WTO 后，我国按照承诺，有步骤地开放服务业，允许外国服务提供者根据我国有关规定设立中外合资、合作或外商独资企业，扩大对外开放地域、数量和经营范围，服务业向我国转移的壁垒大为降低。在这种背景下，服务业将随着制造业向我国转移而转移，尤其是诸如设计、工程、技术测试和分析、会计、审计、管理咨询、金融保险等直接作为制造业投入的服务业，从而改善工业发展环境。工程设计领域属服务贸易范畴，加入 WTO 以后我们对外的承诺是：允许国外企业在我国成立合资、合作企业；加入 WTO 后 5 年内开始允许外商设立独资的设计企业；进入我国从事设计的建筑师及企业必须是在其本国从事设计工作的注册建筑师、工程师及注册企业。

　　由于"外来的和尚好念经"，外国设计公司可以凭借以往的业绩、影响力，以及创新的设计思想、先进的设备条件、丰富的参与国际竞争的经验和完善的服务等优势争取客户，所以容易获得部分企业，特别是经营状况良好的企业的订单。这不仅使我

---

① 数据来源于《中国统计年鉴》（2008）。

国的设计公司在经济上受到损失，同时将使其失去重要的机会，影响我国设计业的发展。在工业设计业务中，设计人才是最核心的竞争力。国外设计公司立足我国，最缺乏的就是熟悉本国国情的设计师及设计管理人员，因此，必定要雇用这类人才。而外企的高薪和良好的工作环境将诱使一些设计师跳槽。这些人才，特别是优秀人才的流失，对于国内设计公司无异于釜底抽薪。优秀设计人才流向国外设计公司，这将进一步导致强者更强，弱者更弱。因此，人才流失比损失订单更可怕（杨向东，2000）。

通过上述分析，发现目前我国工业设计产业存在着影响力较小、竞争力不强、空间布局不经济等问题，这三大问题导致工业设计产业在加入 WTO 后面临着外资竞争的较大压力，而只有解决好这三方面的问题，才能促进我国工业设计产业健康持续的发展。第五、六、七三章将分别讨论解决问题的方法和建议。在研究中，我们设计了一份调查问卷辅助解决上述问题，该问卷包括工业设计产业业务创新、设计产业与客户的关系、设计产业的信息化水平、设计企业间的竞争与合作以及政府与其他机构对设计产业的影响。问卷的设计主要借鉴了美国 Alan MacPherson 教授和 Vida Vanchan 博士在研究美国设计产业创新、设计产业的客户关系、设计产业企业之间的竞争合作关系等竞争力特征指标。本研究在咨询相关设计专家意见的基础上，结合我国工业设计产业特色，增加了地方政府及其他机构、信息化水平等两项指标。同时，使用 SPSS16.0 统计软件中的单因素方差分析和交叉分组下的频数分析对样本数据进行分析，期望发现一些规律（见附录二）。

本研究采用向企业发放纸质问卷和电子邮件的方式收集数据。调查对象是能够回答问卷中关于设计行业全面信息的设计人员，每个企业一份问卷。问卷发放的方式是由本人在企业进行调研活动时，将纸质问卷带到企业，请受访者现场填写，同时通过电子邮件的方式发放问卷。共发放问卷 100 份，回收 53 份，总回收率为 53%，扣除填答不完全或有缺失值的 2 份问卷，有效问卷 51 份。

第五章　我国工业设计产业影响力①研究：

基于规模效应视角

第一节　我国工业设计产业影响力实证研究

工业设计产业影响力是指由于工业设计产业的发展，使整个国民经济及其重要组成部分（如宏观经济、微观经济、城乡经济、产业经济、投资与消费等），在工业设计产业的"桥梁"和"纽带"作用下，所发生的总量与结构的变化。用经济学语言来讲，工业设计产业影响力就是工业设计产业外部性的总称。而外部性又可分为正的外部性和负的外部性。正的外部性，是指工业设计产业的发展对宏观经济增长、消费扩大、区域经济发展、相关产业的增长以及经济运行效率提高等方面所产生的促进作用。负的外部效应，是指工业设计产业的发展对国民经济上述各方面所产生的促退效应②。

（一）研究方法

如前文所述，研究工业设计产业的影响力，其实就是工业设计产业给整个社会经济带来的外部效应。本书采用产业溢出效应方法进行影响力研究。溢出效应研究近年来主要用于外资对东道国经济发展间接效应的研究。目前大多数研究关注的是产业内的溢出效应，主要研究同一个产业内的外国企业与当地企业之间，尤其是在加工环节存在分工关系的外国企业和国内企业之间的正式与非正式的关联。这些效应带来的价值是企业无法内部化的，因此成为一种溢出效应（Blomstroem & Kokko, 2001）。也有学者将它定义为外商投资对东道国的经济效率和经济增长或发展能力产生的无意识的间接作用（何洁，2000）。

最早以实证方法来研究溢出效应的文献，分别以澳大利亚制造业的外资（Caves,

---

① 影响力又称"带动度"。在现代经济社会中，任何一种产业的生产活动通过产业之间的相互联结的波及效果，必然影响和受影响于其他产业的生产活动。在这里，把一个产业影响他产业的程度叫影响力，亦即：某产业的生产发生变化时对为其提供直接或间接投入品产业的生产发生相应影响的能力，不同产业的影响力各不相同。影响力系数是指当国民经济某一部门增加1个单位最终使用时对国民经济各部门所产生的生产需求波及程度，可根据里昂惕夫公式求出，但由于工业设计产业与其他产业的投入产出数据的缺失，故无法采取此办法，只能采取菲德模型来估计。

② 赵萍：《中国流通服务业影响力实证研究》，《商业经济与管理》2007年第8期。

1974）和加拿大制造业的外资（Globerman，1979）为对象，找到了溢出效应的部分依据。美国学者菲德为估计出口对经济增长的作用，将一国经济分为两大部门——出口部门和非出口部门，运用计量分析方法得出出口部门对非出口部门产生外溢作用的重要结论（Feder Gershon，1983）。此后，菲德模型被很多学者借用和推广。我国学者运用该模型以世界上 194 个国家和地区的数据为样本，将各国的国内分为教育和非教育两个部门，对教育行业的溢出效应进行了分析（蔡增正，1999）。

　　溢出效应的具体内容和发生机理是一个复杂而又难以精确定义的过程。溢出效应在本质上表现为信息和知识。工业设计产业在本质上是知识流和信息流的总和，整个设计过程都具有信息和知识传播的特征。因此，溢出效应模型适用于设计产业影响力的研究。本书以菲德两部门模型为基础，估算设计产业对国民经济发展的作用，构造了一个以工业设计产业部门和非工业设计产业部门为基础的两部门模型，通过回归分析，提出的分析思路是：工业设计产业自身的发展对国民经济发展产生的直接贡献，同时工业设计产业通过外溢作用对经济增长产生间接的贡献。

（二）模型构建

　　本书研究两个问题：工业设计产业对 GDP 增长的直接贡献，即一定时间内 GDP 增长率中有多少是由工业设计产业直接带来的；工业设计产业的外溢效应，即工业设计产业的优势在多大程度上扩散到其他生产部门，也可以说工业设计产业对国内非工业设计产业的生产是否具有正的外部性。作为 GDP 的重要组成部分，工业设计产业的增长是对 GDP 的直接贡献，而外溢效应则是工业设计产业对经济增长的间接贡献。

　　本书在菲德模型的基础上，借鉴蔡增正对教育行业分析的方法，假设：

$$D = f(L_d, K_d) \tag{5-1}$$

$$N = g(L_n, K_n, D) \tag{5-2}$$

D 和 N 分别代表工业设计产业和非工业设计产业的产量，方程(5-1)中假设工业设计产业的产量是劳动力(L)和生产要素(K)的函数，下标 d 和 n 分别代表这两个部门。方程(5-2)假设工业设计产业的产量水平(D)影响经济中其他部门(N)的产量。劳动力(L)与资本(K)总量可以表示为：

$$L = L_d + L_n \tag{5-3}$$

$$K = K_d + K_n \tag{5-4}$$

社会总产品（Y）是两部门产品之和。

$$Y = D + N \tag{5-5}$$

菲德模型将不同部门的劳动和资本边际生产力的相互关系表达为如下形式：

$$\frac{f_L}{g_L} = \frac{f_k}{g_k} = 1 + \delta \tag{5-6}$$

其中，f_L，f_K，g_L 和 g_K 是方程（5-3）和方程（5-4）中劳动力和资本的边际产出，δ 是两个部门间边际生产力的差异，理论上可以等于、大于或者小于零，分别表示工业设计产业的边际生产力等于、大于或者小于非工业设计产业。

调整上述生产方程，利用式（5-3）、式（5-4）、式（5-5）和式（5-6），可以推导：

$$\frac{\mathrm{d}Y}{Y} = \alpha\left(\frac{I}{Y}\right) + \beta\left(\frac{\mathrm{d}L}{L}\right) + \gamma\left(\frac{\mathrm{d}D}{D}\right)\left(\frac{D}{Y}\right) \tag{5-7}$$

上式中，α 是非设计部门资本的边际产品；β 是非设计部门劳动力的弹性系数；γ 实际上代表设计对经济增长的全部作用 $\gamma = \frac{\delta}{1+\delta} + g_D$；$\frac{\mathrm{d}Y}{Y}$，$\frac{\mathrm{d}L}{L}$，$\frac{\mathrm{d}D}{D}$ 分别是总产品、劳动力和设计产品的增长率；$\frac{D}{Y}$ 是设计产品占总产品的比例，或者是设计部门在经济中的"规模"；$\frac{I}{Y}$ 是指国内投资占 GDP 的比例，将国内投资视同于资本存量的增量（$\mathrm{d}K$），$\mathrm{d}K$ 在全国的统计资料中并不存在，但它非常近似于国内固定资产投资（I）。因此，常见的做法是以 I 代替 $\mathrm{d}K$。

回归方程中的参数 γ 代表设计外溢效应与部门间要素生产力差异这两种作用之和。为了分别估计设计的外溢效应和相对要素生产力差异（δ），仍然遵循菲德模型，假设对非设计部门产品的弹性是不变的。

$$N = g(L_n, K_n, D) = D_{\varphi}^{\theta}(L_n, K_n) \tag{5-8a}$$

方程（5-8a）中 θ 就是外溢作用的参数，可以求出：

$$\frac{\partial N}{\partial D} = \theta\left(\frac{N}{D}\right) \tag{5-8b}$$

利用式（5-8a）和式（5-8b），方程（5-7）可以变形为：

$$\frac{\mathrm{d}Y}{Y} = \alpha\left(\frac{I}{Y}\right) + \beta\left(\frac{\mathrm{d}L}{L}\right) + \left[\frac{\delta}{1+\delta} + \theta\left(\frac{N}{D}\right)\right]\left(\frac{\mathrm{d}D}{D}\right)\left(\frac{D}{Y}\right) \tag{5-9}$$

再次调整，则有：

$$\frac{\mathrm{d}Y}{Y} = \alpha\left(\frac{I}{Y}\right) + \beta\left(\frac{\mathrm{d}L}{L}\right) + \left[\frac{\delta}{1+\delta} - \theta\right]\left(\frac{\mathrm{d}D}{D}\right)\left(\frac{D}{Y}\right) + \theta\left(\frac{\mathrm{d}D}{D}\right) \tag{5-10}$$

该模型的特殊之处表现在：首先，它将整体经济区分为两个部门，是一种理论上的简化。其次，非设计部门的产品不仅依赖于配置在本部门的劳动力和资本，还取决于同一时期设计部门的产品量。因此，这里存在另一个假定：设计部门对其他部门的外溢作用，发生在同一时期，不存在滞后现象。

（三）数据来源、回归结果及其统计学上的解释

本研究所使用的全部数据均为公开数据。设计产品（D）由全国勘察设计单位营业总额代表。国内生产总值按当年价格计算，国内生产总值指数按可比价格计算。就业人数包括城镇就业人口和农村就业人口，因为本书将人力资本从就业人口中剥离出来，所以本研究把他们看成同质的劳动力。投资（I）在本书中是用历年全社会固定资产投资来代替的，它包括国有经济、集体经济、个体经济和其他经济历年的固定资产投资之和。1998—2007 年国内生产总值、投资、就业等数据见表5-1。

表 5-1   **1998—2007 年国内生产总值、投资、就业等数据**

年份	dY/Y	Y （亿元）	I （亿元）	I/Y	L （万人）	dL/L	D （亿元）	D/Y	dD/D
1998	7.8	84402.3	28457	0.337159	70637	0.011	313.87	0.003719	0.148820
1999	7.1	89677.1	29876	0.333151	71394	0.011	360.58	0.004021	0.372788
2000	8.9	99214.6	32619	0.328772	72085	0.010	495	0.004989	0.458586
2001	8.1	109655.2	36898	0.336491	73025	0.013	722	0.006584	0.289474
2002	9.5	120332.7	43202	0.359021	73740	0.010	931	0.007737	0.585392
2003	10.6	135822.8	55118	0.405808	74432	0.009	1476	0.010867	0.523141
2004	10.4	159878.3	70073	0.43829	75200	0.010	2214	0.013848	0.342818
2005	11	183217.4	88604	0.48360	75825	0.008	2973	0.016227	0.249384
2006	10.7	210871.0	109998.2	0.521637	78244	0.032	3714.42	0.017615	0.261152
2007	11.4	249524.9	137323.9	0.550341	78645	0.005	4684.33	0.018773	0.362132

根据表 5-1 的数据和公式（5-10），使用 SPSS16.0 进行回归分析，得出结果如下：

$$\frac{dY}{Y} = 3.450\frac{I}{Y} - 15.130\frac{dL}{L} + 7.179\frac{dD}{D} \cdot \frac{D}{Y} - 2.475\frac{dD}{D} \tag{5-11}$$

T: (0.475)   (-0.609)   (2.050)   (-0.744)

Adj. $R^2 = 0.879$ $F = 17.391$ $D.W. = 3.053$

$\delta = -1.27$ $\theta = -2.475$

Adj. $R^2 = 0.879$ 说明本模型对工业设计产业溢出效应的拟合度在 88%，本模型可以在 88% 的程度上解释工业设计产业的影响力。

由方程可知，$\theta = -2.475$，说明设计产出（D）每增长 1%，不考虑其他因素的变化，非设计部门的产出将增长 2.475%。另外，将 θ 的值代入 $\frac{\delta}{1+\delta} - \theta = 7.179$ 可算得两部门间生产力的差异比较值 $\delta = -1.27 < 0$，由前面的分析可知，设计部门的边际生产力低于非设计部门边际的生产力。

（四）小结

1. 传统分析方法可能低估了工业设计产业对经济增长的外溢作用

工业设计产业的外溢效应对经济增长具有显著的推动作用，但是采取传统的方法无法捕捉并估计出工业设计产业的外溢作用，因为社会享用了工业设计服务的外溢效应，但社会并不需要为使用这种外溢效应而支付费用。因此，工业设计产业的外溢效应没有被记入社会经济增长的统计过程，没有实实在在地体现在统计数字之中。以前的研究注重测算工业设计产业增长与国民经济增长之间的相关系数，仅仅计算了工业设计产业对经济增长的直接贡献，传统的分析方法很可能低估了工业设计产业对经济增长的真正贡献。

根据比较优势理论，工业设计产业的投资回报低于非工业设计产业，那么为了提高资源利用率和经济增长率，似乎应将资源从工业设计产业向非设计产业转移。但是依照本研究结果，这种观点很可能不正确，因为极大的工业设计产业外溢可以将较低生产力的后果远远抵消掉，从这个理由上说，大力发展工业设计产业才是促进经济发展的明智之举。

2. 工业设计产业对经济增长和社会发展的巨大作用尚未充分显现

工业设计产业不如非工业设计产业的生产力高的原因有两个：一是可能由于现代工业设计产业体制还不够完善，工业设计产业的乘数效应仍然没有充分发挥出来。二是就当前来看，工业设计产业还没有出台相关产业政策，知识产权保护不力。

第二节　我国工业设计产业影响力分析

一、工业设计公司基本特征

表5-2展示了受访企业的基本特征，包括企业存在的时间（企业进入这个行业的年份）、规模（职员的人数）和设计师、建筑师、工程师、咨询师和其他专业人员的数目。历史最久的公司从1950年开始，与之相对的最年轻的设计公司是在2006年成立的。大部分受访企业进入设计领域是在1980年后，可以认为在我国设计行业是一个相对年轻的行业。38%的受访企业是在1950—1979年进入这个行业，62%进入这个行业是在1979年之后。67.7%的受访企业指出它们的公司不是集团公司下的子公司，只有32.3%的受访企业与之相反。

平均来看，受访企业雇用大约227个职员。3.92%的公司雇用10人以下的职员，7.84%的公司雇用的职员数在10~50人，23.53%的公司的职员数在50~100人，100~200人的公司占9.80%，200~500人的公司最多，占1/3。500~1000人和1000~3000人的公司各占9.8%和11.76%。从表5-2中可以看到，工程师和设计师在设计行业的数目比较多，平均为236人和125人；其次是建筑师（平均为90人）、咨询师（平均为57人）；还有一些专业人士，这些其他专业人员包括程序员、会计师、接待员、销售人员、营销专家、企业管理人员和兼职顾问等。

表 5-2   受访公司的基本特征

类别	平均数	中值	众数	最小值	最大值
成立时间	1986.3≈1987	1990	1993	1950	2006
公司规模（员工数）	226.84≈227	350	364	3	3000
设计师	124.1≈125	132	143	2	1290
建筑师	89.6≈90	101	112	0	987
工程师	235.7≈236	222	246	1	1357
咨询师	56.5≈57	67	69	0	134
其他专业人士	31.2≈32	25	28	0	80
多分支机构	有			无	
	32.3%			67.7%	

注：成立时间（问卷调查第2题），公司规模（问卷调查第5题），设计师、建筑师、工程师、咨询师（问卷调查第6题），多分支机构（问卷调查第3题）。

二、工业设计产业影响力指数分析

（一）产业地位指数（S）

该指标是指从总体上衡量工业设计产业在国民经济中的地位，计算公式为：

$$S = \frac{勘察设计行业收入}{国内生产总值} \times 100\%$$

使用2001—2007年数据计算，得出结果见表5-3：

表 5-3   **2001—2007 年勘察设计行业在第三产业及 GDP 中的比重表**（金额单位：亿元）

年份	勘察设计行业收入	第三产业增加值	国内生产总值	在第三产业中的比重	在国内生产总值中的比重
2001	722	44361.6	109655.2	1.63%	0.66%
2002	931	49898.9	120332.7	1.87%	0.77%
2003	1476	56004.7	135822.8	2.64%	1.09%
2004	2214	64561.3	159878.3	3.43%	1.38%
2005	2973	73432.9	183217.5	4.05%	1.62%
2006	3714.42	84721.4	211923.5	4.38%	1.75%
2007	4684.33	100053.5	249529.9	4.68%	1.88%

资料来源：《勘察设计行业年报》（2001—2007 年），《中国统计年鉴》（2008）。

我国工程设计产业属性日趋明显，经济活力逐渐增强。2005 年我国工程设计行业直接收入 2973 多亿元人民币，占国民生产总值的 1.62%；而同属服务业的科学研究、技术服务和地质勘察业 2005 年营业额为 2050.56 亿元人民币，占国民生产总值的 1.1%；咨询业 2005 年总收入 503 亿元人民币，占国民生产总值的 0.275%。与上述服务行业相比，我国工程设计产业在国民经济中的地位还比较显著。由于工程设计产业的高附加值、高拉动性、高聚集度特征，我国设计市场总体呈现"小行业，大范围"的特点，在国民经济中的作用日趋重要。如表 5-3 所示，工程设计产业收入比重在国内生产总值甚至在第三产业中比重相当小，这一方面说明我国的工程设计产业还没有完全发展起来，至今还处于落后的局面；另一方面也说明我国的工程设计产业还蕴涵着巨大的发展潜力，只要政府、企业下力气治理好，这个高附加值产业肯定大有作为。

（二）需求扩张指数（D）

该指标表征工业设计产业在刺激需求、引起有效需求度不断提高的过程中所起的作用。计算公式为：

$$D = \frac{\text{勘察设计行业收入}}{\text{总消费}} \times 100\%$$

2001—2007 年勘察设计行业在居民总消费中的比重见表 5-4。

表 5-4　**2001—2007 年勘察设计行业在居民总消费中的比重**　　（金额单位：亿元）

年份	勘察设计行业收入	总消费	需求扩张指数
2001	722	45898.1	1.57%
2002	931	48881.6	1.90%
2003	1476	52685.5	2.80%
2004	2214	63833.5	3.47%
2005	2973	71217.5	4.17%
2006	3714.42	80476.9	4.62%
2007	4684.33	93317.2	5.02%

资料来源：《勘察设计行业年报》（2001—2007 年），《新中国 55 年统计资料汇编》，《中国统计年鉴》（2008）。

（三）社会产品实现深度指数（P）

该指标表征工业设计产业在促进社会产品的价值实现过程中所起的作用。计算公式为：

$$P = \frac{\text{勘察设计行业收入}}{\text{社会产品零售总额}} \times 100\%$$

2001—2007 年勘察设计行业在社会产品零售总额中的比重见表 5-5。

表 5-5　**2001—2007 年勘察设计行业在社会产品零售总额中的比重**　（金额单位：亿元）

年份	勘察设计行业收入	社会产品零售总额	社会产品实现深度指数（P）
2001	722	37595	1.92%
2002	931	40911	2.28%
2003	1476	45842	3.22%
2004	2214	53950	4.10%
2005	2973	67177	4.43%
2006	3714.42	76410	4.86%
2007	4684.33	89210	5.25%

资料来源：《勘察设计行业年报》（2001—2007 年），《新中国 55 年统计资料汇编》，《中国统计年鉴》（2008）。

综上，构建工业设计产业影响力指标 I，从总体上表征工业设计产业对国民经济的影响和促进作用，即对工业设计产业的产业地位指数、需求扩张指数、社会产品实现深度指数按其重要程度分别赋予一定的权重，然后加总得出。计算公式为：

$$I = \alpha S + \beta D + \gamma P$$

三、工业设计产业资源配置效率

有效地配置稀缺的经济资源，是反映市场绩效的重要指标。从各省市勘察设计机构情况看，北京的设计单位收入在各省市中一枝独秀，在 2007 年达到 907 亿元。其次是广东、上海两个省市，虽然营业收入少于北京，但是高出其他省份许多（见表5-6）。北京、广东、上海三省市的设计单位营业收入合计 2007 年为 2021.40 亿元人民币，占当年全国设计单位总收入的 43.15%，接近一半。这说明三个省市对全国设计行业收入的多少起着重要的作用。设计单位数却是山东省第一（1124），依次是广东（1082），江苏（958）（见表 5-7），所以存在着部分资源配置缺乏效率的情况。

表 5-6　　　　　　　　**我国 2007 年勘察设计单位营业收入情况统计**　（金额单位：亿元）

排名	地区	营业收入	排名	地区	营业收入
—	全国	4684.32	16	福建	93.64
1	北京	907.00	17	湖南	66.55
2	广东	580.38	18	云南	49.23

续表

排名	地区	营业收入	排名	地区	营业收入
3	上海	534.02	19	山西	43.77
4	江苏	271.00	20	吉林	36.42
5	辽宁	251.67	21	甘肃	32.40
6	湖北	246.65	22	江西	28.23
7	天津	220.28	23	新疆	28.77
8	四川	200.08	24	内蒙古	26.74
9	浙江	191.97	25	黑龙江	25.57
10	陕西	170.46	26	广西	24.90
11	山东	157.09	27	贵州	20.72
12	重庆	119.80	28	海南	11.79
13	安徽	112.88	29	宁夏	7.20
14	河南	108.48	30	青海	5.44
15	河北	106.13	31	西藏	1.26

资料来源：《中国统计年鉴》（2008）。

　　总体看来我国的设计能力强的省主要是北京、广东、上海和江苏四省市，但我国工业设计产业市场集中度并不高。古典经济学理论认为，完全竞争的市场结构能够使价格等于边际成本，所有的企业都只能获得正常利润，各产业利润率趋于平均化，资源达到最优配置。如果某一产业的利润率长期超过正常利润率水平，一般就认为该产业存在垄断因素。一般来看，产业集中度越高，产业的平均利润率就越高。贝恩曾对美国 42 个产业作过调查，并把这 42 个产业分成两组，发现集中度越高的产业利润率也越高，说明垄断不利于平均利润率的形成，从而影响了市场绩效。但在现实生活中，完全竞争的市场模型根本不存在，而且无数的经济理论和经验研究都证明资源向优势企业集中，实现一定程度的垄断有利于提高市场绩效。从世界范围看，设计业都被视为高利润的行业。在我国，据有关资料显示，设计业的利润率也能达到 20% ~ 25%①，但在我国设计业的高利润率却不是由于市场结构的垄断因素造成的，而是由于某些行政性垄断和作为一种新兴产业处于无序竞争状态所出现的一种阶段性的现象。所以我国设计行业的这种"小而多，小而弱"的局面，在外资进入我国设计市场后的强烈冲击下，势必重新整合。

---

　　① 香港贸易发展局：《设计及市场推广服务行业在长三角大有可为》，2004 年。

表 5-7　　　　　　　　　中国 2007 年勘察设计机构和人员数统计

排名	地区	单位数	年底职工数	排名	地区	单位数	年底职工数
1	山东	1124	60013	17	山西	400	28781
2	广东	1082	114941	18	江西	376	21798
3	江苏	958	61926	19	吉林	357	21254
4	辽宁	855	56162	20	广西	303	19004
5	四川	767	62745	21	黑龙江	285	18317
6	福建	690	39644	22	天津	266	34498
7	上海	623	82571	23	重庆	259	24597
8	河南	578	50627	24	新疆	251	18558
9	湖北	577	54058	25	内蒙古	237	15658
10	北京	571	102882	26	甘肃	231	18941
11	陕西	526	62057	27	贵州	156	10770
12	浙江	507	38014	28	海南	107	6154
13	河北	486	39143	29	青海	97	4743
14	云南	483	26436	30	宁夏	87	4888
15	安徽	434	26253	31	西藏	36	1340
16	湖南	432	31130				

资料来源：《中国统计年鉴》（2008）。

第三节　提升工业设计产业影响力的措施研究

要扩大工业设计产业规模，壮大其竞争实力，在国民经济发展中充分显示其影响力，从而实现其由弱到强，由小到大，就需要从以下两方面努力：

一、通过工业设计企业兼并优化设计资源配置

企业兼并是企业扩张、实现规模经济效益、优化资源配置的有效途径（邵正光，陈俐艳，2004）。企业兼并一般可分为竞争者之间的横向兼并、供货者和顾客之间的垂直兼并，以及在彼此没有相关市场或生产过程的公司之间进行的集团企业兼并等三种形式。兼并的动机不外是增大市场力量、实现规模经济、降低进入新产业障碍、减少风险、经理人员的内部人控制和合法避税等几个方面。近年来购并风潮日益盛行，这种风潮也吹向工业设计产业，众多设计公司往往为了取得关键的核心技术或聘雇优

异的研发团队，积极通过并购手段来达成巩固现有市场领域、突破发展限制的目的（郭于贤，2007）。

（一）国资委对设计院所的兼并调整

通过兼并、收购经营同类业务的企业或与之进行联合经营，使现有业务范围扩展，以扩大经营规模、降低成本、增强企业实力。设计行业的横向合并主要是为了扩大业务领域，优势互补。2003 年国资委成立以来，共有 95 家（次）中央企业参与了47 次重组，中央企业户数已由 196 家调整为 150 家。其中 7 家设计院所被合并重组到其他公司，只保留三家设计院所，分别是中国建筑设计院、中国电子工程设计院、中煤国际工程设计院。7 家设计院重组情况见表 5-8。

表 5-8 中央设计院所重组情况

原企业	兼并方式	新企业
冶金自动化研究设计院	并入	中国钢研科技集团公司
中国轻工国际工程设计院改制	并入	中国海诚国际工程投资总院
中国纺织工业设计院	并入	中国石油天然气集团公司
中国有色工程设计研究总院	并入	中国冶金建设集团
天津水泥工业设计研究院	并入	中国材料工业科工集团公司（中材集团 2007 年上市）
中机国际工程咨询设计总院	重组	中国新时代控股（集团）公司
中讯邮电咨询设计院	重组	中国联合通信有限公司

资料来源：根据国务院国有资产监督管理委员会网站内容整理。

（二）上市设计公司兼并情况

兼并收购已成为我国上市公司较为普遍的一种行为，其数量和规模也日趋攀升。2002 年 12 月 3 日中国海诚工程科技股份有限公司（中国海诚，002116）成功上市，随后在北京和长沙分别收购了中国轻鑫工程有限责任公司和中国轻工业长沙工程有限公司；在广州、武汉、成都、南宁、西安分别设立了中国轻工业广州设计工程有限公司、中国轻工业武汉设计工程有限责任公司、成都海诚工程设计有限责任公司、南宁中轻工程科技有限责任公司、中国轻工业西安设计工程有限责任公司，作为股份子公司。2004 年 6 月 11 日，国资委批准原隶属于中国工艺美术集团的中国轻工建设工程总公司并入总院，该院迈出延伸产业链的战略性一步。2004 年 7 月，在总院注资的基础上，海诚股份长沙子公司所属长沙长泰输送包装设备有限公司完成了增资扩股，成为总院控股的二级公司，使得该院主营产业链得到进一步延伸。2004 年海诚股份的营业收入是 5.12 亿元，2007 年则达到 13.65 亿元，年均增长率达到 41.65%。

中材国际工程股份有限公司（中材国际，600970）因公司业务发展的需要，

2006 年 4 月收购北京鑫佳泓科技有限公司 100% 股权，扩展了包括通信设备及动力与环境集中监控设备的科技开发、技术咨询服务，生产、调试通信设备，销售电子计算机及软件、五金交电、建筑材料等业务。2006 年 12 月收购天津水泥工业设计研究院持有的中国建材装备有限公司 65% 的股权，将其成套设备、机组单机通用设备的销售、服务等业务揽入。2007 年 7 月 26 日出资 3972 万元，取得江苏中材水泥技术装备有限公司 55% 股权。该公司通过收购进一步提升公司的国际市场份额及盈利能力，在高端工程设计市场份额占主导地位，4000 TPD 以上设计市场占 80% 以上；在水泥工程装备市场，年装备制造能力达到 20 万吨，其中核心装备 10 万吨，形成了 5000TPD ~ 10000TPD 新型干法水泥生产线成套设备制造能力。

（三）外资并购我国设计公司的情况

2007 年设计企业并购重组加剧，涉及外资企业并购的有，美国 AECOM 公司并购易道公司和中国市政西北设计院，并收购深圳市城脉建筑设计有限公司；加拿大宝佳国际集团收购中国建华设计院；五合国际集团收购华特设计院正式签订收购合约。国内企业重组的有，沈阳化工研究院并入中国中化集团公司，中国纺织工业设计院并入中国石油天然气集团公司。五合国际作为国际化的建筑设计公司，此次并购国内甲级设计院，除在行业内引起了不小的轰动外，其不同于其他设计院的市场运作模式，独特的企业理念也得到了社会各界的关注。五合国际（5+1 Werkhert）作为跨国集团，在德国、英国、澳洲、上海、北京、香港设有分支机构，在业内率先提出"5+1"服务模式，整合城市规划、建筑设计、景观设计、室内设计、平面设计五大类专业技术，并在 2005 年 7 月成立全资子公司上海五合智库（Wisenova），其业务范围主要为房地产开发商、投资商金融机构、政府管理部门提供房地产市场及投资咨询服务。五合国际（5+1 Werkhert）集团通过此次并购之后，综合实力得到加强，成为拥有甲级资质的外资背景设计企业，进一步确立了在建筑行业内的地位。集团公司在并购华特建筑设计公司之后，将拥有我国颁发的建筑工程甲级设计资质，工程咨询甲级资质，可大规模从事施工图的设计等相关工作。这无疑使"一站式全程服务"的企业理念得到了进一步的完善。华特建筑设计公司创建于 20 世纪 90 年代初，是国内较早采用股份制组建的建筑设计单位。公司持有国家颁发的建筑工程甲级设计资质，工程咨询甲级资质，下设建筑、结构、钢结构、自控、电气、暖通、给排水、消防、装饰、古建园林、环境艺术、技术经济、工程咨询等十多个专业，曾设计完成了北京中电信息大厦、郑州影视大厦、内蒙古临河海天现代城等众多较有代表性的优秀项目。通过此次并购，华特在技术水平、市场份额等多个方面进一步发展，逐步与五合国际现有的品牌实力与杰出的方案设计能力相匹配。

根据《国务院办公厅转发建设部等部门关于工程勘察设计单位体制改革若干意见的通知》（国办发〔1999〕101 号）和《国务院办公厅转发建设部等部门关于中央所属工程勘察设计单位体制改革实施方案的通知》（国办发〔2000〕71 号）国家鼓励勘察设计单位合并或兼并，实行强强联合、优势互补，在此基础上以资产为纽带，市场为导向进行改制，形成具有较强市场竞争力的企业联合体。

对于上述进行资本运作的国内外勘察设计企业来说，无论是上市，还是参与并购重组，都将对企业自身发展带来很大影响，企业综合实力增强是这些企业开展大型业务，特别是工程总承包业务的一个有力支撑。就并购重组而言，对于外资企业，是获得了优势"资质"资源，获得了大举进军我国市场的有利条件。对于国内设计企业而言，则获得了资本及先进的管理、技术，提高了运作水平。而通过上市的资本运作更是给勘察设计单位资本实力、管理、技术水平等整体提升带来较大促进。

企业横向兼并和纵向一体化对于我国勘察设计行业整体而言，将带来整个行业市场集中度的提高和企业的两极分化。未来部分定位不明显、竞争力不强的工程设计单位将面临较大压力和挑战，有可能被扫荡出局，部分通过资本运作或资源整合等具有较强综合竞争实力的企业将进一步快速发展壮大。因此，当前国内工程设计企业首先要进一步找到自身的细分定位，建立竞争优势；其次，对于一些准备涉足工程总承包业务的大中型工程设计单位，要提升自身资本运作水平；最后，对于所有勘察设计企业而言，需要提升资源整合能力和管理水平。今后激烈竞争下的行业发展模式将是一种集约式的发展，过去粗放式的管理已经不能适应市场竞争的需要。

二、工程总承包模式有利于提高工业设计产业的影响力

工程总承包方式是目前国际上最普遍的工程服务模式，在国外市场运用相当广泛，大部分中大型工程项目均采用总包方式招标，而我国，由于行业历史原因，分包仍然是市场上最主要的形式，但总承包是该行业发展的趋势。余如生（2007）以中国成达工程公司为案例剖析了成达工程公司从化工部第八设计院转制而来，以工程总承包模式经营，成功地开拓印度尼西亚市场，使公司的营业额从2001年的2232万美元增长到2006年的19375万美元。对于勘察设计公司而言，在搞好勘察设计主业的同时，积极拓展业务范围，向投资咨询、城市规划、工程监理、招标代理、设备采购、项目管理、工程总承包延伸。近几年来，工程总承包的方式得到大力推广，从化工、石化行业逐步延伸到冶金、电力、纺织、铁道、机械、电子、石油天然气、建材、市政、兵器、轻工、地铁等行业。2006年全国企业营业收入中工程总承包收入超亿元的勘察设计企业达到242家。据统计，全国勘察设计企业除勘察设计业务外的工程总承包、工程咨询、工程监理、项目管理和造价咨询等营业收入在总营业收入中所占的比重，已由2001年47%上升到2007年的67%，上升了20个百分点，这类收入中工程总承包收入占48%。

从设计咨询与总承包的盈利能力来看，公司目前设计的毛利率为45%左右，总承包业务的毛利率为25%左右，但由于设计收入仅占项目投资的5%左右，这样按照1亿元的总承包项目，如果仅做设计咨询，公司的收入只有500万元，则主营业务利润只有225万元，而做总承包收入为1亿元，主营业务利润将达到2500万元，因此，做工程总承包贡献的利润要比只做设计贡献的利润高得多。

据美国《工程新闻纪录》(ENR)提供的数据，对国际工程设计与承包市场相关

性进行了定量分析，得出一些结论。从全球总量来看，国际工程设计与承包营业额间存在显著的同步相关性，相关系数高达 0.842；从地区市场角度分析，不同地区的国际工程设计与承包营业额间的相关程度存在较大差异，北美、拉美、加勒比海和欧洲地区的设计营业额和当年以及次年的承包营业额之间都表现为显著相关，相关系数分别为 0.921、0.888；中东和非洲地区的设计营业额仅与当年的承包营业额之间显著相关分别为 0.787 和 0.881；而亚太地区的设计营业额和承包营业额之间表现为线性无关。

以美、英、日三国为样本，从单个国家的角度分析，各个国家的国际工程设计与承包营业额间的相关程度各异，美国为 0.73，英国为 0.516，日本为 -0.16。在 1996 年取代日本后，美国一直是国际工程承包领域的世界头号强国。2004 年其在国际工程承包市场上占有的份额达到了 19.3%。英国公司的营业额显然不及美国公司，但是它在国际工程市场上依然具有较高的市场占有率，2004 年英国在国际工程设计与承包市场上的占有率分别达到了 14.6% 和 6%。日本则在国际工程承包市场上占有率较高，2004 年为 8.7%，但在国际工程设计市场上占有率较低，2004 年仅为 3.8%。由此可以计算出，美国与英国的国际工程设计与承包市场份额比分别为 2.17 和 2.43，而日本的国际工程设计与承包市场份额比仅为 0.43，远远低于美国和英国。由此可见，较高的国际工程设计市场占有率有助于本国公司占有较高的承包市场份额。咨询设计商实力的强弱往往决定着其承包商在国际工程市场上的份额。而对国际工程承包市场来说，设计咨询对于占领工程总承包的市场份额，对于工程市场的超前介入、后继工程的带动以及承包项目质量提升等方面的意义和作用是不可低估的（闫蓉，2006）。

通过问卷调查发现服务的多样性在工业设计公司的发展中发挥了积极作用。影响公司成长的各种因素相互之间紧密联系，3×3 交叉表展示了检验各因素间的卡方 P 值 ≤0.05。例如，职员培训费的投资和 R&D 支出与职员数，净利润和出口增长强相关。只有销售额除外，相关性较弱（P 值为 0.362）。详细的检验受访公司提供服务的复杂性之间的联系将更有意义。表 5-9 展示了服务多样性对各种增长因素的影响。将受访公司按所提供的业务分为三组：模式一、模式二、模式三。模式一：设计最终产品和设计零部件；模式二：设计最终产品和设计零部件、市场营销；模式三：总承包（研发、设计、施工）。

通过表 5-9 可以看出净利润、职员数、职员培训费和 R&D 投入的 P 值都小于 0.05，所以这些因素的增长与服务多样性相关性显著。总承包模式（模式三）比其他两种模式在销售额、净利润、职员数、职员培训费、R&D 投入影响更大，而在出口方面，则是模式二更有利于出口的增长。模式二、模式三的服务都有利于销售量的增长，22% 的模式一的服务经历了负增长或没有增长。95.2% 的模式三净利润增长，而模式二只有 63.6% 净利润增长。模式一则更少，只有 35.7%，相反它的净利润的负增长或零增长则有 65%。在过去 5 年里，69.6% 的总承包公司的职员数增长，30.4% 的总承包公司的职员数维持原状。65.2% 的总承包公司的职员培训费用在过去 5 年里

表 5-9   过去 5 年销售额、净利润、职员数、职员培训费、R&D 投入和
          出口与服务多样性的关系

增长		服务的多样性			P 值
		模式一	模式二	模式三	
销售额	负	7.1%	0	0	0.119
	0	14.3%	0	0	
	正	78.6%	100%	100%	
净利润	负	14.3%	0	0	0.003*
	0	50%	36.4%	4.8%	
	正	35.7%	63.6%	95.2%	
职员数	负	50%	36.4%	0	0.000*
	0	35.7%	54.5%	30.4%	
	正	14.3%	9.1%	69.6%	
职员培训费	负	21.4%	0	0	0.000*
	0	64.3%	90.9%	34.8%	
	正	14.3%	9.1%	65.2%	
R&D 投入	负	14.3%	0	0	0.001*
	0	78.6%	90.9%	42.3%	
	正	7.1%	9.1%	57.7%	
出口	负	12.5%	0	30%	0.350
	0	62.5%	42.9%	30%	
	正	25%	57.1%	40%	

注：*代表统计显著。

增长，而模式一、模式二的职员培训费增长只有 14.3% 和 9.1%。14.3% 模式一的公司职员的培训费用还出现了负增长。已有学者实证检验了 R&D 投入与公司规模成正比（Audretsch Vivarelli，1996），在表 5-9 中，我们看出，57.7% 的总承包公司在过去 5 年里增加了对 R&D 投入，而模式一、模式二的研发投入增长的公司分别只有 7.1% 和 9.1%。78.6% 的单纯从事设计公司（模式一）没有增加研发投入，还有 14.3% 的公司出现研发投入负增长。虽然出口方面卡方检验结果不显著，但还是能够看出一些信息。模式二的出口增长的公司最多，占到 57.1%，而模式一的出口增长的公司只有 25%，模式三的出口增长的公司为 40%。

　　总承包公司在职员数、销售额、净利润、职员培训费和 R&D 投入上更强，特别是在人力资本和技术研发上比其他两组模式具有更强倾向。另外，有出口业务的公司

大部分是总承包公司，尽管在调查问卷的数据检验上不显著。

以东华科技上市公司为例，来看工程总承包模式有利于提升工业设计产业影响力的原因有以下几点：

（1）收入规模爆发式增长。设计收入只占单个项目的3%左右，而总承包收入可占单个项目的多达100%的投资。因此，随着公司业务向总承包偏移，2006—2009年三年间东华科技上市公司的收入规模将呈现65%左右的复合增长率，到2009年收入是2006年的4.5倍，达到35亿元，并且在中长期内继续快速增长。总承包业务的毛利率比较低，一般只有8%～9%，因此，总承包比重的上升会降低公司综合毛利率水平，但是，从利润总量上来看该公司仍然可以获得45%的增长水平。从行业经验来看，拥有产业链最上游设计领域优势的企业最有可能获得业主总承包订单，这是因为设计在整个产业价值链中占主导地位（见图5-1），对项目的质量、成本控制都起着先决作用。

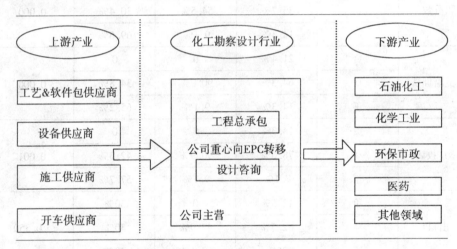

图 5-1　行业上下游产业链

资料来源：东华科技（002140）招股说明书。

（2）通过统一掌握工程项目中的设计、采购、施工等要素步骤，发挥系统内部的整合协调功效以提高效率。由于工程中各主要环节都处于公司利润渠道中，其结果便可能是公司有动机从全局角度优化项目设计，物尽其用，在保证质量前提下使整个项目的综合利润率得到提升。

（3）总承包是海外业主的习惯模式，积累丰富的总承包经验有利于设计公司向海外市场扩张。国际方面，亚非地区将成为未来市场容量的主要增长点。这是因为这些地区拥有十分广阔的石油和矿产资源，但由于技术、人才、资金等原因，需要国外有实力的承包方帮助完成建设任务，这就为公司海外市场的持续发展提供了保障平台。总承包方式是国际盛行的标准方式，因此，加强公司总承包能力为公司承接更多境外大型项目添加砝码。

（4）总承包方式省却了业主诸多协调分配工作，而且避免了业主在将项目分割发包过程中因内部管理协调所产生的衍生成本，一步式"交钥匙"工程的便利最终让业主受益，因此，总承包商较一般分包商具有较强的议价能力。

2004—2006 年东华科技公司的收入和净利润保持加速上升态势，2006 年收入5.45 亿元，同比增长 29%，增速同比上升 14 个点；完成净利润 4877 万元，同比增长 34%，增速同比上升 9 个点。新签合同额也逐年提高，2006 年新签合同达到 13亿元。这主要得益于我国化学原料及化学制品业持续景气以及公司业务重点顺利转型，转型趋势主要是两个方面：一是逐渐确定工程总承包业务在公司业务中的核心地位，2006 年公司新签订总承包合同已经占到全部合同金额的 83.5%，利润贡献率从2004 年的 46.3% 上升到 2006 年的 63.63%。公司融资主要用途是大幅补充工程总承包业务的营运资金，这极大增强了公司拓展总承包业务市场时的自身融垫资能力，对未来公司业务量的快速增长起到了推动作用。二是偏重于承揽新产品、新领域的具有高附加值的工程项目和原有优势领域的大型工程项目的设计业务。

本章首先对工业设计产业影响力的实证检验，发现工业设计产业的外溢效应对经济增长具有一定的推动作用，设计产出每增长 1%，不考虑其他因素的变化，非设计部门的产出将增长 2.475%。但目前工业设计产业收入比重在国内生产总值甚至在第三产业中比重相当小，资源配置缺乏效率，市场集中度不高，建议设计企业通过企业兼并、工程总承包等方式来壮大规模提高其影响力。

第六章 我国工业设计产业竞争力研究:

基于无形资产视角

本章主要解决我国工业设计产业竞争力不强的问题。首先分析了工业设计产业无形资产的构成、特征、地位和作用,我国的工业设计企业大部分没有认识到无形资产的作用,突出的表现在知识产权意识淡薄,重有形资产,轻无形资产;重传统无形资产,轻新型无形资产;重无形资产开发,轻无形资产经营;重无形资产存量、轻无形资产增量等。然后,构建工业设计产业无形资产价值的模型,并对模型的指标进行分析,提出优化工业设计产业无形资产的建议。

第一节 无形资产定义、组成及衡量方法文献述评

一、无形资产的定义及组成

无形资产是相对于公司有形资产之外能为公司创造价值的资产,有人称之为智慧资本。管理学大师彼得·德鲁克在 1965 年就曾提出,知识将取代机器设备、资金、原料或劳工,成为企业经营最重要的生产要素。虽然人类渐渐了解到知识逐渐变成组织竞争优势的来源,然而,很多学者、工业界与会计师们对无形资产的价值进行研究,则多是 1990 年以后。

Galbraith 在 1969 年最早提到智慧资本概念 (Masoulas, 1998),他认为智力资本是一种知识性的活动,是一种动态的资本,而不是固定的资本形式。也就是说,智力资本既包括了对客观事物进行反映和认识的知识,也包括了感知未来的能力,同时也考虑外部环境对企业战略的影响。采取全面的方式来管理企业,这就是所谓的企业智力资本观——既从内部因素企业这只"黑箱"入手,也不忘外部环境的影响(客户、合作伙伴、联盟、竞争对手、政府、社会等)。在企业运营管理中,企业智力资本观提倡将外部环境观和企业资源观结合起来,分析企业的现状,从而为企业获得核心能力,取得竞争优势,进而形成持续的竞争优势提供理论支持和保障。Sveiby (1997)自 1986 年起,就开始对智慧资本进行研究。他将智慧资本分为三类:顾客资本、个人资本、结构资本,这种分类方法后来被瑞典许多大公司采用。

Thomas Stewart（1990）开始使用智慧资本的名词，并于 1991 年出版的《脑力》一书中，提出衡量智慧资本的概念，是最早系统地说明智慧资本含义的学者。他认为智慧资本是指每个人与团队能为公司带来竞争优势的一切知识与能力的总和。凡是能够用来创造财富的知识、资讯、技术、知识产权、经验、组织学习能力、团队沟通机制、顾客关系、品牌地位等，都属于智慧资本的组成。这和一般企业所熟知的土地、工厂、机器、现金等有形资产，在根本上是完全不同的。

从 1991 年起，瑞典 Scandia AFS Group 也开始了一连串有关智慧资本的研究与应用，认为智慧资本是一种对知识、实际经验、组织技术、顾客关系和专业技能的掌握，让组织在市场上享有竞争优势。Kaplan（1992）、Kaplan 和 Norton（1996）则认为公司投资于顾客、供应商、员工流程、科技和创新，以创造未来的价值，这种价值的积累就是智慧资本。将公司的绩效用财务层面、客户层面、内部流程层面、学习层面等四大层面来说明如何将企业的策略转换为可衡量的绩效量度。

Edvinsson 和 Malone 于 1997 年出版了《智慧资本——经由发现隐含在智慧资本之下公司的真实价值》一书，完整叙述无形资产的内涵与衡量。书中认为：智慧资本＝知识资本＝非财务资本＝无形资产＝隐藏资产＝不可见资产＝意味达成目标＝Market Value-Book Value，即任何有助于公司价值提升的隐藏性资产都可称之为智慧资本。除了有形资产之外，所有的资产都称之为无形资产。不只是人类的脑力，也包括了品牌名称和商标，甚至某些过去曾经记账的成本，经过一段时间转化成更大的价值。换句话说，就是"资产负债表现值为零的资产"都可称为智慧资本。同年，Stewart 也出版《智慧资本·组织的新财富》一书，对智慧资本的定义有更具体的说明，认为组织所拥有的专利权、制程、人员的技术、科技，有关顾客与供应商的资讯，过去经验的总和皆是智慧资本的内涵。他认为智慧资本应该发挥两项功能：（1）将可转化的知识整合起来，保存原本易流失的知识；（2）及时联结人与资料、专家等知识体系。Bell（1997）则认为智慧资本是组织中的知识资源，包括组织用以创造竞争、理解以及解决问题的策略、特殊方法及心智模式。Brooking（1996）也根据他多年的高科技公司辅导经验，提出资本分类方式，分为市场资产、以人为主体的资产、智慧财产权资产及基础设施资产。Masoulas（1998）指出智慧资本是无形资产的结合，能提供组织附加价值，并致力达到卓越的目标，了解无形资产如员工的技术、经验、态度与资讯，使之能增加工作中的附加价值。Roos 等（1997）认为员工的智力、技术秘密（know-how）、知识与过程，以及可创造公司价值却看不见的资源都是智慧资本，智慧资本包括人力资本与结构资本，前者指员工的知识、技术与经验，后者为企业运作与上下游关系的表现。Ulrich（1998）认为智慧资本等于员工竞争力乘上决心，是企业所有资产中唯一可能增值的一项，而其他大部分的资产在取得的那一刻起就已经开始贬值。Sullivan（1998）认为智慧资本是指透过组织内人力资本的运作，使组织内可发挥能力为公司创造价值的项目，包括人力资本中的经验、技术秘密（know-how）、技能、创造力、结构资本的各种有形资产及智慧资产、知识产权等各项。其企业模型乃以一般资产为基础，以智慧资本或无形资产为独特性资产，二者配合产生可差异化资产方能为企业创造价值。此外，Buren（1999）则认为无形资产的组成可分为五大层面：人力资本、结构资本、创新资本、流程资产、顾客资本。Dzinkowski（2000）引用加拿大会计师协会（SMAC）对智慧资本的定义，将智慧资本分为人力资本、顾客关系资本与组织结构资本，更进一步假设人力资本会影响组织资本的建立，而人力资本与组织资本会交互影响顾客资本。

兹将上述有关无形资产与智慧资本的定义与范围，依照时间的演进，综合于表6-1之中。显然，随时间的演进，无形资产的定义与范围愈来愈广泛，几乎已无所不包，变成公司一切价值能力的代名词。因此，在本研究中所谓无形资产亦指智慧资本，凡能为公司增加或创造附加价值的任何人才、技术、知识、创意、经验、营运制度、组织结构、对外影响力和客户关系等，都属于无形资产的范围。

表6-1　　　　　　　　近年来关于无形资产涵盖范围的相关研究

作者	年份	人力资本	结构资本	顾客资本	创新资本	流程资本
Sveiby	1986	√	√	√		
Kaplan	1993			√	√	√
Roos 等	1997	√	√			
Edvinsson 和 Malone	1997	√		√	√	√
Stewart	1997	√	√	√		
Brooking 等	1998	√	√	√		
Saint-Onge	1998	√	√	√		
Buren	1999	√	√	√	√	√
Dzinkowski	2000	√	√			
Gunther	2001	√	√			
AK "Immaterielle Werte im Rechnungswesen" der SG	2001	√	√	√	√	√
Mouritsen、Bukh、Larsen 和 Johansen	2002	√	√			√
Ordonez de Pablos, P.	2003	√	√	√	√	

二、无形资产衡量方法之比较

早期的无形资产和智力资本的测量方法主要是用来揭示企业市场价值和账面价值的差异。最为简单的是市值—账面价值比率（p/b），即当一家公司以高于账面价值的价格被市场认可时，市场价值与账面价值的差异就被认为是企业智力资本的总和①。由于该法非常粗略原始，且账面价值常常被有意低估，托宾（Tobin）提出的 Q 比例法在此类评价方法中更具有说服力，即利用市场价值和重置成本来衡量市场价值和账面价值的差异。其不足之处在于，对于企业内一些特有的资产是难以计算其重置成本的。

（一）利用财务分析的测量方法

1. CIV 法

这一方法将公司三年的平均收入与年末有形资产的价值进行比较，修正后的三年平均资产回报率和行业平均资产回报率之间的差异就是计算的无形价值。其计算的价值不是公司的市场价值，而是对公司利用智力资本胜出同行业其他公司的能力的衡量（Dzinkowski，Ramona，2000），这一方法有利于比较同行业内的智力资本价值。

2. KCE（知识资本收入）法

这一方法已经在销售额超过 10 亿美元的 27 个化学公司和销售额超过 2.5 亿美元的 20 个医药公司中得到应用。该方法将公司的收入分配给有形资产、金融资产和知识资产这三种资产，通过账面价值和适当的回报率计算出有形资产和金融资产创造的利润，取一个未来三年预期收入和过去三年收入的平均数，从中减去已计算出的有形资产和金融资产创造的利润，剩余部分即为知识资产创造的利润（Mintz，1999）。与前几种方法相比，这种衡量方法更为全面，且不需要知道公司的市场价值就能计算智力资本的收入。另外，通过用 KCE 除以知识密集型行业的平均回报，就可以计算出智力资本的总体价值。

（二）对无形资产定性的测量

1. Skandia 的导航者

在斯维比等人的努力下，Skandia（瑞典一家国际性的保险公司）首先在 1994 年度报告中报导了其智力资本的状况，这个管理和报导模型，叫做"Skandia 导航者"，它根据智力资本在顾客、进程、人力和开发等四个区域的比率和指标，提供了关于该公司智力资本的一个平衡、全面的测度报告（Karl Erik Sveiby，2000）。

2. 平衡记分卡管理系统

这是由哈佛商学院的罗伯特·卡普兰和大卫·纳顿于 1992 年独立开发了一种新的测量模型。其方法与斯维比的系统类似。它评估了公司的四个领域：传统的财务领域、消费者对公司的看法（关系资本）、企业内部的过程（结构资本）以及组织学习及知识基础的增长（人力资本）。一张记分卡可能包括安全、股东价值、收入、现金流动、市场份额、新产品的销售比率、工作资本、雇员满足等等（Kaplan，R. S. and Norton，D. P.，2001）。该方法只采用了数量较少的关键指标对公司的智力资本进行评估，因此作为一种管理评价方法被广泛使用，但它并没有提供一种清晰具体的评估

---

① Edvinsson，L. and Malone，M. S. ：*Intellectual Capital：Realizing Your Company's True Value by Finding its Hidden Brainpower*，New York：Harper-Business，1997.

手段。此外，列夫·爱德文森和米歇尔·马龙也建立了一种涵盖财务、客户、人力资源、过程和更新、发展等各项指标的报告模型（Michael S. Malone，1997）。

第二节　我国工业设计产业无形资产的现状分析

近年来，我国产业结构面临重大转折点，"无形资本"成为我国顺利转型为高附加值知识型产业的关键。"知识"俨然成为一种卓越的经济资源，企业如果能很好地利用这种竞争利器，便能在快速变动的竞争格局中，掌握爆炸性成长契机并建立持续性竞争优势。工业设计产业就是在此背景下成长的智能化、知识性密集的产业。通过调查问卷我们了解影响设计公司的竞争因素有哪些，是什么因素导致了有的设计公司经营状况好，而有的设计公司经营停滞或下降。

受访公司被要求选择有助于其业务成功的每个因素重要性（零＝不重要；低＝有点重要；中等＝比较重要；高＝非常重要）。这些因素包括：（1）资质；（2）品牌；（3）服务质量；（4）服务创新性；（5）低价格；（6）客户服务；（7）使用新技术；（8）拥有专业技能和知识；（9）知识产权；（10）营销策略；（11）管理者能力；（12）适当保持组织灵活性的能力；（13）与委托人的关系；（14）服务的市场；（15）出口目的地数目；（16）出口总量；（17）新服务提出。表6-2总结每个因素促进受访者公司商业成功的重要性。表6-3提供了各种因素的排名。

表6-2　　　　　　　　　　影响工业设计企业成功因素

影响成功因素	不重要	有点重要	比较重要	非常重要
资质	2（3.92%）	5（9.80%）	3（5.88%）	41（80.39%）
品牌	3（5.88%）	13（25.49%）	18（35.29%）	17（33.33%）
服务质量	1（1.96%）	1（1.96%）	1（1.96%）	48（94.12%）
服务创新性	2（3.92%）	5（9.80%）	11（21.57%）	33（64.71%）
低价格	2（3.92%）	12（23.53%）	23（45.09%）	14（27.45%）
客户服务	1（1.96%）	5（9.80%）	17（33.33%）	28（54.90%）
使用新技术	2（3.92%）	16（31.37%）	17（33.33%）	16（31.37%）
拥有专业技能和知识	4（7.84%）	8（15.69%）	23（45.09%）	16（31.37%）
知识产权	22（4.31%）	27（52.94%）	1（1.96%）	1（1.96%）
营销策略	5（9.80%）	12（23.53%）	19（37.25%）	15（29.41%）
管理者能力	36（70.59%）	12（23.53%）	2（3.92%）	1（1.96%）

影响成功因素	不重要	有点重要	比较重要	非常重要
适当保持组织灵活性的能力	11（21.57%）	24（47.06%）	16（31.37%）	0（0%）
与委托人的关系	12（23.53%）	23（45.10%）	11（21.57%）	5（9.80%）
服务的市场	11（21.57%）	16（31.37%）	12（23.53%）	12（23.53%）
出口目的地数目	27（52.94%）	21（41.18%）	2（3.92%）	1（1.96%）
出口总量	12（23.53%）	26（50.98%）	6（11.76%）	7（13.73%）
新服务提出	3（5.88%）	2（3.92%）	9（17.65%）	37（72.55%）

注：来源于调查问卷第14题。

表6-3 　　　　　　　　　　　影响受访者业务成功的因素排名

排名	影响受访者业务成功的因素
1	服务质量
2	资质
3	新服务提出
4	服务创新性
5	客户服务
6	品牌
7	拥有专业技能和知识
8	使用新技术
9	营销策略
10	低价格
11	服务的市场
12	出口总量
13	与委托人的关系
14	出口目的地数目
15	管理者能力
16	知识产权
17	适当保持组织灵活性的能力

注：根据表6-2排列。

大部分受访者认为服务质量是影响商业成功最重要的因素（94.12%），其次是资质（80.39%），再次是新服务的提出（72.55%）。受访者认为对业务成功最不重要的因素是适当保持组织灵活性的能力（0%），其次是知识产权（1.96%），管理者能力（1.96%）和出口地数目。可见品牌、知识产权、使用新技术这些与无形资产相关的资源不被受访者所重视，而技术的更新情况在下面的分析中可获得。

表6-4 统计了升级或购买新技术的重要性，调查设计公司和他们的客户技术升级的频率或购买新计算机、新软件的频率。升级或采用新技术对于设计公司（84.31%）和他们的客户（82.35%）来说都是重要的（中等重要性与高等重要性之和）。大多数调查企业的升级或购买新的计算机或软件是在每3～5年，占到74.51%；每1～3年就更新升级的为11家，占21.57%；只有2家（3.92%）每年升级更新计算机或软件；没有公司每6个月或每月更新软件或升级计算机。

表6-4　　　　　　　　　　　　升级或采用新技术的重要性

升级或采用新技术的重要性	0	低	中	高	
对于设计公司	3（5.88%）	5（9.80%）	23（45.09%）	20（39.22%）	
对于客户	3（5.88%）	6（11.76%）	27（52.94%）	15（29.41%）	
升级、购买软件或计算机的频率	每3～5年	每1～3年	每年	每6个月	每月
	38（74.51%）	11（21.57%）	2（3.92%）	0	0

注：来源于调查问卷第27、28、29题。

从调查结果看，我国的工业设计产业普遍认识到新技术更新的重要性，但由于受各种因素的制约（如资金困难、国外的技术设备难以使用等），升级、购买计算机或软件的频率还不高，大部分是每3～5年更换。而新技术对于工业设计行业来说是非常重要的，它关系到工业设计产业的服务或产品是否能快速占领市场。Karagozoglu 和 Brown（1993）、Rosenau（1988）指出电脑辅助工具的使用，如 PERT 及 CPM 可协助项目规划者厘清与时程配合的关键要素。其他如 CAD、CAE 能减少产品设计及建立雏形所需时间，CAM 结合 CAD 雏形以自动化的生产方式生产制造。因此电脑辅助工具不仅降低新产品发展时间，通过正确的使用亦可降低成本及改进品质。朱柏颖（1997）指出电脑辅助工业设计、电脑数值控制加工、快速原型系统、逆向工程技术都对产品设计速度有绝对的影响。现代化工业设计产业的发展离不开科技创新、信息化建设。此外通信工具的采用对设计问题的沟通，设计蓝图往返的修改亦有莫大的帮助。朱柏颖（2001）指出随着宽带网络的诞生，未来的设计速度将会更快速，以一张 A4 大小的 Rendering 档案而言，用电话拨号连接网络下传需要9分钟，用 ISDN 则需要2分钟，而用宽频网络下传则只需8秒钟。其他如视频会议、3D 档案互动的沟通在 Internet 架构下变得更快速。陈文龙（2001）指出大部分的设计公司早已经大量应用电脑来完成设计并以网络来传输信息，通过电子邮件或其他方式（QQ、MSN）

来与客户做及时沟通。

以下将分别探讨工业设计企业的无形资产构成、特征等。

一、工业设计产业无形资产的构成

(一) 工业设计企业无形资产构成

一般企业无形资产由权利类无形资产、关系类无形资产、知识产权类无形资产、组合类无形资产、人力资本类无形资产等要素构成。同样，工业设计企业的无形资产也是由上述要素构成：

1. 权利类无形资产

工业设计产业的权利类无形资产，是指工业设计企业所拥有的由书面或非书面契约条款所产生的无形资产，包括单位资质、政府特许授权、长期合同等。特许授权在我国主要针对工程设计行业。我国与其他西方国家相似，对工程设计行业采取了较为严格的特许经营权制度，将工程设计单位按行业及级别授予不同的特许权。就行业来区分，过去分为 30 多个行业，最新的划分标准将勘察设计行业分为 22 个不同的行业，如机械、电子、冶金、建筑、市政等；就级别而言，过去划分为四个级别，现在新的级别标准按勘察设计单位的技术水平、注册资本、业绩、规模等将勘察设计单位分为甲、乙、丙三个级别，甲、乙级资质必须由国家建设部颁发，丙级资质由省市自治区颁发。一般国有大型勘察设计单位都拥有一个以上甲级证书。

2. 关系类无形资产

关系类无形资产通常是非契约性的，但对于工业设计行业具有巨大的价值，包括客户关系、中国工程勘测设计大师的影响、设计企业与政府部门的特殊关系等。

3. 知识产权类无形资产

知识产权是无形资产中的一个特殊类型，通常受法律保护，未经授权不得使用。工业设计产业的知识产权类无形资产包括：工业设计企业所获得的各项专利技术及专有技术，如新技术、新工艺、新材料、新装备的开发与应用，工业设计企业所特有的生产技术原理等专有技术。工业设计的设计图纸版权，自主开发的计算机软件、设计报告、技术标准、规程规范等出版物，正式发表的论文等。专有技术、著作权、设计图纸等，对设计企业来讲相当重要，但过去长期以来对此保护不力。

4. 组合类无形资产

组合类无形资产通常被称为商誉。工业设计产业的组合类无形资产主要包括：在该行业的知名度、设计企业的声誉、商标等。一般设计企业都有自己的商标，这是设计企业无形资产的重要内容之一，然而，很少有设计单位对自己的商标进行了登记保护。

5. 人力资本类无形资产

设计企业属于智力密集型企业，为了保持其竞争优势，许多企业都投入了不少资金用于研究与发展，提升其技术水平及竞争力。这部分无形资产最终通过其人力资产的质量反映出来。

（二）我国上市设计公司无形资产构成情况分析

1. 隐性无形资产与显性无形资产

由于现行会计制度的缺陷和我国资本市场不成熟，国有企业改制为上市公司通常未对企业无形资产进行严格评估并折价入股。我们对四家设计上市公司的每股首发价与净资产进行统计分析，发现主要受市盈率决定的首发价远高于由重置成本原则决定的净资产（见表6-5）。

表6-5 上市公司首发价与每股净资产统计

公司股票名称	代码	首发价（元）	每股净资产（元）	首日发行价与每股净资产差额（元）
中国海诚	002116	6.88	2.43	4.45
东华科技	002140	20	7.73	12.27
天科股份	600378	6.58	2.74	3.84
中材国际	600970	7.53	2.65	4.88
平均	—	—	—	6.36

资料来源：上市公司招股说明书。

尽管招股说明书并未解释上述差价产生的原因，但其部分源于企业长期经营形成的无形资产则毫无疑义。流通股股东通过溢价，支付了企业因无形资产而具有的价值，无形资产也因此部分地实现了资本化，但会计报表并未对此做出必要披露，国家有关部门也未对此引发的问题提供解决方案。所以，我们不得不将此类无形资产称为隐形无形资产，即会计报表尚未揭示，但客观存在并能发挥效用的无形资产。

上市公司根据有关规定，也在财务报表中列示了无形资产的科目，有的还在报表附注中进行了说明。对该类资料的统计分析，至少可以得出下述结论：

第一，无形资产信息的披露不充分。一方面人们普遍认为企业的收益取决于以无形资产为主要内容的核心竞争力，而另一方面，代表设计行业先进生产力的上市公司中无形资产占总资产的比例远远低于固定资产，对企业生产经营贡献也不明显。这种显性无形资产不具解释力的问题已相当突出。当然，该数据也表明，相对于2008年全国上市公司无形资产占总资产比率1.05%而言，设计上市公司无形资产占总资产比率高于全国平均水平，说明设计上市公司的无形资产具有存量优势

（见表6-6）。

表6-6　　　　　　2008年设计行业上市公司无形资产与总资产和销售收入的关系

上市公司 \ 项目	无形资产/总资产	固定资产/总资产	无形资产/营业收入
中国海诚	2.05%	8.62%	1.33%
东华科技	1.48%	5.13%	2.46%
天科股份	1.85%	34.92%	2.13%
中材国际	0.93%	5.07%	1.26%

资料来源：上市公司2008年年报。

第二，无形资产信息披露不规范。我国《企业会计准则——无形资产》和《国际会计准则》把无形资产分为九大类，目前上市公司通常按此标准披露无形资产的相关信息，所以，我们将此类无形资产称为显性无形资产。然而，通过查看2008年四家上市设计公司年报，我们发现，出现在财务报表上的无形资产主要是土地使用权、软件、非专利技术。边缘无形资产①比重较高而技术类无形资产比重较低。边缘无形资产与自然资源、土地使用权等相关，而技术类无形资产与企业的创新能力相关。中国海诚的土地使用权也占到了1/3强，而东华科技、中材国际的土地使用权所占无形资产的比重都超过了50%，后者更是高达86.06%。这既与无形资产的会计制度尚未与时俱进有关，也与相关利益群体操控无形资产的不良期望有关。从表6-7可见，我国设计公司对无形资产的重视程度不够，报表所反映的无形资产状况不能充分反映公司实际拥有的无形资产，更谈不上利用无形资产提高公司的竞争力。

表6-7　　　　　　　　　　　上市公司无形资产项目表

上市公司	项目	年末数（元）	百分比
中国海诚	软件	17013351.50	70.39%
	土地使用权	7155498.22	29.61%
	合计	24168849.72	100%
东华科技	非专利技术	12205708.44	35.97%
	土地使用权	21731248.39	64.03%
	合计	33936956.83	100%

---

① 汤湘希：《无形资产会计研究的误区及其相关概念的关系研究》，《财会通信》2004年第7期。

续表

上市公司	项目	年末数（元）	百分比
天科股份	计算机软件	4233203.92	33.03%
	土地使用权	1729922.04	13.50%
	非专利技术	5680000	44.32%
	负债性催化剂项目	1173989.85	9.16%
	合计	12817115.81	100%
中材国际	土地使用权	152356252.6	86.06%
	非专利技术	18285714.4	10.33%
	软件	6395197.85	3.61%
	合计	177037165	100%

资料来源：上市公司 2008 年年报。

在工业经济向信息经济转型过程中，以市场份额和人力资本为代表的新兴无形资产构成了企业核心竞争力的主要内容，市场份额与设计人才是设计行业的重要竞争力资源。上市公司的年报也报道了一些关于新兴无形资产的信息，包括员工的专业构成、教育程度、年龄结构、排名前 5 位的客户情况，但没有一家公司将这些信息看作公司的无形资产。这表明尽管该类资产对揭示企业的获利能力至关重要，但由于制度和能力的双重约束，我们看到的是无关紧要且不完整的传统无形资产，企业认可这些新兴的无形资产还需要一定时间。

总之，设计上市公司的无形资产存在显性无形资产与隐性无形资产、边缘无形资产与技术类无形资产、新兴无形资产与传统无形资产结构失衡的问题，应引起有关部门的高度关注。

二、工业设计产业无形资产的特征

工业设计产业是一高度应用智慧资本的知识产业，又是高度竞争、快速技术演变与短暂产品生命周期，并且产品价格快速下跌。综观设计业，其无形资产具有下列特性（杨文福，2003）：

（一）无形资产的价值具有条件性

单纯某项无形资产无法产生价值，有时因不当投资反而变成公司的负债，只有配合公司整体策略且产品功能符合市场需求时，它才会有价值。历史上技术很出名的公司很多，如 DEC、RCA、Xerox 等，但如今已不复当时的辉煌。显然，专利技术本身并不一定能产生价值，价值的产生是很多因素的交集或乘积。

（二）无形资产价值具有时间性

再怎么杰出的技术或知识产权，如果无法顺应市场的潮流，大多数无法发挥其应有的价值。领先市场太早的如 Apple Computer 的个人数位助理器 Newton，落后市场的如王安的文字处理器，都是无形资产窗期无法和市场窗期相配合的典型代表。此无形资产价值的时间性，无论是 Sveiby（2002）的 IAM 法，或是 Edvinsson 和 Malone（1997）的智慧资本价值模型，都是不易表达的。

（三）无形资产价值在时间上有迟滞性

无形资产是获利的领先指标。因此，员工一旦被训练成有该公司专业经验的员工时，他就成为公司的资产，客户关系的积累是一种投资，也是负债，一旦成功运用，它就变成未来可为公司创造价值的智慧资本。还有公司一些设计失败的案例，除非公司陷于组织的僵化，否则过去的成功或失败经验都是公司未来"检讨过去策划未来"最有价值的无形资产。然而以现今会计制度而言，既看不出代表员工能力的公司资产，更看不出成功与失败经验所累积的智慧资本。

（四）无形资产价值依存于市场供需

大环境对无形资产的价值有重大影响，智慧供给与智慧需求之间决定了无形资产价格的高低。只有在企业将产品投入市场后的回报大于之前的技术投入时，这个设计才是有价值的创新；如果获得的回报小于投入，那就是一个没有商业价值的设计，不适合去投资。然而以现今成本会计制度而言，却无法反映此状况。即以计分卡法而言，其将公司的绩效分成财务、客户、内部流程、学习四大层面来衡量，也无法真正反映出无形资产价值。

（五）无形资产的价值具有乘数效果

无形资产本质上并非实体有限资源，如 Roos（1998）所言，它可以经由人类的智慧与理智而无中生有，且当使用的人越多，其创造出来的价值也越高，因此智慧资本是呈现报酬递增特性。更贴切的说法，综观设计业者，有大型化的趋势，是因为更多人才的网罗，可以比竞争对手更快地创造出更多、更完整、更难、更重要且符合市场需求的无形资产，从而构建更高的市场进入障碍，可以减少竞争者的加入，一则可以保持较高的产品利润，二则可以因竞争者减少而保有较长的产品生命周期。例如当只有数位 IC 设计技术时，在相同类别的市场上可能有 20 个竞争者。当同时拥有类比与数位 IC 设计技术时，竞争者可能只剩一半。如果又拥有软件设计技术时，那么在市场上的竞争者可能只剩下少数几个。因此，无形资产具有一加一大于二的乘数效果。

（六）研发费用和公司无形资产的价值不一定正相关

有很多文献尝试研究智慧资本与研发费用投入之间的对应关系，但研发费用越多，是否代表公司无形资产越多？又是否代表这公司更有价值？事实上，有很多因素会造成研发计划的成果和花费是不成比例的。在市场竞争当中常常是"适者生存"，而不是"优者生存"，大公司固然资源较丰富，但可能技术研发方向太过分散或反应太慢，导致没有成果。小公司可能因为某种技术的专精或商业上的创新，导致市值冲上天的也很多。显然，无形资产的价值不是单纯的由研发费用的投入来决定大小。

（七）无形资产的发展与资源的相关性

企业存在于大环境之中，依据波特理论，产业竞争者、新加入者、客户、供应商、替代者等五项共同构建了一个产业的生态环境。任何智慧资本的发展有其资源限制性与时空背景，企业经营条件各有不同，对外在环境之反应措施也各不相同，如同Grant（1991）的资源基础理论所述，公司的独特资源是发展并维持竞争优势的重要因素。由于企业的资源有限，企业经营者要确认哪些是自己关键的智慧资本项目，以便全力投入经营开发，将公司无形资产价值极大化。此点也是目前智慧资本不易单独衡量的原因之一。

综上所述，对于设计公司而言，智慧资本必须在整个公司的资源、执行力、策略与市场脉动产生交集的情况下，才能创造价值。公司的价值不会因某单一智慧资本的增加而增加。管理者与决策者必须从整体的角度，来评估企业智慧资本的情况，而并非只是针对个别单一的智慧纯量作衡量。

三、工业设计产业无形资产的来源

无形资产一般可以通过三种渠道获得：自行创造、外购和股东投入（或联营投入），工业设计产业的无形资产的获得与其他企业的无形资产不尽一致，它一般是通过自行创造的方式获得的。在国家长期以来低投入的条件下（其中大多数国有大型勘察设计单位已于20世纪80年就开始实行了自收自支的企业化管理，国家不再投入），经过勘察设计单位几代人长期的艰苦奋斗，呕心沥血的智力劳动和积累而取得的。就某建筑设计院来讲，从1952年成立至今，通过几代人50多年的艰苦奋斗，由几十人发展到上千人，固定资产原值由几十万元增加到2007年的11371.41万元，完成了数千项民用与工业建筑的工程设计工作，业务范围遍及全国各省市自治区及亚洲、非洲等十多个国家和地区，获得省部级以上各种奖励300多项，拥有各类甲级资质证书。现有高级技术人才200多人，中级技术人才400多人，在全国各大建筑设计院中名列前茅，在国内国际的社会上及同行中拥有广泛的良好声誉。辉煌的历史业绩、精湛的技术水平、高素质的人才队伍等共同构成了其无形资产的良好基础。而这些无形资产又是依附于设计院的各专业技术及管理骨干的，如果这些骨干流失，那么不管过去多么辉煌，无形资产的价值也会贬值，甚至会流失，这与科研单位靠国家拨款形成的科研成果归国家所有，不随人员流动而流动有显著区别。

四、工业设计产业无形资产的地位与作用

由于长期以来对无形资产的忽视，工业设计产业几乎没有多少人去探讨它的作用与地位。就勘察设计行业来讲，其固定资产等有形资产与生产型企业相比相对较低。从其构成来看，其资产中比较大的一部分为非生产经营性资产。据某建筑设计院统计，2007年，该院的非生产经营性资产（如土地使用权）占其固定资产的4.7%以

上。如果扣除这部分非生产经营性资产，该院的固定资产大约为 11371.41 万元，若扣除其非生产经营性资产，其固定资产仅有 10829.91 万元左右。而该院 2007 年收入为 25552.40 万元左右。很明显，仅靠有形资产是不可能达到如此高的营业收入，其中无形资产起了重要作用。与该院固定资产，规模及业务范围几乎相近的同一地的另一设计院，其收入仅有其 1/3。另外，据武汉市建筑设计院的统计，从 1980 年到 1997 年的 18 年间，其业务收入增长了 17.7 倍，实现利润增长了 7.2 倍，固定资产增加了 25.5 倍，完成工程投资额增加了 22.9 倍，有 113 项优秀设计和科技成果获奖，这些显示了其综合实力大大提高，而单靠有形资产是不可能取得如此好的成绩。由此可见，对勘察设计单位来讲，无形资产起着重要作用，有时甚至会大于企业的有形资产，对企业的生产经营起决定作用。

然而，长期对无形资产的作用与地位认识不足，导致勘察设计单位对无形资产疏于管理。有的对于资质管理、考核不重视，导致资质降级；有的出售图章，随意外借资质与挂靠，技术成果也随人才的流失而流失，在经营活动中不注重商誉等，导致其无形资产大打折扣，在市场上缺乏竞争力。可悲的是，国有勘察设计单位的管理者并非都认识到了问题的重要性与严峻性，往往只重视国有有形资产的流失，而不注重无形资产的流失。

对设计产业中无形资产缺乏重视的现象也不是我国独有的"特色"。《2003 年欧盟无形资产评估研究及实践报告》比较了爱尔兰、意大利、德国三个国家的无形资产存续状况，按照传统的评估无形资产的指标来评估这三个国家发现，目前衡量经济表现和无形资产指标偏向于高科技。如一个国家高科技部门拥有强大的高科技部门投资较多，那么，这个国家就会是一个在无形资产方面表现良好者。由于这一指标偏好，在评价国家表现时某些无形资产没有被衡量和考虑，根据目前使用的一系列评估无形资产的指标，意大利的表现很差，指标水平低，但问题是，意大利凭借其创造力和设计能力保持较高的 GDP 和人均国民收入。此报告认为理由是，意大利的表现是基于没有考虑其他的无形资产，也就是没有考虑到设计中的创新（只有在新产品发布时体现出设计中的创新）。意大利的经济发展得益于较强的创意设计能力，而创意设计能力被传统的无形资产衡量指标所忽视了，所以得出了意大利的无形资产较薄弱但经济发展很强的"矛盾"结论。

导致这种局面是基于以下原因：其一，历史上对无形资产的研究多是以制造企业为样本，很少关注服务业的无形资产，而通过研究发现大多数的创新是发生在服务部门，绝大多数的就业也是集中在这一部门而不是制造部门。这也间接证明了为什么对于服务业投入产出难以衡量，因为服务业的生产力主要来自于无形资产投资（Griliches，1994a，1994b，1994c）。其二，考虑到服务业的特性，对服务业的无形资产评估比较困难。服务业下的子行业种类繁多，有生产性服务业、传统性服务业。不同的子行业，无形资产研究差异很大，更谈不上提炼出较标准的指标，所以缺乏对服务业无形资产的研究。

第三节　工业设计产业无形资产价值测度系统

一、工业设计产业无形资产价值模型构建[①]

无形资产对工业设计产业而言是最重要的优质资产，因此如何合理地计量设计公司的无形资产对设计公司来讲显得尤为重要。随着工业设计产业改企建制工作步伐的加快和提升我国工业设计产业竞争力的急切需求，如何合理地计价其无形资产已成为摆在我们面前迫切需要解决的问题。1993 年公司法规定，在股份制改组过程中，无形资产在全部股份中所占的比例不能超过 20%，这一规定对设计企业来讲，显然不合理。2006 年新公司法规定，无形资产可占注册资本的 70%。那么，如何衡量工业设计企业中的无形资产价值呢？

虽然传统上无形资产价值动因是相加的概念，但从以上对工业设计产业的观点来看，无形资产评价较为困难，某项无形资产不只是难以评价，更难以独立的创造价值。例如，一家设计公司投入更多的人力、物力在研发上，进而创造出更多的技术与技能，则这一设计公司有如累积了更大更强的动能。再者如果此公司拥有快速又有效的应变能力，创造出符合市场潮流的产品或服务给消费者。如果一个公司拥有一大堆人力物力可研发出很强功能的产品，但无法在市场窗口期推出，或者无法在客户要求的时点推出某商品，那么此商品无法满足市场上对功能的要求，则以上两种状况都无法为公司创造价值，只有能同时满足产品功能需求与产品时间点的公司才能胜出。

由此可知，这一连串价值的创造行为，是研发能力与反应速度相乘的效果，可以用物理学上动量（momentum）的概念来描述。设计公司资源的投入有如力（force），建立了研发技术能力有如物体的质量（mass），而其提供独特技术或服务的速度有如物体移动的速度（velocity），两者相乘的结果等同于此物体的动量。提供的技术或服务其困难度越高且提供的速度越快，代表此公司的动量越大，也反映此公司越能创造价值。因此可以用动量方程式来描述设计公司价值创造的能力，如图 6-1 所示：

动量 = 质量 × 速度

由于公司提供独特技术或服务的速度有其专业领域的限制，故一个设计公司价值创造的能力是有方向性的向量。它的方向与目标市场不一定同方向，真正表现在与目标市场同方向的动量才是有效动量，因此上述动量方程必须再和目标市场的方向做向

---

① Ron Ricci John Volkmann：*Momentum：How Companies Become Unstoppable Market Forces*，Harvard Business School Press，2002.

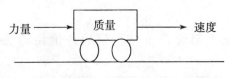

图 6-1　动量、质量、速度之关系

量相乘，见图 6-2。

$$无形资产的价值函数 =（质量 \times 速度）\cdot 方向$$

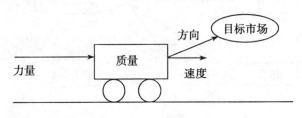

图 6-2　无形资产的价值函数

二、工业设计产业无形资产价值模型解说

（一）质量

质量代表技术与服务的杰出程度，以及相关人才实力与过去经验的积累。笔者将质量定义为为客户、合作伙伴、供应商、员工和投资者创造市场价值的能力。必须处理好相对于竞争对手和产品竞争类型的三种优势：比竞争者强的设计能力；设计出来的产品和服务能让最终顾客明显收益；设计出的产品或服务竞争对手不易模仿，或者竞争对手难以跟随。

（二）速度

工业设计尤其是产品设计主要以速度取胜，组织与热情、制度与创意，都是创造速度的要件。怎样的组织架构最有效率，同时又符合专业？制度的建立可以让整个群体的行为较有效率，每个人做事有其专业精神与负责的纪律，整个组织才会发挥效率。若要组织能快速的随时间与环境作调试，快速创意至关重要。企业的管理者和企业的设计师都要能够保持对任何事物的好奇心和观察力，以便能比竞争对手更快地推出高价值的产品和服务。

（三）方向

凡与公司策略或方向定位有关的能力皆可称为方向，所谓方向主要是指，第一，了解自己公司的专长与核心竞争能力；第二，寻找目标市场，以提供足够的现金与利润来维持公司的成长；第三，将有限的资源做集中运用，以创造聚焦效果（何玉玲，2003）。

三、工业设计产业无形资产价值模型的评价指标

这三个方面可以用人力资本、智力资产和结构资本三个指标来评测，两者之间的关系见图6-3。

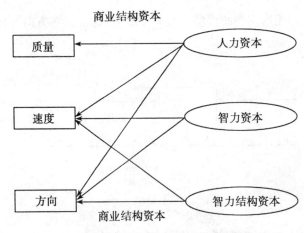

图6-3　模型因素与指标之间的关系

其中，人力资本是指公司员工所拥有的解决客户问题的各种知识和能力，它是为个人所有，无法出让的隐形知识和经验；智力资产是固化的、可见的或是实物性质的对于特定知识的描述，是为公司所拥有的，其中有一部分是得到保护并可商业化的知识；结构资本被定义为能够将人力资本转化为智力资产并将智力资产转换为企业利润的无形和有形资本，它包括商业结构资本（有形资产）和智力结构资本。商业结构资本是指公司可以通过市场获得的各类有形资本，诸如资金、建筑、计算机及其网络系统、各类基础设施等可货币化的实物性资本；智力结构资本是以商业结构资本为基础，由人力资本形成的有助于公司价值创造和价值获取的无形资本，是与智力资产相区别的，无法界定为智力资产，但又具有智力属性的结构资本，它是公司运用各种经济资源能力的一个反映，例如公司的管理方法、工作制度及其流程、市场份额、商业方法、垄断地位、组织能力等非货币化，难以转让的无实际形态的各种方法和能力（刘景，2003）。

根据设计行业的特点和价值实现方式，遵循相关原则，我们制定了以下几个测量指标，以求能较为准确地反映设计行业无形资产的特点，找到最能反映行业价值和特点的评估方法①。

----

① 刘景：《设计咨询行业中智力资本模型及其价值评估》，中南财经政法大学硕士论文，2003 年。

（一）人力资本的评估

（1）员工成本，包括公司支付给员工的薪水、员工职业教育和培训支出。

（2）员工个人创造的平均利润/行业平均利润，衡量员工对企业超额收入的贡献。该指标是测量员工劳动效率的一个重要指标。

（3）员工在部门的合作。

（4）员工的教育水平及其教育类型，包括员工的硕博士学历比重、在职培训时间，用百分数表示在这两个指标的分类级别中员工人数的比例。

（5）员工的专业技术水平，决定了公司人力资本的质量并带来了诸多潜在的收益，一位知名专业人士或是设计大师将提高公司人力资本的各项能力属性。它包括员工专业级别、职业证书、个人注册情况、独立主持大型设计项目的人员，用百分数表示在这三个指标的分类级别中员工人数的比例。

（6）专业人员的流动状况。专业人员拥有与公司的设计产品、设计流程系统、客户相关的宝贵知识，他们的价值也在年复一年的增长。如果一家设计公司的研发人员的离职率偏高的话，对于公司新产品的开发上市、产品的延续，甚至于公司相较于同业的竞争力，都会有相当重大的影响。因此，衡量专业人员的流动率很重要，这是人力资本持续增长的重要指标。

（7）非专业人员的比率。这个比例有助于衡量同行业公司之间的人力资本素质，若这一比例过高，说明该公司人力资本持续发展潜力较低，已经落后于其他竞争对手。国外理论认为该值一般控制在 10% 以下较为合适。

（8）成长周期。新进人员成长为熟练的专业技术人员的时间周期，这一数值有利于反映组织内部正在执行的学习计划和发展计划是否有效。

（9）客户关系和客户背景知识，即公司员工个人对于客户的了解程度以及和客户之间的关系程度。

（10）职业队伍的经验年数。这一数值反映了组织中累积的技术人员专业经验的年数，该值可以逐年比较，以评估公司知识基础是否在增长。

（11）员工提出新想法及建议的比率，令专业人员受到挑战并且从中获益的设计咨询项目的数量，用以衡量员工能力和发展潜力。

（12）员工满意度。员工对公司的满意度在很大程度上决定了该公司人力资本的最终价值。

（二）智力资产的评估

（1）可商业化的智力资产比例，指固定化的，为公司所拥有的可商业化的创新成果和能够给公司带来价值的知识诀窍。

（2）内部数据库。内部数据库的大小和专有性直接反映了固化知识的含量和质量。这一指标包括专利数量和被引用程度、所发表的专业文献和技术成果、设计蓝图、以往项目的技术资料积累等等。

（3）受法律保护的知识产权的价值。知识产权包括公司所拥有的专利、版权、商业秘密等。

（4）设计咨询资质。公司获取的行业设计咨询资质是评估智力资产的关键指标，它反映了其智力资本被外界所接受认可的程度。

（5）客户资本。客户资本存在于公司的人力资本，可以固化于数据库或者系统化的关于客户的信息是公司智力资本的重要组成部分。

（三）智力结构资本的评估

（1）部门营运与程序。部门整体运作的流程是否顺畅？

（2）资料库被查询的次数、资料库的贡献。部门是否有建构完善的资料库系统以供查询？

（3）信息网络技术的投资。信息技术是设计咨询行业中重要的基础工具，是衡量智力资本发展基础的重要指标。

（4）企业文化环境。公司的价值观、惯例、对企业环境的态度决定了公司员工的特点和处事方式。部门之间能否快速相互支援？

（5）每位员工使用资料科技程度。员工工作时使用电脑的频率。

（6）运营方法和程序，描述组织运行方式的文件，不管从商业还是技术的角度讲，它都是公司结构资本的重要组成部分。

（7）质量体系。公司质量体系是否完善、是否符合行业标准或是超过行业标准，采用的质量体系被外界所认可的程度等等问题是衡量智力结构资本的一个重要指标。

上述 24 个指标从人力资本、智力结构资本以及智力资产等三个方面对设计公司无形资产状况作出了一个较为全面的定义和评估。必须说明的是，即使是同属于设计行业的公司，由于其面对不同市场需要，从事不同的具体项目，其指标也应是有所差别的，合理的方式是针对不同公司的特点，找到最能描述和反映其无形资产状况的参数指标。

四、无形资产价值模型的意义

通过对无形资产价值模型的分析，对于设计行业的无形资产管理过程，我们可以得出以下几个观点：

（一）无形资产价值模型对于工业设计行业无形资产管理的意义

工业设计产业的无形资产是其最重要、最优质的资产，过去对无形资产的忽视使企业、个人及国家利益受到损害。在设计业中，人力资本占据着重要地位，对于智力资产和智力结构资本的形成起着决定性的作用。工业设计产业的技术与服务的杰出程度主要依赖于设计业的人才，笔者在对设计企业访谈中，某企业负责人说到该公司的竞争力就是"两脑"，一是人脑，一是电脑。

我们认为人力资本的创造性和应用性对于设计业中智力资本的最终形成起到关键性作用，因此，对这个方面的关注将有利于设计业中人力资本乃至整个智力资本的高效管理。

结构资本在智力资本中也起到非常重要的作用。智力结构资本与人力资本和商业结构资本的匹配性及高效性，决定了这两者效益的发挥，价值的增值幅度。在智力资产的创造和应用过程中，一个有效的智力结构资本将形成智力资本价值创造和获取的良性循环。因此，从这一角度出发，我们认为智力结构资本的作用并不低于人力资本对于智力资本的决定作用。

对于智力资产的创造和管理，应本着价值最大化的原则，加大人力资本中隐形知识的积累速度和幅度，提高智力资产价值，并迅速实现其商业化过程，以有利于其未来可见收益的形成。对于商业结构资本的运用，应重视其在智力资本作用下形成的潜在未来收益。

（二）无形资产价值评估对设计咨询行业国有体制改革的启示

目前，工业设计产业中，原属于国家计划经济体制下科研院所都逐渐由国有事业体制转化为股份企业，在这一过程中，这些知识密集型企业的国有资产如何评估，是一个值得关注的问题。

在很多情况下，国有资产的评估过程忽视了这些单位长久以来形成的智力资本，对它们累积的智力资产价值视而不见，即使是考虑了对其无形资产的评估，也无法说，这一价值就是企业的总体市场价值。因为这一过程遗漏了智力资本对于其未来收益的作用。我国设计单位的无形资产是经过几代人艰苦奋斗创造的，它的大多数是在20世纪80年代国家停止事业费拨付后，靠职工劳动获得的，无形资产依附于企业及职工；勘察设计单位的无形资产在企业中起决定作用，能为企业带来巨大的利润。然而，设计企业在组织结构变动过程中忽视对无形资产进行评估，造成国有资产在这一过程中，常常被低估，从而导致了国有资产的隐形流失（官庆，1997）。

据此，笔者建议，对于设计业中国有资产的评估，应该遵循市场规律，充分考虑其智力资产的价值，并应计入其未来可预见收益的现金流贴现值。工业设计产业以专业设计知识为投入要素，产出高附加价值的产品，其中设计服务费用占整体费用比例相当高，而智慧资产是最重要的收入来源。设计服务市场还未被有效重视，主要在于智慧资产未被大众所接受。企业要走出制造业的阴影，利用高知识产出的人力资源，考虑能因产品高附加值而在市场中脱颖而出的市场业态，设计公司的知识要能在组织间流动并激发出更具创意与价值的产品，则设计知识的储存与分享机制的建立是相当重要的关键。设计公司拥有良好的知识管理活动具有将知识活化的功效，能有效将个人知识留存在组织内部，面对多变的产业与市场环境，利用有效率的知识储存与分享沟通平台将资源连接起来，对于设计公司与整体产业升级有相当大的帮助。

经过前几节的分析，可以认为，发展工业设计产业的核心问题是发现、判断、优化设计产业的无形资产，本章在已有研究的基础上，对我国工业设计产业无形资产给予客观评价，并建立无形资产价值模型，为准确把握我国设计产业的竞争优势打下基础。

第七章　我国工业设计产业空间布局研究：

基于产业集聚的视角

　　工业设计是一种创造性、整合性及系统化的工作，需要多人共同分工协作才有可能将一个想法或主意最终转化为商业化的产品。设计活动是一个比一般的产品生产活动更不容易协调的分工过程。由于设计活动的特殊性，利用市场机制来协调创新活动是一件非常困难的事情，这也是为什么设计活动一般都是在企业组织内部协调的原因。随着工业设计行业的发展，设计行业的集聚在引起人们对产业集聚现象关注的同时，也向人们展示出市场机制协调创意活动的优势。服务业的产业集群和制造业情况一样，也有地理集中性，如伦敦的理财服务和相关产业，而美国的波士顿则汇集了诸多形式的咨询顾问和软件公司。目前创意产业集群化发展的趋势十分明显。以地理为基础的团体不仅是狭义上的创意工人的靠山，也是创造力在其中产生和起作用的社会再生产的阵地。它们能吸引其他地方的能人为了追求职业生涯的完美而移居到这些中心（阿伦·斯科特，2003）。

第一节　工业设计产业集聚机制分析

一、工业设计产业集聚的发展动力机制

　　在产业集群动力研究方面，突出的转变是从对生成动力的辨识、对属性和作用的分析发展到对动力生长、动力之间关系和作用机制的分析（Martin and Sunley，1996）。产业集群发展动力与生成动力相比具有更高层次的属性和更稳定的作用形式，产业集群正是在比较稳定的技术创新、非正规学习、竞争合作、知识共享和溢出、网络协作、区域品牌意识等驱动力的作用下得以发展并显示出强劲的竞争优势（Jrg Meyer，1998；Martin and Michael，1999）。另外，发展动力不是孤立地发生作用，它们一般具有相对固定的协调关系，有明显的作用规则。Best（1999）认为产业集群存在四种主要动力：集中专业化、知识外溢、技术多样化和水平整合及再整合，它们依次对产业集群的发展产生作用，并形成循环状的稳定结构，这就是主体动力机制。英国Swann教授与其合作者采用实例分析方法分别研究和比较了多个产业集群的

发展情况，将产业集群的动力机制描绘成包括产业优势、新企业进入、企业孵化增长，以及气候、基础设施、文化资本等共同作用的正反馈系统（Swann et al.，1996，1999，2002）。

（一）工业设计产业集聚的动态模型

虽然工业设计产业集群动力机制的定量模型，能够按集群动力机制发生的时间、地点和规律等三个维度，从企业的进入和增长等方面进行仿真和模拟，通过变换数据可把握产业集群在任一时点的具体表现，通过建立模型并进行量化来刻画产业集群的动力机制。这种分析方法有诸如能准确把握动力机制的动态作用过程及其效果，避免了产业集群实践中各种政策、决策和发展战略的盲目性和刚性等优点。但是这一做法存在两点困难：一是数学模型是实际事物的抽象，必须舍弃、假设一些因素和条件才能获得一定的解释；二是在实际运用中首先遇到的一个问题是工业设计产业数据的来源和选取，特别是各种基础资料不全和统计指标体系不完善的情况下，就很难实际操作。即使根据已获得的资料和数据做了，也很难反映真实的经济活动。所以，Best（2001）的产业集群动力机制的动态模型比较适宜来刻画我国工业设计产业集群发展的动态性和过程的连续性，体现出产业集群动力机制的动态性特征（见图7-1）。

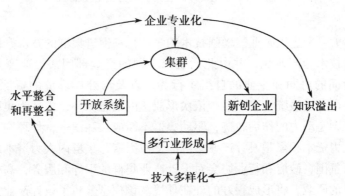

图 7-1　Best 的动力机制动态模型

因此，本书试图在 Best 产业集群动力机制动态模型的基础上，结合我国国情和设计产业集群发展的演进过程，提出经过修正的产业集群动力机制的动态模型，即工业设计产业集群动力机制的动态模型（见图7-2）。

该模型从设计产业集群的企业专业化入手，认为专业化企业是设计产业集群发展创新体系的主体，专业化企业之间的交流与合作是设计产业集群发展的最基本支撑力，而只有企业的专业化才能为专业化企业之间的交流与合作打好基础，高度专业化也是设计产业集群获取独特竞争力和区域竞争优势的基础；集群的生命力优势在于能吸引设计产业区外企业的加盟并孵化出大量的新企业，其中，知识的黏性起了重要作用，知识溢出是设计产业集群的重要特点，信息流动是设计产业集群重要的知识传播机制，知识溢出效应发挥了主要驱动作用；知识溢出导致了创意技术的多样化，创意

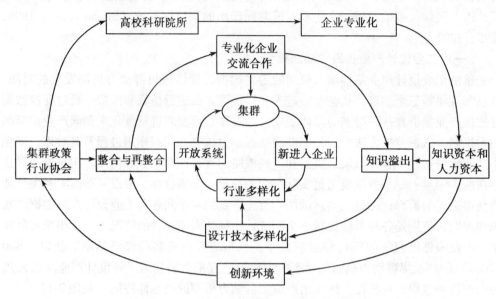

图 7-2　工业设计产业集群动力机制模型

技术的多样和大量新进入企业能增强技术的多样化和促进集群的技术升级，集群环境更能够方便新技术的产业化，并由此涌现出不同的产业部门，加速产业分工；"整合"表示企业间的协同和企业的自组织行为，以及与外界环境的资源和能量交换，因此集群是一个开放系统。以上过程依次形成正的动态循环，内环为集群发展的大致过程，而中环则是动力的作用轨迹，驱动集群不断成长和演进，外环则是集群发展的创新环境。人力资本积累是设计产业集群的支撑因素，集群内人力资本的积累能够形成更好的创新氛围，政府和行业协会对设计产业集群的引导和服务，高校科研院所与设计产业技术的联盟，将形成很好的外在环境。该模型分析了设计产业集群不断成长和演进的三层环境，它们依次对产业集群的发展产生作用，并形成循环状态的稳定结构。

（二）设计产业集聚发展动力机制动态模型的要素分析

产业集群动力机制是集群发展的核心，是指驱动产业集群发展和演化的力量结构体系及其运行规则，具有比较稳定的构成方式和作用规律。它主要包含三方面的产业动力机制：一是企业层面动力机制，这是一种自发的内在力量，表现为专业化企业交流与合作、知识溢出效应、知识资本和人力资本积累、体制与机制的创新；二是集群层面的动力机制，它主要来源于集群环境表现为规模经济、外部竞争、吸聚效应、整合和再整合等方面；三是集群以外的创新氛围机制，主要来源于大学、科研院所、政府、展览馆、博物馆等。从以上建立的设计产业集群动力机制的动态模型中可以看出，动态模型的构成要素主要是企业层面的动力机制与优势、集群层面动力机制与优势和集群以外的创新机制和优势。

1. 企业层面动力机制与优势

设计产业集聚的内生机制来源于集群内的设计企业。内生机制是吸引设计企业在特定空间聚集的动力，其作用力由内而外将企业拉拢在一处。鉴于设计企业技术专业化的特点，其内生机制主要源自知识和技术扩散和共享的基本要求。设计企业作为一个有机体是有生命的，从本质上讲，生存和发展是其从事一切活动的出发点和最终归宿。设计企业集聚的直接动力是企业生存压力和集群所产生的利益引诱。但如果仅将企业的经营目的定为纯粹的经济追求的企业，以获得投入资本的最高报酬率，最高销售额和最大市场占有率作为设计企业成功的最高标准，在竞争中会很快衰竭。而只有以长期生存和发展自己的潜能作为目标的设计企业，才能适应激烈的竞争。因此，设计企业集聚内生机制主要表现在：

（1）专业化企业的交流与合作。专业化企业是工业设计产业集群发展创新体系的主体，专业化企业之间的交流与合作是工业设计产业集群发展的最基本支撑力，高度专业化也是工业设计产业集群获取独特竞争力和区域竞争优势的基础。因此，专业化企业之间的技术合作和其他非正式互动关系成为知识转移的最直接、最重要的形式。专业化企业间合作的基础是信任而不是契约，没有专业化企业之间和企业领导人之间的深刻信任，任何形式的契约都难达到合作的预期目标。工业设计产业集群的发展正好符合这方面的要求，集群运行机制的基础便是信任和承诺等人文因素。集群内企业因为地域的接近和设计人员之间的密切联系，形成共同的正式或非正式的行为规范和惯例，彼此之间容易建立密切的合作关系，从而减少机会主义倾向，降低合作的风险和成本，因此，其合作的机会和成功可能性无疑会大大增加。在信息、技术、软件设备、管理上互相交流，降低产品或服务的单位成本。一些软件、技术设备很贵，小企业无力购买，如果与集群中的大企业加强联系，就可以解决这一难题，还可以由集聚区内第三方购买，出租给一些实力不强的小企业。D. Keeble 和 L. Nacham（2002）对伦敦的服务业集群中 122 家管理和工程咨询服务企业和英格兰南部非集群化布局的 178 家同类企业的对比表明，在集群中的服务企业确实可以通过集聚学习机制来获得优势。Baptista（2000）对产业聚集区和非产业聚集区的技术扩散作了对比研究，发现产业聚集区的技术扩散要快于非产业聚集区的技术扩散。Baptista 依据的原理主要是外部经济，即外部经济的存在，使产业聚集区的技术即使是所有者在使用，也能让第三方和其他的企业受益，从而有助于这种技术的迅速扩散。外部经济在产业聚集区的存在是不言而喻的，这也是产业聚集为什么具有生命力的一个重要基础。

（2）知识溢出效应。知识外溢是指信息以正式和非正式的渠道传播，由此引出的生产效率提高的现象。新的知识有的是可以明示的，可以通过信息记录工具传播；有的是默示的，难以用信息记录方法讲清楚。对于默示的知识，一般只能通过研究人员个人之间的交流来传递。创意参与人员之间的地理空间距离对于默示知识的传播起着决定性的作用。客户与设计公司之间的匹配更是与地理空间的因素相关。随着电子商务、物流业的快速发展，一般产品生产分工之间的协调可以不受地理空间距离的影响，分工之间的协调是一次性的，比如，关于产品的技术规格和质量标准的谈判等，然后不同的仅仅是中间产品的运输成本。创意行业的设计师与客户匹配则不同，它是一个不断相互作用的磨合过程，地理距离直接影响匹配的成本，问卷调查结果显示面对面交流在工业设计产业所有业务中居于最重要的地位。从知识外溢的角度来看，创意成分越多，不可言明的知识成分就越多，研究人员之间的私人交流对于知识的传播作用就越大。从客户的搜寻成本角度来看，创意的不确定性增大，既增加了客户的搜寻成本，又增加了设计师与客户之间磨合的相互作用频率。

设计集聚区能增加设计师非正式社交机会和由此增加社会资本。这一点也是集聚区的一个明显优势。在这样的人才集聚地，酒吧、茶室、舞会都可能是重要的知识扩散源，一次不经意的闲聊也许就是一个信息的传播。正如马歇尔（1922）所言，产业的聚集使得技术和行业秘密不再能够保守住，会很快地在产业聚集的地方流动。"行业的秘密变得不再是秘密，开始成为众所周知的事了。"在集聚区比较自发和自由的社交和文化氛围中，知识的外溢效应更加明显。不管是通过正常交易的方式，还是鼓励技术人才"跳槽"的方式，行业的秘密最终总要传播开来。

（3）体制与机制的创新。集聚区的形成必然伴随着一系列制度和规则的建设，如知识产权法、反不正当竞争法、行业规范等。一方面，集聚区所在地（城市）政府会帮助集聚区进行制度和规则的建设，并将集聚区的制度和规则纳入整个城市的法制体系和公共管理体系；另一方面，集聚区成员也会自发地建立大家共同遵守的规则和制度。集聚区公示的制度、规范和园区文化等可以增强交易者对集聚区环境的了解，即增加集聚区环境的确定性。

2. 集群层面动力机制与优势

设计产业集群形成的外生机制是推动设计企业在特定空间聚集的动力，其作用力由外而内将企业汇聚在一处。由于设计产业集群总是存在于一定区域内，所以其外生机制主要源自区域经济的基本规律。

（1）规模经济。当大量企业集中在某一区域生产，往往结成竞争或合作关系，为增强核心能力，企业会产生规模经济的要求。规模经济指随着企业投入的增加，边际收益递增的效应，一般通过专业化协作、规模扩大带来的管理费用分摊、融资的经济性、企业之间的连续生产和集中管理等方式实现。现代竞争特别是区域或产业部门的竞争并非取决于单个企业的投入规模，而是取决于整体生产率的高低。当同一区域或产业的相关服务企业包括竞争对手通过合资、合作或联盟等方式，形成严密的分工与合作体系，共同进行研究开发、生产销售等价值创造活动，一方面，单个服务企业会因为专门从事价值链的某一环节而熟能生巧降低单位成本，提高生产效率；另一方面，整个地区和产业由于企业之间的分工协作、资源共享，强化了抵御风险的能力，提高了整体生产效率，增强了竞争实力。正是基于规模经济的积极作用，区域经济发展倾向于创造条件使集聚企业获得规模经济的好处，从而成为推动设计产业集群发展的动力（徐康宁，2003）。

（2）吸聚效应。自然界生态系统最初可能只有一两个物种，逐渐吸引了更多的物种，并且形成食物链，实现种群稳定的共生和演化。设计产业集群的吸聚效应重点体现在设计业集群与单个企业相比所具备的集聚优势上。设计产业集群为核心企业创造了利于生长的生态和政策环境，此后随着企业的聚集和产业链条的初步整合，逐渐产生强大的吸聚效应，整个系统的产业链和价值链不断地扩充和完善，推动整个系统向更有序方向进化。在设计业集群中，服务所需的生产要素的流动与配置、空间聚集都是通过市场竞争而形成合理的专业化分工与协作的结果，设计产业的集聚为设计性经济活动的专业化分工及其深化提供了前提条件，为设计业的专业化提供了足够大的具有多样性和差异性的市场，不同服务企业和机构能够分享公共基础设施和高技术人力资源，促进服务企业之间的分工和灵活性。设计产业集群的网络结构使得集群既具有大企业的规模经济性，同时又不失小企业的灵活性。

（3）整合和再整合。"整合"表示企业间的协同和企业的自组织行为，设计产业集群政策的作用和服务体系的保障，以及与外界环境的资源和能量交换。再整合就是如何使集群内各要素进一步优化升级，达到合理配置。设计产业的创意具有高度的不确定性，它的成功在相当程度上依赖于各种信息的迅速收集与处理以及对各种资源的快速整合，也就是"快速设计"，而非等级制度带来的灵活、职业的高流动率和讲求合作及重视非正式交流所导致的信息与技术的快速扩散则明显有助于这种快速整合。整合和再整合的关键是加强设计产业集群创新体系建设。

3. 集群以外的创新氛围机制

（1）政府与行业协会对设计产业的引导及服务。很多地区的设计产业集群绝大部分不是通过政府主动规划的方式所形成的，而是发展到一定程度后才逐渐明确其产业集群的地位，所以产业集群的产生和发展，其市场生成性要大于政府建构性，但是这并不意味政府在产业集群发展过程中毫无作为[1]。从现有典型产业集群的发展过程看，虽然在发展初期，这些产业集群大多是市场自发行为，但是在其后期自我强化的过程中，政府都扮演了重要角色，所以，政府可以通过制定恰当的政策来推动地区产业集群的发展。集群内的行业协会及其他支持机构在提供服务等方面发挥着重要作用，企业通常借助与政府等公共与民间组织的合作来解决发展中遇到的问题，它们都对集群资源的供给有着重要帮助。

（2）大学、科研机构有利于知识资本和人力资本的积累。第一，集聚区一般都设在大都市，距离文化机构、科研机构和大学比较近，便于文艺家、科研人员和大学老师学生参与设计产业，而这类人员的参与无疑能增强集聚区的知识资本。有的设计产业集聚区还通过产学研合作有组织地引进知识资本。第二，集聚区增加设计产业的人力资本也是设计产业集聚区的一个明显优势。由于人们的聚类心理，集聚区对设计

---

① Brusco（1990）认为在集群处于自发形成阶段时，制度干预是没有必要的，但当集群成长到一定规模后，政府的制度与政策支持就变得很重要了。Schmitz（1992）同样认为，尽管政府在集群创造上可能是无能为力的，但在集群已经存在的情况下，制度支持将为创新等活动提供重要动力。

人才以及为设计产业服务的人才有很大的吸引力。进入集聚区的人可以通过互相学习和交流有效地增加人力资本，包括设计知识、技能和经验。

三、工业设计产业集聚的制度优势

（一）产业集聚增强竞争压力或动力并产生激励机制

集聚区能促进设计产业内部和之间的竞争，完善竞争机制，因此，能增强设计产业内部和之间的竞争压力或动力，从而推动创新。许多设计业者聚集在一起，相互之间能产生较强的信息激励、榜样激励和名誉激励，因为同一集聚区的人之间容易相互比较从他人的成功中看到自己成功的希望和由此增强设计成功的信息。例如，在设计产业集聚区一般都有设计作品展示馆，某一设计师成功的创意，会很快地为同行所获知，这种信息会激励同行积极创意。比如，在设计产业集聚区，某设计师的成名会激励集聚区内其他设计师努力设计。

（二）产业集聚能减少专用性投资的机制

第一，集聚区能增加合作伙伴的数目，而且合作伙伴越多，就越倾向于建立通用性资产而不是专用性资产，因为这样能提高资产使用的效率，因此，集聚区的企业能减少自己的专用性资产。第二，集聚区能提供资产转让平台，使得交易者可以提供资产转让收回或部分地收回沉没的专用性资产。事实上，对某企业是沉没资产，对其他企业可能不是沉没资产。第三，是集聚区内企业相互合作可以接下大工程、大项目。以往由于大型项目工程需要各行业设计资质，一家企业可能不具备条件，如果在集群中，就可以解决这一问题。

（三）产业集聚弱化欺诈激励的机制

集聚区聚集着大量的设计人员，这就在集聚区较容易形成一种讲商誉或诚信的公共规范，因为不讲诚信的人会遭到这种公共舆论的谴责。集聚区形成的这种讲诚信的公共规范是一种很有利的融资环境，它能降低投资者的风险和由此吸引投资者。

（四）产业集聚提高区域专业品牌的机制

品牌是一种专用性很强、具有超值获得能力的知识资产，任何一个区域都可以"品牌"进行运作。产业集群的品牌是指一个产业集群内部的企业和相关机构经过长期的经营而形成的产业集群的良好声誉，是一个集群区别于其他集群的标志，代表着产业集群的竞争力。集群品牌最常见的表现形式就是一个区域名称再加上一个产业名称。集群品牌既反映了区域特征，又反映了产业特征。它的价值来自于集群品牌所覆盖的众多集群内部的企业；它的物质表现条件是集群内部众多企业生产的产品和服务；它的效应不仅能使集群内的企业获益，甚至辐射到整个区域，使产业集群的发展突破地理的限制。工业设计企业的集聚，一是提高区域品牌知名度，使所在地的企业出售的设计高于同行业的平均价格，获得超额收益；二是能够提高设计产品的营销能力。设计产品的营销一般要比普通产品困难，尤其是知名度较低的创意者的产品更难以营销。但集聚区一旦树立起整体的品牌形象，就能带动集聚区内设计者个体的品牌形象的提升和由此扩大设计产品的市场。而且区内设计者的品牌形象可以互相促进，因为市场将设计集聚区作为整体看待。单个企业要建立自己的品牌，需要投入庞大的资金，而企业通过发挥集群的整体力量，利用群体效应，有利于企业花费较小的营销成本开拓国内外市场，集群内的许多中小企业一般不通过自己的商标、品牌和知名度开拓市场，更主要的是依靠区域市场和集群品牌的知名度，去参与市场的竞争。

第二节　我国工业设计产业集聚模式分析

工业设计产业的集聚模式有两种类型：一种类型是所有行业的设计产业集聚在一起，例如，工业设计园中有汽车设计公司、家电设计公司、建筑设计公司等。另外一种类型是由于设计产业是专业化分工从制造业分离出来的产业，所以与制造业有着一种天然的联系，"设计逐制造而居"。因此，某种制造行业集群的地方就会形成该行业设计企业"扎堆"的景况。我们将第一种类型称为综合性设计产业集聚，第二种类型称为专业性设计产业集聚。

通过问卷调查发现，产业集聚模式有利于工业设计产业的发展：绝大多数的受访者（96.08%）认为面对面的交流在他们与客户的交往中最重要。受访者认为面对面交流在向客户解释他们的想法、展示他们的知识、建立信任和声誉、与客户联系、解决关键问题、澄清问题、促进与客户的关系等方面都会起到较好的效果。一些公司提供了面对面交流的好处的更深层次解释，他们断言，业务建立在面对面的信任上，而不是通过电话。他们还表示，必须要向客户展示他们所做的事情，让客户清楚地了解与他们做生意的伙伴。按照许多公司的意见，面对面交流加强了人与人之间的联系，增强了信任感和透明度。

在设计行业中与客户交流是所有业务中最重要的一项业务，表7-1展示了受访者认为的每种交流方式的重要性。重要性按照零（并不重要）、低（稍微重要）、中（重要）、高（非常重要）区分。面对面的交流排在第一（62.75%），其次是电话（49.02%），再次是E-mail占45.10%，接着是传真（13.73%），最后是信件，只有1家受访者认为信件有点重要。

表7-1　　　　　　　　　　　　与客户交流的方式

交流方式的重要性	0	低	中	高
面对面	0	2（3.92%）	17（33.33%）	32（62.75%）
电话	2（3.92%）	5（9.80%）	19（37.25%）	25（49.02%）
传真	12（23.53%）	32（62.75%）	7（13.73%）	0
信件	50（98.04%）	1（1.96%）	0	0
E-mail	3（5.88%）	4（7.84%）	21（41.18%）	23（45.10%）

注：来源于调查问卷第20题。

表7-2 显示了设计业对不同部门客户的面对面交流非常重要（*P*值是0.000）。研究知识密集型服务业的文献也曾指出，面对面的交流和技术先进的客户之间存在着直接关系（Bryson et al.，2004）。数据显示，多数企业认为面对面交流非常重要但没有考虑客户部门的差异性。

表7-2　　　　　　　　　　　各行业面对面交流的重要性

	面对面交流				*P*值
	0（不重要）	低（有点重要）	中（比较重要）	高（很重要）	
纺织服装业	0（0%）	2（50%）	2（50%）	0（0%）	
建筑业	0（0%）	0（0%）	12（100%）	0（0%）	
化工业	0（0%）	0（0%）	3（17.6%）	14（82.4%）	
电力业	0（0%）	0（0%）	0（0%）	3（100%）	0.000
医药业	0（0%）	0（0%）	0（0%）	6（100%）	
食品饮料业	0（0%）	0（0%）	0（0%）	2（100%）	
汽车船舶业	0（0%）	0（0%）	0（0%）	7（100%）	
合计	0（0%）	2（3.92%）	17（33.33%）	32（62.75%）	

注：来源于调查问卷第12、20题。

为了解决工业设计公司和其客户地理上的接近问题，受访者被要求回答其客户的地理位置和判断与客户临近的重要性。一家公司的客户可能存在多个地点，从当地到全国再到全球。表7-3总结了受访者的客户（目前、5年前、未来5年后）的地点，主要是在如上所述相应的三个位置以及与客户公司接近的地理位置的重要性的排序。

从销售额的角度来看，30家（58.82%）受访者的客户是在本地，17家（33.33%）的受访者销售已经扩大到全国，还有4家已经拥有全球范围内的客户，占到7.84%（见表7-3）。所有产生销售的客户分布的位置在过去五年里并没有改变，预计在未来五年也将保持不变。超过一半（70.16%）的公司认为与客户临近比较重要，15.68%的公司认为与客户临近重要性较低，还有17.65%的公司认为与客户临近并不重要。一家公司表示，与他们的客户在地理位置上接近是巧合，而不是刻意的选择。这些数据表明受访公司的主要客户选址模式在过去5年里，并在未来5年都没有很大变化，只是增加了海外市场，5年前受访公司还没有一家进入海外市场，而现在则有4家拥有全球客户，预计5年后还有1家会进入全球市场①。

---

① 每一个主要客户的位置的确定是根据从该位置产生比较其他地点产生的销售比例。例如，全国市场是指来自其他区域客户收入占总收入比例最高，而区域市场则是指产生于本区域客户收入在总收入中所占比例最高。全球市场的公司主要是指那些有来自海外客户收入的公司。

表7-3 主要客户位置（现在、过去和未来），与客户临近的重要性

主要客户位置	本地	全国	全球	
现在	30（58.82%）	17（33.33%）	4（7.84%）	
5年之前	32（62.75%）	19（37.25%）	0	
5年之后	28（54.90%）	18（35.29%）	5（9.80%）	
与客户临近的重要性	0	低	中等	高
	9（17.65%）	8（15.68%）	23（45.09%）	11（25.07%）

注：来源于调查问卷第16、17题。

从调查结果看，设计行业与客户也就是制造业有着天然的紧密联系，特别地区特别行业需要相应的设计产业集群对其起支撑辅助作用。我国政府也规划了一些综合性的工业设计产业集聚区，与专业设计产业集聚区一起构成了我国工业设计产业集聚的两种模式，以下将分别进行分析。

一、综合性设计行业集聚模式

（一）国外工业设计行业集聚模式介绍

1. 加拿大多伦多工业设计产业集群

多伦多设计产业集群的成功源于较高创造力、熟练劳动力、综合解决问题的技巧以及已经从竞争与合作的创造性努力中进化而来的先进客户和质量标准。其结果是一个高度发达的遍布世界各地的销售设计创新和设计商业化的环境。在6个学科的设计中——建筑设计、园林设计、建筑内部设计、工业设计、图形设计和时装设计，多伦多的设计创新赢得赞誉。它们建立了全球性品牌，使公司更有竞争力，并为今后增长提供了富有想象力的原料。多伦多拥有加拿大最大的设计人员规模，超过25000名设计师，并在北美市场位列第三（排名第一、第二位的是纽约和波士顿）。

多伦多拥有占加拿大28%的设计师（相比只有占加拿大16%的劳动力）。1991—2001年，多伦多的设计劳动力增长了4.7%，而在同一时期总劳动人口仅增长了1.4%；设计师具有较高水平的高等教育（大学或学院），34%的设计人员具有大学学位，相比总劳动力中拥有大学文凭者仅占22%；设计师们正在不断的培训和提高，不断改进设计水平。多伦多设计师证明，促进城市的理想平衡的设计技能、创新思维和敏锐的市场营销使他们及其所在公司更加成功。

从图7-3中可以看出设计师的工作几乎渗入多伦多的各行各业，对大部分企业做出成功的贡献。其中专业设计服务比重最大，超过总量一半，高达58%；其次就是制造业（15%），再次就是信息与文化产业（8%）。

多伦多设计集群的支持体系包括：

（1）多伦多有4所大学和许多专业性学校提供的设计专业，确保了丰富的高技

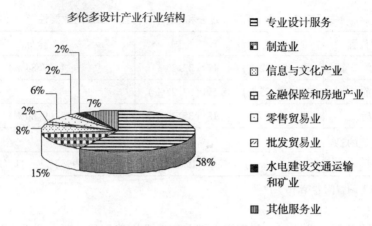

图 7-3 多伦多设计产业行业结构

资料来源：Statistics Canada，Census of Population，2001.

能的毕业生，教育设计专业的学生每年超过 3000 人。

（2）纽约大学推出了设计硕士项目，瑞尔森大学 2005 年 9 月还规划了新的设计硕士项目。行业协会提供持续的技能培训，计划实践为多伦多设计者提供了肥沃的土壤，促进设计创新和商业化。

（3）多伦多有影响力的设计贸易展览/会议包括：DigiFest，DesignThinkers，DX National Design Conference，Fashion Week，Festival of Architecture and Design，Interior Design Show 和 IIDEX/NeoCon Canada。

（4）设计交易所是加拿大唯一致力于促进加拿大人了解所有领域中设计价值所在的机构。该所每年举办许多竞赛、教育节目和展览，自 1945 年以来每年举行收集加拿大最佳材料设计。

多伦多设计产业集群的成功源于较高创造力、熟练劳动力。具有较高创造力是因为，各种设计展览的频繁推出，设计交易所促进设计商业化；具有熟练的劳动力源于高校的人才培养与行业协会的技能培训。设计能力提高，渗透到各行各业，各行各业的发展创新反过来又激发设计创新，两者是一种互相推动，共同进步的关系。

2. 丹麦设计产业集群

丹麦设计集群包括五个次集群：室内设计，家具设计，产品设计，时尚设计和图形设计。表 7-4 描述了它们在丹麦设计集群中所占份额。不同的次级设计集群与研究机构教育机构和产业之间都存在广泛的联系。

丹麦独立设计公司的数目从 2000 年 2586 家增长到 2005 年的 4951 家，集群中大多数是微型企业：86% 的公司没有员工，只有 1% 的公司拥有超过 10 人以上的职员。在 4000 多家注册企业中，只有 10 家企业的员工超过 50 人。除了设计企业数目的大幅增长，丹麦工业的设计需求也在快速增长，总体上说明了设计日益增长的重要性。丹麦设计集群年收入达到 400 亿丹麦克朗，80% 用于出口（Vækstfonden，2006）。

表 7-4   **次级集群在丹麦设计集群中份额**

设计产业	100%
图形设计	32%
产品设计	26%
纺织、时装设计	13%
室内设计	11%
家具设计	8%

丹麦设计集群的营业额 1992—2002 年以 20% 的速度增长，几乎是别的产业平均增长率的 4 倍。而且，丹麦的设计获奖数目在 2001—2005 年排名世界第五位。时装设计也是一个非常重要的次级集群，2006 年营业额达到 200 亿丹麦克朗。哥本哈根时装周是北欧最大的时装展览会。

丹麦设计产业集群有两种商业模式。一种是企业对企业的关系，设计公司将设计服务出售给其他公司。另一种是企业对消费者的关系，设计不是设计新产品就是增加产品的功能。

丹麦设计产业集群包括研究机构、教育机构和产业组织协会。这些机构为丹麦产业孕育了独立的设计公司和企业内部设计师。丹麦设计产业的经济产出比较难以量化，但数字表明，大多数丹麦设计是由独立的设计公司实行的。丹麦公司投资大约 5 亿丹麦克朗用于独立设计公司服务，大约 2 亿丹麦克朗投资企业内部设计。除此之外，86% 的丹麦企业只使用丹麦设计。2005 年调查显示丹麦公司非常满意（57%）或者有些满意（34%）使用独立的设计公司。

丹麦设计产业集群钻石模型如表 7-5 所示。

表 7-5

生产要素主要优势	生产要素主要挑战
良好的训练有素的设计师 最新的设计技术	较弱的企业内部管理和市场营销技巧 资本进入较少
需求条件主要优势	需求条件主要挑战
设计服务需求的增长 丹麦公司对丹麦设计强烈的忠诚 公共部门机构购买丹麦设计 相对时尚的国内市场	设计原则和理念很容易被复制 来源于其他国家制造业中廉价/复制设计日益激烈的竞争

续表

相关产业主要优势	相关产业主要挑战
许多设计密集型制造和服务公司 设计教育机构的强关联性 在其他斯堪的纳维亚国家中拥有实力强大的设计集群	与投资商和风险资本关系较弱
竞争对手主要优势	竞争对手主要挑战
许多小企业之间的激烈竞争 强实力众多的研究机构	一些经典设计主导室内设计 低水平的集中度

丹麦产业集群成功的优势主要有以下几点：一是灵活的组织模式，包括独立的设计公司和企业内的设计部门，依据交易成本的大小选择组织模式。二是丹麦研究机构、教育机构、产业组织机构对丹麦设计行业的支持。三是丹麦本地设计业务主要使用本土设计机构，对本土设计行业的发展具有较强的支持作用。

（二）国内工业设计行业集聚模式分析

1. 无锡（国家）工业设计园

无锡（国家）工业设计园是 2003 年 5 月由国家科技部批准为国内首家以工业设计为主题的高新技术专业化园区，规划面积 2.5 万平方公里。2006 年底，已入驻工业设计研发类企业 166 家，全年实现工业设计及相关类技工贸总收入 15.68 亿元；2007 年底，已入驻工业设计研发类企业 209 家，全年实现工业设计及相关类技工贸总收入 18 亿元，税收近 7 亿元。集聚各类设计研发人才 1800 名，其中博士近 30 人，已初步形成了以汽车设计、集成电路设计、软件研发、模型和工具设计、建筑设计、产品设计、自控系统设计、服务外包等为主要内涵的创意产业格局。2008 年 1—6 月，完成工商两业纳税销售 135 亿元，实现税收近 5 亿元。

目前，园区在工业设计发展上主要集中于：汽车设计、IC 设计、建筑设计、模型和工具设计、产品设计、新型发光材料设计、软件研发、机器智能识别和自控系统设计等八大设计领域。在园区日益完善的"三创"载体、公共服务平台、招商亲商攻势的吸引下，一批具有行业引领特色的设计公司纷至沓来。丹麦尤尼莫克公司投资设立以专用刀具设计及销售为主的无锡公司，作为其在我国的设计总部；法国阿尔萨斯大区建筑设计集团建立了以建筑设计为主要业务的"中国办事处"；无锡瑞丰汽车设计有限公司组建的无锡汽车设计中心正式运营，成为我国最专业的汽车设计中心，为国内外汽车制造业提供具有独立知识产权的汽车外形、内饰设计、模型、工程结构等设计服务；无锡浩安科技公司则是以开发石油工具为主的专业公司，目前已与国内外著名石油开发企业开展了许多业务合作，承接了大量的石油行业的工具设计订单；无锡龙辰设计有限公司主要从事整体车辆设计，其设计的青藏铁路车厢为车辆生产厂家赢得了大批量的生产订单。这些公司借助于园区的各专业服务平台，在各自的行业领域内均取得了一定的发展和市场开拓。

园区的工业设计公共服务平台是江苏省科技创业服务平台的子平台，是国内第一个为工业设计企业和设计师提供专业化、系统化服务的公共创业服务平台。全省的设计师与设计企业提供全方位的优质服务和专业技术支撑。2006年9月4日，国家知识产权局批复同意在无锡（国家）工业设计园建设"国家工业设计知识产权园"，并设立"外观设计专利服务站"，建立与国家知识产权局相关业务部门之间的绿色通道。园区始终把发展"三创"载体作为"筑巢引凤"的战略重点，努力成为区域型高端产业的主阵地和吸引高层次人才的集聚地、辐射源。现已建成了工业设计孵化基地、设计创意园、设计研发楼宇和生活休闲配套区等四大板块。这些"三创"载体的建设，将为开发区在今后一个时期的主导产业发展提供强有力的支撑。在加强产业硬件环境建设的同时，着重产业发展的特色环境建设。园区不仅关注硬件设施的建设，更注重对人文环境的优化。针对设计产业人员工作时间的不确定性，完善了周边交通、通信网络的增容、IT设施的更新，确保企业跨国通信联络以及员工外出交通的畅通。考虑到服务外包人才工作的特殊性以及对周边生活设施配套的特殊要求，园区从居住、购物、餐饮、休闲、文化交流等几方面加大投资力度，改建、新建了符合服务外包业人才需求的生活设施，如专修了专家楼、便于创意交流的休闲咖啡厅、小型超市和快餐服务中心、专业的信息中心等，丰富了基础设施的人文配套。优越的创业环境吸引了专业设计人才的落户和自主创业，园区在人才高地的构建上显示竞争优势。2005年园区拥有各类研发设计人员仅660人，2006年统计显示为1300人，2007年已达到1800人，初步形成了IC设计、软件研发、机器智能系统研发、网络运营系统设计、自动控制设计等为内涵的设计人才的集聚，构建了以设计服务为特色的人才高地。

园区举办的一系列设计活动，为设计人员交流创造平台。2002年起，无锡市政府与无锡（国家）工业设计园合作举办了四届国际工业设计博览会。活动过程中，日本丰田、松下、索尼、东芝、韩国三星、德国西门子（中国）、芬兰诺基亚（中国）等多家世界500强企业所属公司或产品参加展出，海尔、联想、TCL、华为、海信、美的、长虹、小天鹅、康佳等一批中国500强企业所属公司纷至沓来。博览会展现了当今世界工业设计产业发展现状、水平和未来趋势。通过活动，园区不断加强与国内外工业设计界的合作。园区已成为"中国工业设计协会"的理事单位，"中国流行色协会"的理事成员，"亚洲设计网络会议"的正式成员，并与韩国振兴设计院、新加坡设计理事会、德国巴府州工程师协会、法国阿尔萨斯大区建筑家协会、法国中小企业联合会等多个组织及协会签署了合作协议，建立了实质性的合作关系。

无锡国家工业设计园具有明显的政府规划色彩，具有"自上而下"的特色，规划用地、基础设施、行业配套一应俱全，举办的设计活动为设计人员创造交流平台，有利于培养设计人员的设计水平。但需要注意的是，政府在给予物质、政策的同时，要积极培育产业集聚区的造血功能，重视人才的培养，重视本土设计师能力的提高，以及集聚区的集聚优势效应的发挥。

2. 深圳田面"设计之都"创意设计产业园

2007 年 5 月 16 日，中国（深圳）田面设计之都创意设计产业园在深圳中心区福田田面正式开园，占地 1.5 公顷，建筑面积约 5 万平方米。该园区以工业设计为特色，以中外顶级国际大师和知名品牌设计企业为主体，意在发挥集聚效应，培育创意市场，提供完整创意设计产业链，打造面向全球的创意设计产业聚集区。

在园区内设置设计企业同业工会（或称设计联盟），由设计师们共同制定竞争规则，限制恶意压价行为，另外，还有庞大的营销队伍，为个人设计师储存和售卖设计作品的"创意银行"，价格低廉的公共食堂和天光画室，与新华书店合作运营的设计书店等，众多的软环境设置可以吸引广大客户的进驻。建成后的"设计之都"创意产业园成为首屈一指的创意工厂、创意之窗、创意超市、创意学校、创意投资、创意银行。2008 年入驻企业达 516 家，其中国内 484 家，国外 32 家，其中包含十多个著名国际设计大师工作室。企业类型主要包括工业设计、建筑设计、室内设计和平面设计。有 10 位国际知名设计师在园内设立工作室，其中包括全球顶尖设计大师、素有"设计鬼才"之称的菲利普·斯塔克、德国著名工业设计师路易吉·克拉尼及日本工业设计师田中浩昭等，他们在国际设计界都具有举足轻重的地位。瑞士波斯卡集团、日本 01 工业设计公司、德国 Markt&Design 公司、澳大利亚亚太创新科技公司、瑞典西林环境景观研究所等境外公司先期入园。创意园的最大优势是营造产业链，让入驻企业享受到增值服务。国内品牌设计公司和设计师把进驻产业园当作提升自身价值的捷径。园区的浪尖工业产品造型设计有限公司曾成功为华为、中兴等国内大公司担纲品牌设计，还曾为阿尔卡特、松下、摩托罗拉、夏普、三洋等国际品牌进行产品外观设计。中信国华、蓝鲸、优唛等公司也都有较高知名度和社会影响力。此外，还有深圳本土设计师、北京申奥标志以及 2007 猪年生肖邮票设计者陈绍华。

田面设计园区的园区品牌效应能提高设计企业业务量，扩大企业规模。田面创新产业园 10 栋 5B 座，在近 1000 平方米的工作区里，是由数百台电脑和设计师组成的方阵。张杰毅率领着一支由 56 名年轻设计师组成的创意团队，进驻园区后设计订单量是入园前的 8 倍。张杰毅所在的团队一年来为青岛海信设计了新型商务手机，该款手机 80% 出口到印度市场，广受欢迎。世界 500 强通用汽车公司将其延伸产品——悍马手机加悍马系列礼品的设计订单全部交给张杰毅所在的拓腾公司，他们设计的悍马系列产品将在全球行销。罗成，2005 年中国十大杰出青年设计师，一些知名国际公司点名把设计订单给罗成所在的深圳浪尖公司。2007 年，罗成随着公司入驻田面创意产业园，这也是罗成和公司收获最大的一年。正是在田面，浪尖的创意队伍从进来时的 60 人扩大到现在的 180 人，公司办公面积由以前的一层扩展到二层近 3000 平方米。

创意产业实际是大脑产业，田面设计之都的环境十分人性化，让这里的设计师感受到家一样的放松和自在。设计园区多样化的配套服务让设计师有了归属感，除了办公区域，超过 1 万平方米的面积被设为公共配套服务区，包含展览厅、多功能厅、呼叫中心、设计师公寓、酒吧、咖啡厅和公共食堂等，设计师们随时能享受周到和细致的服务。田面设计之都将吸引顶尖国际大型设计公司和机构入驻。据了解，瑞士波斯卡集团、日本 01 工业设计公司、韩国 TMT 视频设计公司、美国奥斯本景观设计总部和约翰·霍金斯创意产业研究中心都将入驻田面的国际大师楼。田面设计之都还将提供一些商务平台、金融孵化中心，将小型的设计工作室吸引进来，让他们通过和其他大型设计公司交流和合作，来壮大自身的力量。田面设计之都将为每一个入驻企业提供四星级酒店式的工作室，入驻的设计公司之间也能得到更好的交流与合作。吸引了上百家知名设计创意企业和研究机构入驻，仅全球排名前 50 名的国际设计大师工作室就有 10 个。

深圳田面设计园区居于沿海最发达的城市，外商密集，海外思潮与内陆设计理念的碰撞能给设计师带来更多创意。该园区虽由政府规划而成，但政府从管理者转变为服务者，充分考虑了设计行业的特色，创造了宽松的创新氛围以及引导建立设计师联盟。

二、专业性设计行业集聚模式

工业设计行业的集聚还出现了这样一种集聚模式，在同一地域某种制造业集聚，而该制造业的设计行业对提升制造业的竞争力有着显著的作用，会逐渐形成该制造业的设计行业的集聚。随着竞争力的提高，该专业性的设计行业集群甚至有超过制造业集群的趋势（见图 7-4）。

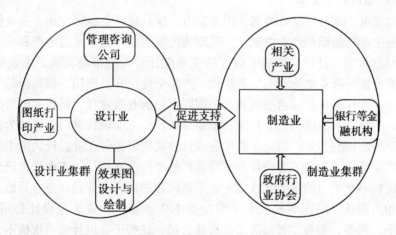

图 7-4　专业性设计业集群与制造业集群的关系

（一）集成电路（IC）设计业集群

集成电路产业发展至今具有非常显著的特征——产业集群，重点表现在设计业中，例如美国的硅谷、台湾省的新竹工业区、日本的关东关西地区都聚集了大量的集成电路设计企业。美国硅谷仍然保持其集成电路产业集群的优势，雄踞世界 IC 设计行业龙头。我国台湾省的新竹工业区是世界著名的集成电路产业集群之一，该工业区中的企业群聚现象显著，主要表现在设计企业、封装和测试企业的数量正在快速增长中。根据数据统计，1999年台湾省总的设计企业为100家，而新竹地区为65家，总的封装测试公司为42家，新竹地区为21家。到了2002年仅新竹地区的IC设计公司就达到180家，封装公司为40家，测试达到了36家。长三角地区（上海、苏州、无锡、南通、嘉兴、杭州等城市组成）也逐渐形成了IC设计业集群，尤以苏州地区基础较好，2006年设计业实现销售近2亿元，园区集成电路设计产业中设计服务类企业的出口额为1162万美元。

（二）建筑设计业集群

同济现代建筑设计街位于上海市赤峰路上，2002年就汇聚了近400多家现代设计、装潢、图文制作、建筑模型、建筑监理等相关企业，创造了10亿元以上的产值，吸纳就业人员近万人。2004年，这里创造的年产值翻了一番，从10亿元攀升到20亿元，赤峰路现代建筑设计街升华为名扬中华的建筑设计产业带，并向"上海国际设计中心园区"的目标挺进。以现代设计服务业为主导产业的集群，由于其产业属于价值链高端的生产者服务产业，具有专业性强、技术要求高、竞争激烈、合作密切等特点，所以这种产业集群形态类似于马歇尔式集群，表现为以中小企业为主体，专业化分工明显，产业链结合紧密，技术创新能力强，讲究品牌效应，具有网络合作关系等（姚莉英，2006）。2007年，赤峰路沿线建筑设计类企业达1000家，产值20亿元，税收2亿多元，其集聚和辐射效应将形成规模。

（三）家电设计业集群

顺德以家电、家具制造业闻名，因此家电、家具设计业也很发达。工业设计在顺德具备相应的市场基础和产业基础。一是顺德的制造业，尤其是房地产和家电产业需要大量的创意和工业设计，形成了较大的工业设计潜在的市场需求。工业设计是家电、家具等传统制造业加速产品更新换代，产品个性化开发应用，提高国际竞争力和树立自主知识产权形象，以自主创新开拓国际市场的有效途径，是技术创新的一项短平快措施。二是美的、格兰仕、科龙、东菱等都设有工业设计部门，并成为推动顺德工业设计发展的核心力量。最近美的工业设计公司聘请国际工业设计大师主导产品设计，格兰仕聘请韩国知名工业设计专家对其产品进行全面设计。工业设计已经成为这些企业构建核心竞争力的重要元素之一。三是顺德的民营工业设计企业开始起步。顺德目前有相关创意、广告等相关上下游企业100多家，专业工业设计公司十余家，潜龙、古今、硕美、朗玛、青鸟等工业设计公司，这些工业设计公司规模不大，员工人数一般为20~30人，承担着区内外各大家电制造企业在产品设计，包括冰箱、空调、燃气热水器、微波炉、小家电及汽车用品、家具家饰等产品的设计任务。

（四）武汉市特色设计业集群

根据武汉市各区的不同情况，发展优势明显、特色突出的设计产业集群。例如武汉各城区在发展设计产业时，应有所侧重，武昌区应围绕710、701、武昌造船厂和南华高速，优先发展船舶设计产业；江岸区应围绕长江流域规划办公室和相应的设计院所，优先发展与流域规划和水利工程高度相关的设计产业；洪山区应充分发挥辖区高等院校和设计院所富集的优势，形成若干有区位优势的设计产业集群；汉阳区应结合中铁大桥局的设计能力和工程规模，关联铁四院、中铁十一局和二航局设计院，优先发展桥梁和交通工程设计产业；汉阳经济开发区应联合东风集团及相应的汽车配套企业，优先发展汽车研发设计产业；东湖高新技术开发区应联系区内光通信、生物医药和软件企业富集的优势，发展相应的设计产业集群；硚口区应围绕汉正街品牌，发展以服装和新型建材为骨干的设计产业集群；青山区应围绕武汉钢铁公司，打造钢铁设计中心。通过若干年建设，争取将武汉建成国内领先并具有国际影响的工业设计之都。

第三节　我国工业设计行业集聚模式总结

一、问卷调查结果分析

在调查问卷中我们设计了一些指标用于反映工业设计企业与本地其他企业的关系、政府部门与工业设计企业的关系、行业协会与设计企业的关系、中介机构与工业设计企业的关系等。具体结果见表7-6至表7-9。

表7-6　　　　　　　　　　设计企业与本地其他企业的协作方式

与本地其他企业间存在协作关系	存在的协作方式				
	共用设备	合作营销	培训职员	合作生产	其他
是	28(54.90%)	3(10.71%)	6(21.43%)	12(42.86%)	4(14.29%)	4(14.29%)
否	23(45.10%)				

注：来源于问卷调查第35题。

从表7-6中我们可以看到，有一半以上（54.90%）的受访者认为与本地的其他企业间存在着协作关系，其中职员培训所占比重最大，为42.86%，其次是合作营销（21.43%），合作生产（14.29%），共用设备占到（10.71%），还有4位受访者选择了其他协作关系，但是被问到是哪些协作，却没有回答。还有23位（45.10%）的受访企业与本地其他企业不存在协作关系，这主要集中在国有大型设计院，企业的规模较大，设备、营销、培训等都能独自提供，而一些中小型设计企业在培训、营销等方面与其他企业相互协作，这也解释集群内的企业多以中小企业为主的原因。

表 7-7   设计企业参与行业协会的情况

本地行业协会	参加的频率		
	从不参加	偶尔参加	经常参加
有 19（37.25%）	5（26.32%）	12（63.16%）	2（10.53%）
无	32（62.75%）		

注：来源于问卷调查第36题。

表 7-8   设计企业享受行业协会服务的情况

服务	经常	偶尔	从不
1. 法律咨询	0（0%）	2（14.29%）	12（85.71%）
2. 相关企业信息	2（14.29%）	6（42.86%）	6（42.86%）
3. 课程与研讨会	7（50%）	2（14.29%）	3（21.43%）
4. 作为与政府对话的代言人	0（0%）	3（21.43%）	9（64.29%）
5. 其他	0（0%）	0（0%）	0（0%）

注：来源于问卷调查第37题。

从表7-7、表7-8可以看出，受访企业中19家企业所在地有行业协会，占到37.25%，32家企业所在地没有行业协会占62.75%。在有行业协会的企业中，12家企业偶尔参加行业协会（63.16%），5家企业从不参加（26.32%），还有2家企业经常参加（10.53%）。行业协会向企业提供的帮助从高到低排列（经常+偶尔）主要是课程与研讨会（64.29%），相关企业信息（57.15%），作为与政府对话的代言人（21.43%），法律咨询（14.29%）。

在谈到政府对设计企业的创新和效益起作用的因素排序时，大部分企业将宏观经济稳定放在第一位（56.86%），减免税收居于第二位的占到62.75%，技术培训居于第三位的有（52.94%），最后一位的是教育改革（80.39%）。

表 7-9   设计企业与机构的联系

机构	没有联系	偶尔联系	经常联系
技术培训中心	8（15.69%）	11（21.57%）	32（62.75%）
小企业服务机构	14（27.45%）	9（17.65%）	28（54.90%）
大学	16（31.37%）	17（33.33%）	18（35.29%）
科研机构	17（33.33%）	21（41.18%）	13（25.49%）

注：来源于问卷调查第39题。

从表 7-9 可以看出，设计企业与技术培训中心联系最密切（偶尔联系加上经常联系）达到 84.31%，其次是小企业服务机构达到 72.55%，受访的设计企业与大学联系的占到 68.63%，最后是科研机构，占到 66.67%。

从问卷调查的结果可以看出，工业设计企业与本地其他企业的关系、政府部门、行业协会以及第三方机构之间存在一定的联系关系，以上部门给工业设计企业一些帮助，随着设计行业发展，对技术、市场等要求更高时，和这些部门的联系会更加密切，这些外围因素形成设计产业集群的外部动力，会促进设计产业集群良性循环，健康发展。

二、我国工业设计产业集群模式总结

当前我国在促进设计产业集群发展过程中，要针对不同的集群形态采取不同的对策措施。一方面要抓住设计产业国际转移的有利机遇，着力从环境营造、要素培育制度创新等方面为综合性设计业集群成长创造有利的支撑条件，加快吸引国际跨国设计大企业进入，以培育发展主导产业，并促进配套产业的加快发展。在这个过程中，重点要加强政府职能转变、规范行政行为，加强法制建设、保护知识产权，加强诚信建设、培育良好的信用环境和市场经济秩序。另一方面要充分保护好符合市场化发展趋势的专业性设计产业集群，要结合区位优势，发挥政府规划与引导作用，并加大资金、政策等方面的支持力度，要进一步完善集群内部的竞合机制，特别要加强产学研联盟，促进集群内技术创新的区域品牌优势的形成。

第八章 工业设计产业政策研究

第一节 政府在工业设计产业发展中的角色定位

设计产业的灵魂是"创意"，过去设计产业的发展主要依赖市场机制调节，容易出现以下问题：一是市场配置资源的作用虽然高效，但存在一定程度的随机性和局域性；二是由于创意本身所具有的不确定性和溢出效应，需要强化政府政策安排对设计业创意的激励和支持。从设计创意的溢出效应来看，创意的产出，是一个介于公共产品和完全排他性产品之间的产品。创意活动成果的信息部分具有公共产品的性质。为了使企业既有创新动力，又有很好的社会效果，必须在两者之间保持一种平衡，使创新的私人收益率与社会收益率趋于一致，特别是要保护作为创新活动主体的企业的积极性，政府必须做出努力，进行相关政策的制定和运用。有鉴于此，自 2000 年之后，世界主要国家莫不积极制定国家设计政策（Hytonen and Heilkkinen，2003），从工业设计先进国家和地区来看，凡是政府参与推动设计的国家，势必成效显著。我国在建立和完善设计产业创新体系的同时，必须考虑这些创新政策是否对企业成长、产业升级、社会福利等产生直接或间接效应，政策效果与预期目标是否一致，是否存在高投入、低产出、低效率的现象。

目前我国主管设计产业技术创新的政府部门有多个，相互之间的协作还不够。各部门对所制定发布的计划缺乏有效的协调配合，一方面造成某些计划目标的相似，引起人力、物力、财力的浪费，重点不突出，各地存在着发展政策、发展重点趋同的现象；另一方面，也会使某些应该列入计划的项目未列入发展，产生政策体系上的"真空地带"，不利于设计产业的健康快速发展。出现以上现象主要是由于以下几点：第一，目前各级政府在制定设计产业政策时并没有考虑设计需求不足应从哪几个方面去拉动，以及如何去拉动。第二，只注重对设计产业具体政策的制定，忽视了对设计产业政策目标、政策的利益相关者的明确。第三，产业政策的制定没有明确对政策实施效果的评估和监管，这容易导致政策执行过程中的权责不清，不利于政策的实施效果。

工业设计产业发展需要政府的大力支持，政策的颁布范围之广、力度之大、影响之大使得其在任何时候都可以发挥作用。2008 年，赫尔辛基艺术设计大学"设计创新中心"出具关于"设计竞争力排名"的报告，其中指出在工业设计方面，韩国从

2002 年的第 25 名上升到 2007 年的第 9 名，取得这一成绩与韩国政府政策的广泛支持是息息相关的。而从工业设计先进国家和地区来看，凡是政府参与推动设计的国家，势必成效显著。在我国也不例外，工业设计已经受到政府部门的重视，2007 年，温家宝总理做出了重要批示，"要高度重视工业设计"。在此后的几年里，广东工业设计城发展速度加快，而上海国际工业设计中心、深圳设计创意产业园、宁波和丰创意广场等也都取得了很大的成效。

尽管如此，综观整个中国的工业设计，工业设计的发展，大多依靠私人企业的推广或者学术单位（研究机构）的参与。在企业方面，有越来越多的中国企业因为工业设计提升了市场竞争力，进而建立了其企业的形象，如海尔、康佳等，但是和庞大的企业数量相比，则还是有待提升。在教育方面，有越来越多的高校开设了工业设计的专业课程，这是一个很好的现象，但是工业设计专业师资的缺乏，也是一个不容忽视的问题。而中国是一个政府对经济、社会发展影响极大的国家。在政府方面，政府的推动是工业设计产业发展的关键，只有中国政府政策的支持与领导人的参与，才能真正地发展工业设计产业，提升产品竞争力。所以，政府必须明确自己在工业设计产业发展中的角色和定位。

第一，政府是工业设计产业发展的引导者。由于我国工业设计产业尚处于发展初期阶段，政府的引导与产业政策的支持是其能够健康快速发展的保证。当前我国经济正处于调整产业结构和转变增长方式的过程中，原有的产业政策必然会影响工业设计产业的发展，这就要求政府部门进行必要的政策创新，加强对工业设计产业发展的引导和扶持。一方面，引导技术创新，使之符合国家的科技战略以及社会发展的总体目标，确保其健康发展；另一方面，引导工业设计产品技术成果产业化、商品化，使之在正确的轨道上快速发展。

第二，政府是工业设计产业发展的推动者。我国工业设计产业发展初期，需要政府制定科学合理的产业政策。有效的政策可以推动工业设计产业的发展，政府必须从财政、税收、金融、信贷、场地、人才等方面出台鼓励工业设计产业发展的优惠政策，为工业设计产业的发展提供科学的政策支持，比如可以通过制定财政优惠、税金减免等政策对工业设计产业进行扶持。

第三，政府是工业设计产业发展的协调者。政府作为工业设计产业健康快速发展的关键，必须协调好政府各部门、企业、研究机构的资源和行为，建立国家工业设计产业体系，发挥最大化效应；同时，还必须协调好工业设计产业与传统产业的关系，达到优化产业结构的目的，从而加快工业设计产业的发展。

产业的规划政策关系着产业的发展，如何创造产业的优势条件、减少障碍是政府决策的重大课题。产业的内外环境随时都在改变，如何以动态的观点深入分析产业，具体描述产业发展的策略条件，使决策者可以从各种产业政策工具中选择若干组合以形成政策，以创造有利于产业的优势条件，乃是研究的重点。

第二节　　国内外设计产业政策制定的对比分析

工业设计发展是当今世界关注的一个焦点，各国各地区都在加紧制定各自的工业设计产业政策以促进其发展，工业设计创新政策对于各国具有特别重要的意义。

当今学术界对创新政策的概念尚无统一的定义，国内外学者、行业协会、研究机构从不同的角度对创新政策进行了阐释（见表8-1）。而工业设计创新政策，就其本质而言，就是技术创新的政策激励问题，也就是说政府采取何种措施或者何种政策工具促进技术创新的产生及其扩散的问题。

表 8-1　　　　　　　　　　　　　　　学术界对创新政策概念的研究

学者机构	时间	视角	定义
罗斯韦尔	1986 年	功能	所谓创新政策是科技政策和产业政策协调的结合，它是一个整合的概念
高丁	1994 年	政策与经济的关系	创新政策与解决当今世界最重大的经济问题最密切相关，他认为创新政策包括如下子框架：支持创新者、技术文化和减少创新障碍
OECD	20 世纪 80 年代初	目的	发展创新政策的目的是要把科技政策与政府其他政策，特别是经济、社会和产业政策，包括能源、教育和人力资源政策形成一个整体
中国科学院政策与管理研究所	1996 年	功能	创新政策是科技政策的重要组成部分，与科技政策和产业政策紧密相关，包括能源、教育和人力资源政策的整合，而将科技政策与工业政策中有关推动创新的部分作为创新政策的核心
鲍克	1997 年	地位	创新政策是政府为鼓励技术发展和其商业化以提高竞争力的各种社会经济政策的总和，它处于经济政策的中心位置，直接鼓励创造与变化
黄顺基等	1995 年	功能	创新政策是政府旨在促进工业技术创新而采取的各种直接和简介的措施

针对工业设计产业，如何寻找、设计、确定合适的政策工具并不是件简单的事情，工业设计产业创新政策的制定必须是能够影响其特定经济活动、特定技术的政策。Rothwell 与 Zegveld（1981）将一般性的创新政策分为三个层面：供给面政策、需求面政策和环境面政策，我们将从这三个层面政策工具着手进行研究。从创新过程

看，供给面政策、环境面政策和需求面政策两方面政策都会对创新过程的各个环节产生影响，只有三个层面的政策工具组合使用，才能对创新产生强大的激励与推动作用，进而促进工业设计产业的又好又快发展。

一、供给面政策

供给面政策，是指政府通过人才、技术、教育与训练、信息、资金、财务金融、租税制度、法规管制等的支援直接扩大技术的供给，改善技术创新相关要素的供给状况，进而直接或间接地推动技术的创新和新产品的开发。

（1）公营事业，指政府所实施与公营事业成立、营运及管理等相关的各项措施，例如公有事业的创新，发展新兴产业，公营事业首倡引进新技术、参与民营企业等。

（2）科学与技术开发，政府直接或间接鼓励各项科学与技术发展的作为，例如研究实验室、支援研究单位、学术性团队、专业协会、研究特许等。

（3）教育与训练，指政府针对教育体制及训练体系之各项政策，例如一般教育、大学、技职教育、见习计划、延续和高深教育、再训练。

（4）资讯服务，政府以直接或间接方式鼓励技术及市场资讯流通之作为，例如资讯网络与中心建构、图书馆、顾问与咨询服务、资料库、联络服务。

（5）财务金融，政府直接或间接给予企业的各项财务支援，例如特许、贷款、补助金、财务分配安排、设备提供、建物或服务、贷款保证、出口信用贷款等。

（6）租税优惠，政府给予企业各项税赋上的减免，例如公司所得税、个人所得税、间接税等。

（7）法规及管制，政府为规范市场秩序的各项措施，例如：专利权、环境和健康规定、独占规范。

（8）政策性策略，政府基于协助产业发展所制定各项策略性措施。例如规划、区域政策、奖励创新、鼓励企业合并或联盟、公共咨询及辅导等。

二、需求面政策

需求面政策，是指政府通过采购、公共服务、贸易管制等做法减少市场的不确定性，积极开拓稳定的新技术市场，从而拉动技术的创新和新产品的开发。

（1）政府采购，中央政府及各级地方政府各项采购的规定。例如：中央或地方政府的采购，公营事业的采购、R&D合约研究、原型采购等。

（2）公共服务，有效解决社会问题的各项服务性措施，例如：健康服务、公共建筑物、建设、运输、电信等。

（3）贸易管制，指政府各项进出口管制措施，例如贸易协定、关税、货币调节等。

（4）海外机构，指政府直接设立或间接协助企业海外设立各项分支机构的作为，例如海外贸易组织等。

三、环境面政策

环境面政策，指政府通过财务金融、税收制度、法规管制等政策影响科技发展的环境因素，为技术创新等科技活动提供有利的政策环境，间接影响并促进科技创新和新产品开发。

（1）财务金融，政府直接或间接给予企业的各项财务支援。例如特许、贷款、补助金、财务分配安排、设备提供、建物或服务、贷款保证、出口信用贷款等。

（2）租税优惠，政府给予企业各项税赋上的减免。例如公司、个人、间接和薪资税、租税抵扣等。

（3）法规及管制，政府为规范市场秩序的各项措施。例如专利权、环境和健康规定、独占规范等。

（4）政策性策略，政府基于产业发展所制定的各项策略措施。例如规划、区域政策、奖励创新、鼓励企业合并和联盟、公共咨询和培训等。

政策工具是支持政策并使其实施的方法。在当今全球化时代，大国纷纷着眼全球，其产业政策从目标到内容也都不可避免地染上了全球化特征。但由于发展目标、经济实力、政治体制、公众素养及文化传统等方面的不同，各个国家在政策上也各有差异。一般说来，市场经济国家大多采用市场机制为主，并辅以政府干预；少数国家则以政府干预为主，辅以市场机制。就中国而言，目前仍然缺乏相关的设计产业政策的支持。仅从税收政策角度来看，对设计产业的税收等同于商业服务业。

进入 21 世纪以来，越来越多的国家政府认识到设计在推动经济发展、促进创新、增加就业等方面起到重要作用，进而将设计产业政策作为国家战略选择与政策制定的关键组成部分。但由于发展目标、经济实力、政治体制、公众素养及文化传统等方面的不同，各个国家在政策上也存在差异。本书从《2011—2012 年全球竞争力报告》中列出的具有竞争力的国家中挑选了 12 个国家，包括英国、德国、瑞典、丹麦、芬兰、爱尔兰、意大利、爱沙尼亚 8 个欧盟国家以及美国、韩国、挪威、澳大利亚，搜集分析了其相关设计产业创新政策研究报告。研究发现，尽管这些国家在制定设计产业政策以及推广设计产品方面具有相似的目标，即提高国家竞争力、推动经济发展、加快建立创新型国家等，但是其政策的重点和强度各有异同（见表8-2）。

第一，建立适合国情的国家创新政策体系。

进入 21 世纪后，创新政策成为欧盟创新发展战略的重要手段。2007 年 1 月 1 日，欧盟启动"欧盟第七框架计划"（Seventh Framework Programme，FP7），更加全面地覆盖了科技研发、教育、培训等方面，特别强调了促进中小企业创新和中小企业技术扩散的政策。为实现欧盟经济的智能、可持续和全面增长，2010 年 3 月 3 日，欧盟委员会公布了指引欧盟发展的"欧盟 2020 战略"，指出了欧盟未来十年的发展

表8-2　　　　　部分国家全球竞争力指数排名及其设计产业创新政策的应用

政策＼国家	瑞典	芬兰	美国	德国	丹麦	英国	挪威	澳大利亚	韩国	爱尔兰	爱沙尼亚	意大利
	3	4	5	6	8	10	16	20	24	29	33	43
公营事业	√	√	—	√	√	√	—	—	√	√	√	√
科学与技术开发	√	√	√	√	√	√	√	√	√	√	√	√
教育与训练	√	√	√	√	√	√	√	√	√	√	√	√
资讯服务	√	√	√	√	√	√	√	√	√	√	√	√
财务金融	√	√	√	√	√	√	√	√	√	√	√	√
租税优惠	√	√	√	√	√	√	√	√	√	√	√	√
法规及管制	√	√	√	√	√	√	√	√	√	√	—	√
政策性策略	√	√	√	—	√	√	√	√	√	√	√	—
政府采购	√	√	√	√	√	√	—	√	√	—	—	—
公共服务	√	√	√	—	√	—	—	—	—	—	—	—
贸易管制	—	—	√	√	√	√	—	√	—	—	—	—
海外机构	√	—	—	√	√	√	—	√	—	—	—	—

资料来源：WEF：The Global Competitiveness Report（2011-2012）．

重点和具体目标，其中包括面向创新的"创新型联盟"计划、面向教育的"流动的青年"计划和面向数字社会的"欧洲数字化议程"等七项计划。计划将研发经费在欧盟国内生产总值中所占的比重从2010年的1.9％提高到3％，将30～34岁获得高等教育文凭的比例从31％提高到40％，这些计划进一步地加强了创新政策对时代变化的适应性，为建立完善的国家创新政策体系奠定了基础。2003年，美国国家科学委员会发布《科学与工程劳动力——实现美国的潜力》报告，指出政府对国家科技人才的长期需求负有主要职责，应采取行动确保美国在高科技领域有足够的劳动力，对美国人才培养创新政策进行了补充，适应经济发展的需要。

第二，关注创新政策的供给面政策。

各国把促进高新技术产业发展和改造传统产业作为重点，加大科学与技术开发力度，鼓励财务金融支持、租税优惠、教育体制完善等政策，十分重视技术的研发，致力于发展和扶持高科技产业，始终把高新技术产业作为保持经济稳定增长的重要战略措施。美国一向比较注重对于研发的投入，其R&D经费投入占GDP总量的比重一直比较稳定，至2009年已上升到2.9％。而芬兰的研发投入一直处于首位，至2010年，其R&D经费投入占GDP总量的比重已升至3.87％（见表8-3）。

表 8-3　　　　　　　　　主要国家 R&D 支出占 GDP 的比重（%）

	2004 年	2005 年	2006 年	2007 年	2008 年	2009 年	2010 年
英国	1.68	1.73	1.75	1.78	1.77	1.85	1.77
德国	2.50	2.51	2.54	2.53	2.69	2.82	2.82
瑞典	3.58	3.56	3.68	3.40	3.70	3.61	3.43（c）
丹麦	2.48	2.46	2.48	2.58	2.85	3.06	3.06（c）
芬兰	3.45	3.48	3.48	3.47	3.70	3.92	3.87
爱尔兰	1.22	1.24	1.24	1.28	1.45	1.74	1.79（c, p）
意大利	1.09	1.09	1.13	1.17	1.21	1.26	1.26
爱沙尼亚	0.85	0.93	1.13	1.08	1.28	1.43	1.62（p）
美国	2.55	2.59	2.64	2.70	2.84	2.90	—
韩国	2.68	2.79	3.01	3.21	3.36	3.56	3.74
挪威	1.57	1.51	1.48	1.59	1.58	1.78	1.69（p）
澳大利亚	1.72	—	1.99	—	2.24	—	—

注：（c）国家估计；（p）暂时数据。

资料来源：Science and Technology：Key Tables from OECD.

从全球竞争力排名的影响因素（见表 8-4）来看，排名靠前的国家，其对创新程度、教育和基础设施和科技准备度等方面的关注较多。如 2004 年 5 月，瑞典工贸部和教科部共同制定了《创新瑞典战略》的政策文件，提出把瑞典建设成欧洲最具竞争力、最具活力、以知识为基础的经济体。而芬兰也在 2010 年 12 月 21 日对外发布了关于教育、科研和创新政策的报告《国家研究与创新政策指南（2011—2015）》。

表 8-4　　　　　　　　　各国全球竞争力部分指数排名

	瑞典	芬兰	美国	德国	丹麦	英国	挪威	澳大利亚	韩国	爱尔兰	沙尼亚
制度环境	2	4	39	19	5	15	7	13	65	23	29
基础设施	13	19	16	2	10	6	35	24	9	29	40
宏观经济环境	13	20	90	30	31	85	4	26	6	118	21
初等教育	18	1	42	23	28	14	21	10	15	12	26
高等教育和培训	2	1	13	7	9	16	15	11	17	27	23
金融市场成熟度	11	9	22	39	17	20	5	6	80	10	41
科技准备度	2	12	20	14	4	8	7	22	18	21	27

资料来源：WEF：The Global Competitiveness Report（2011-2012）.

该指南规定了国家战略的知道方针和未来数年的发展计划，认为教育、研究和创新政策是支持经济增长和国民经济良性发展、社会可持续发展的重点，因此将加速目前芬兰政府业已展开的研究和创新制度改革。

第三，各国政府创新政策的重点和干预程度不同。

纵观各国创新政策发展历程，研究发现，各国工业设计产业创新政策工具的倾向各有不同，与此同时，创新政策的重点在不同阶段也呈现出不同的特点。

创新政策发展初期（20 世纪 50—70 年代）。这一阶段，尽管美国、澳大利亚两国政府创新政策的重点相同，都在于构建良好的创新环境，但其选择创新政策工具的倾向却不尽相同，美国主要侧重于对技术创新项目投资的税收政策的制定和实施，英国政府则是从经济改革着手，涉及税收、金融管理、劳资关系等一系列政策，为技术产业创造良好的经济环境。而韩国政府通过免去出口产品的原材料的进口关税、制定出口补贴制度等措施鼓励技术创新，以及意大利政府通过立法的形式全面扶持中小型企业，对中小企业的管理不断制度化和规范化。而尽管我国在 1956 年制定了第一个科技发展规划《1956—1967 年科学技术发展远景规划》，1963 年又编制了第二个科学技术发展规划《1963—1972 年科学技术规划纲要》，我国的创新政策在这一时期并没有具体的措施实施。

创新政策蓬勃发展时期（20 世纪 80 年代）。这一阶段各国的创新政策呈现出显著的差异。美国创新政策的发展尤为突出：（1）制定技术创新的基本法律，以促进企业的技术创新和技术转移；（2）鼓励私人的研究开发，通过制定税收优惠、完善法律法规、加强知识产权保护等政策，逐步加强政府对工业设计产业的干预。澳大利亚创新政策的发展在这一阶段突出的表现为加大政府对投入，尤其是支持企业的创新活动和技术推广工作，实施"知识和创新计划"，加大对研究活动和人员培训创新政策的制定及实施。英国政府创新政策则是更加重视科学思想的产生，设立专门机构来加强对基础研究资金的管理和基础技术的研究。意大利政府的创新政策也从全面支持中小企业逐步过渡到有选择的扶持中小企业的制度化阶段，这个时期，意大利对工业设计产业创新的激励政策主要集中在财政税收方面。而韩国政府也逐步认识到政府主导的产业政策的局限性，自此，韩国政府的创新政策更多的偏向于为工业设计产业的发展创造一个良好的市场环境，逐步从政府主导转向政府干预。我国在计划经济体制下，也相继推出了多想科学技术计划和相关创新政策国务院做出了《关于对现有企业有重点、有步骤地进行技术改造的决定》，主要集中在技术改造和技术引进方面。

创新政策体系初步建立时期（20 世纪 90 年代）。这一阶段，各国政府都加快了对国家创新政策体系的建立，但更多地体现在对创新政策的供给面政策。如，美国政府更加重视研究成果的商品化、知识产权的保护、科技教育的加强等，而意大利政府在制度化的基础上提出了"导向性政策"，加大税收优惠力度、实施金融支持政策等促进工业设计产业的发展。韩国政府也适时调整国家创新政策，把提高企业效益、提高企业产品的国际竞争力作为政策重点，制定各种税收优惠政策，并加大对私人研发的支持。而我国也认识到适应社会主义市场经济发展的重要性，进一步深化了科技体制改革，政府相继出台一系列政策旨在探索一条加速高新技术成果转化、孵化高新技术企业的新道路。

创新政策体系进一步完善时期（21 世纪之后）。进入 21 世纪以来，各国政府为了增强国家竞争力，纷纷制定产业创新政策，力图使自身的国家创新政策体系更加完善。英国、美国、韩国和澳大利亚政府都更加重视创新政策的需求面政策。如英国欧洲设计团体和英国国际贸易中心建立国际贸易和海外贸易机构。美国政府在政策的实施上也更加重视政府干预和市场调节的协调配合。我国政府也更加重视创新政策对产业发展的重要性，不仅重视供给面政策的制定，而且也加强了需求面政策的实施。

通过对创新政策发展四个阶段的分析，发现各国政府在"法规及管制"、"教育训练"方面有较高的比例；美国与欧盟的政策偏向"科学与技术开发"、"财务金融"和"政策性措施"；另外仅韩国和瑞典政府在制定创新政策时，全面地考虑运用了供给面和需求面政策，其他国家都在其他不同政策上有明显不足。同时，各国政府对创新政策的干预程度也有所不同。例如，韩国的创新政策一般是由政府产业主管部门直接指定并执行的，在政策的指定和实施中，政府具有非常强的主动性。而德国政府却没有直接的产业计划，也没有控制权，政府的主要责任是提供一个环境保障。

第四，各国地方创新政策能够与国家整体创新体系保持一致。

与以往的创新政策相比，从 21 世纪以来各国出台的创新政策中可以看出，尽管各国制定产业政策主体从国家到地方不尽相同（见表 8-5），但是各国政府及地方政

表 8-5

国家	政策主体
英国	英国设计委员会、贸工部设计政策部门、英国设计艺术指导中心、设计商业协会、英国文化设计委员会
德国	德国设计委员会、IF 国际设计协会
瑞典	瑞典工业设计基金会、瑞典工艺设计协会、工贸部
丹麦	由文化、商业、教育和研究部门联合
芬兰	芬兰贸工部，国家研究与发展基金，教育部，外交部，文化部等多学科背景的机构共同批准的"Design 2005！"项目，芬兰国家技术局
爱尔兰	爱尔兰企贸和就业部（DETE）、企贸科技创新委员会（ICSTI）、爱尔兰企业局、工业局
意大利	国家科研与创新政策部长委员会
爱沙尼亚	爱沙尼亚经济事务部、爱沙尼亚设计师协会、设计信息中心
美国	美国设计管理研究所（DMI）、美国企业设计基地、美国工业设计师协会
韩国	财政经济部、中小企业处
挪威	创新基金会
澳大利亚	澳大利亚设计研究院，各州设计政策委员会，总理科学、工程及创新理事会（PMSEIC）和科学技术协调委员会（CCST）

府都更加注重地区与国家层面创新活动和政策的整合与协调。同时，地方政府根据具体情况对创新政策提出自己的看法，针对每个具体的目标指出了地方和国家层面应该采取的措施，最大限度地协调和帮助地方创新政策的建立和调整，从而为国家创新政策体系的完善创造一个良好的环境。

我国从 2004 年起就开始制定《工业设计产业政策》。2007 年，温总理做出了重要批示"要高度重视工业设计"，随后，2010 年 7 月，工信部等 11 部委联合签发的《关于促进工业设计发展的若干指导意见》为未来我国设计产业政策的制定带来了曙光。就中国而言，目前仍然缺乏相关的设计产业政策的支持。仅从税收政策角度来看，对设计产业的税收等同于商业服务业。本书从供给、环境、需求三个方面，搜集分析了我国中央、山东、福建、广东、江苏、四川 5 省以及北京、上海、杭州、宁波、太仓 5 市的针对促进工业设计产业发展的相关政策，见表 8-6。通过对政策报告的关键词与内容进行文本分析，探究了我国工业设计产业创新政策体系的现状以及问题。

表 8-6　　　　　我国中央和地方促进工业设计产业发展相关政策

政策工具 ＼ 区域	北京	上海	杭州	宁波	太仓	山东	福建	广东	江苏	四川	全国
公营事业	—	—	—	—	—	—	—	—	—	—	—
科学与技术开发	√	√	√	√	√	√	√	√	√	√	√
教育与训练	—	√	√	√	—	√	√	√	√	√	√
资讯服务	√	√	√	√	—	√	√	√	√	—	√
财务金融	√	√	√	√	√	√	√	√	√	√	√
租税优惠	√	√	√	√	√	√	—	√	√	√	√
法规及管制	—	√	√	√	√	√	√	√	√	√	√
政策性策略	√	√	√	√	√	√	√	√	√	√	√
政府采购	√	√	√	—	√	—	—	—	√	—	√
公共服务	—	—	—	√	—	—	—	—	—	—	—
贸易管制	—	—	—	—	—	—	—	—	—	—	—
海外机构	—	√	√	—	—	—	—	—	√	—	√

资料来源：中央和地方促进工业设计产业政策。

通过国内外关于设计产业创新政策的对比，可以发现：

（1）我国的设计产业创新政策还没有形成系统、全面、协调的体系。设计产业技术的创新，是一个系统的工程，它要求创新政策之间相互配合，形成有机整体；要求有关部门在制定创新政策时，注意创新政策的层次性、系统性，把经济、贸易、教育以及其他政策同创新政策纳入到同一轨道。而我国现有的创新政策更多地重视研究与开发，而对技术创新、成果商品化、产业化重视程度不够。

（2）从中央到地方的相关政策来看，政府在制定设计产业政策的过程中还存在一些实际问题：第一，政策制定的内容趋同，没有体现地方的特色；第二，我国从中央到地方的设计政策与国外相比，忽视了公营事业这一政策工具的使用；第三，缺乏政府性采购这一政策工具在引领行业发展中的作用；第四，设立海外机构的重要意义还没有被我国各地政策制定者所认识。

第三节　中国工业设计产业政策的实证研究

一、研究对象

本研究根据设计产业的特点设计调查问卷，主要内容为衡量这一领域产业创新需求要素的重要程度，以及目前与未来五年我国在此领域的产业环境的支持程度充足与否。科学的公共政策制定应由多方利益主体共同参与。而我国政府主体通常习惯包办一切、独自决策，或对其他参与主体提出的合理的政策建议不予采纳①。我国设计产业政策的制定也正面临这一状况，它将导致设计产业政策没有体现产业发展最需要的政策支持。因此我们在选择问卷发放的时候有意识地选择了五类主体——政府相关部门、国有设计公司、民营设计企业、制造业、高校设计专业教师，发放问卷区域主要分布在北京、上海、安徽、湖北、湖南、河南等地。问卷对象及回收率统计见表8-7。

表8-7	问卷对象及回收率统计		
问卷领域样本群组	发出问卷数	回收有效问卷	有效回收率
政府相关部门	30	8	26.67%
国有设计公司	50	17	34%
民营设计企业	50	21	42%
制造业	50	9	18%
高校设计专业教师	30	11	36.67%
总计	210	58	27.62%

---

① 苗振国、孙萍：《我国非官方政策参与主体的角色转换》，《发展》2005年第10期。

二、测量工具

根据 Rothwell 对政策工具的分类框架，问卷的内容共分 8 个大项，26 个小项。本研究拟采取 Likert 度量三点度衡量方式，以便专家组回答。每份问卷中各创新要素重要性选项的回答：很重要为 2；需要为 1；无关紧要为 0。每份问卷中各创新要素资源支持程度选项的回答：充足为 1；不充足为 0。将各领域中，各问卷选项的值取平均，所得值若大于 0.5 的认定为资源充分，小于 0.5 的则视为非资源充分领域。

对专家问卷回收结果中，各项要素重要程度与产业环境支持程度进行卡方检定。使用于判定值是否为 1 或 0 的显著检定。

经由专家访谈得出产业发展定位之后，配合产业创新需求资源与要素的统计问卷分析结果，本研究可得出目前及未来发展所需要的产业政策工具，最后再配合专家访谈的结果，可以得到与创新政策工具搭配的具体配套政策建议。

三、结果与分析

（一）描述性统计

1. 信度与效度分析

关于信度分析，就专家问卷回收后的内部一致性信度而言，本研究利用 SPSS16.0 软件，针对 58 份回收问卷，进行 Cronbach's Alpha 信度分析，当所检验得到的 Alpha 系数值越高，代表此量表的内部一致性越高，系用以测量相同特质；一般而言，以 Cronbach's Alpha 系数估算信度，其值位于 0.35～0.70 视为可接受，系数值大于 0.70 则属于高信度。

本研究检定结果如表 8-8 所示，分别区分八大类创新资源，检验在现在问项与未来问项的各层面内部一致性；检验结果显示市场形势、研究发展的 Alpha 值均高于 0.8，属于高信度，其他各层面的 Alpha 均高于 0.7，属于可接受的信度范围内，只有技术知识及市场资讯个别的 Alpha 值低于 0.7。

关于效度分析，本研究的问卷设计经由产业研究与文献探讨所设计，进行正式调查前邀请了几位专家试做，确保问卷问项清楚便于理解，以符合表面效度，同时，问卷设计完成后，经由政策利益相关者进行确认与修改，确保各问题在产业中的适合度与代表性，确保其符合内容效度。

2. 设计产业创新需求要素的环境配合度分析

本部分根据回收问卷及专家访谈结果对设计产业资料进行分析，首先对设计产业的创新需求资源进行分析，其次再对细项的产业创新需求要素进行对比分析。采用 Chi-square 检定方法对产业创新需求要素配合度进行分析。Chi-square 以虚无假设为专家认为"配合度充足"比率 = 0.5 作检定，$\alpha = 0.05$，根据其检定结果拒绝与否，再配合两种问卷回答：肯定充足为 1 与否定充足为 0 的个数说明判断，专家认为"配合度充足"的比例大于 0.5 或是小于 0.5。

表 8-8		个别构面的信度分析表		
	构面	现在（α）	未来（α）	
要素重要性	研究发展	0.774	0.782	
	研究环境	0.744	0.7622	
	技术知识	0.729	0.7425	
	市场资讯	0.722	0.7625	
	市场形势	0.748	0.7965	
	市场环境	0.730	0.751	
	人力资源	0.739	0.762	
	财务资源	0.743	0.770	
	总体	0.761	0.797	
环境配合度	研究发展	0.882	0.952	
	研究环境	0.756	0.883	
	技术知识	0.630	0.693	
	市场资讯	0.638	0.795	
	市场形势	0.880	0.892	
	市场环境	0.696	0.700	
	人力资源	0.794	0.817	
	财务资源	0.875	0.750	
	总体	0.851	0.746	

通过上述的 Chi-square 检定配合显著的要素，我们得以确认产业环境对于极具重要性的创新需求要素配合度是否足够或明显不足，将显著但环境配合度不足的要素提出来加以讨论，作为设计产业发展所需相关政策连接的依据。

（1）目前状况。以设计产业目前的状况，通过调查问卷，以及根据表 8-9 的统计分析结果（产业创新需求要素配合程度 p-value 小于等于 0.05 者判定为显著），本研究亦归纳出我国中配合度显著不足的产业创新需求要素共有 24 项，分别是：设计发展中的国家创新能力、国家整体对设计的支持、设计师与客户合作网络、设计师之间的技术合作、产学研的合作、政府对产业政策的制定共 8 项；创新环境中的政府对产业创新的支持、具备整合能力的研究机构、技术转移及引进机制、创新育成体制中共 4 项；技术知识中的上下游产业整合能力、建立系统标准共 2 项；市场资讯中的先进与专业的信息流通与取得、设计奖项及信息取得共 2 项；市场形势中的设计需求量大的市场、多元需求的市场共 2 项；市场环境中的政府优惠制度、顾客导向的建立与经营能力共 2 项；人力资源中的设计专业人员、设计行业内管理人员、国际设计市场拓展人员共 3 项；财务资源中的完善的资本市场机制、提供长期资金的银行或投资减免、研究经费共 3 项。

表 8-9　　　　　　　　　　设计产业的产业环境配合程度分析（目前）

创新需求类型	创新需求要素	要素重要性		环境配合度	
		重要性平均值	（非常重要 Y/无关紧要 N）	卡方检定 p-value	充足 V/不充足 X
设计发展	国家创新能力	1.5429	Y	0.005（≥0）	X
	国家整体对设计的支持	1.2857		0.000（≥0）	X
	设计师与客户合作网络	1.4		0.005（≥0）	X
	设计师之间的技术合作	1.2857		0.000（≥0）	X
	产学研的合作	1.3714		0.005（≥0）	X
	政府对产业政策的制定	1.3714		0.000（≥0）	X
创新环境	政府对产业创新的支持	1.5428	Y	0.000（≥0）	X
	具备整合能力的研究机构	1.4571		0.000（≥0）	X
	技术转移及引进机制	1.3142		0.001（≥0）	X
	创新育成体制	1.4857		0.000（≥0）	X
技术知识	专门领域的研究机构	1.4825		0.017	
	上下游产业整合能力	1.6571	Y	0.05（≥0）	X
	建立系统标准	1.2		0.000（≥0）	X
市场资讯	先进与专业的信息流通与取得	1.5714	Y	0.001（≥0）	X
	设计奖项及信息取得	1.2857		0.000（≥0）	X
市场形势	设计需求量大的市场	1.6	Y	0.005（≥0）	X
	多元需求的市场	1.2857		0.000（≥0）	X
市场环境	国家基础建设	1.5714	Y	0.124	
	政府优惠制度	1.4571		0.016（≥0）	X
	顾客导向的建立与经营能力	1.2285		0.05（≥0）	X
人力资源	设计专业人员	1.5428	Y	0.05（≥0）	X
	设计行业内管理人员	1.4286		0.001（≥0）	X
	国际设计市场拓展人员	1.5429	Y	0.000（≥0）	X
财务资源	完善的资本市场机制	1.2		0.05（≥0）	X
	提供长期资金的银行或投资减免	1.6	Y	0.05（≥0）	X
	研究经费	1.4286		0.005（≥0）	X

注：（1）Chi-square（虚无假设为专家认为配合度充足比率=0.5）。

（2）Y：平均值≥1.5（很重要）；N：平均值<0.5（无关紧要）。

由表 8-9 中可发现，目前设计产业发展中重要且产业环境配合度不足的创新需求资源主要集中在设计发展、设计环境等八大类，包括有：国家创新能力、政府对产业创新的支持、上下游产业整合能力、先进与专业的信息流通与取得、设计需求量大的市场、设计专业人员、国际设计市场拓展人员、提供长期资金的银行或投资减免。

至于目前设计产业发展中需要（1.5>要素重要性平均值>0.5）且产业环境配合度不足的创新需求资源则包括：国家整体对设计的支持、设计师与客户合作网络、设计师之间的技术合作、产学研的合作、政府对产业政策的制定、政府优惠制度、顾客导向的建立与经营能力、具备整合能力的研究机构、技术转移及引进机制、创新育成体制、建立系统标准、设计奖项及信息取得、多元需求的市场、设计行业内管理人员、完善的资本市场机制、研究经费。

以上的问卷结果（目前）可整理为如图 8-1 所示的雷达图，该雷达图的外圈方形图样表示产业创新需求资源的要素重要性，内圈菱形图样表示产业创新需求资源的环境配合程度。由图 8-1 可看出，目前就设计产业需求要素，其产业配合度明显都不足。

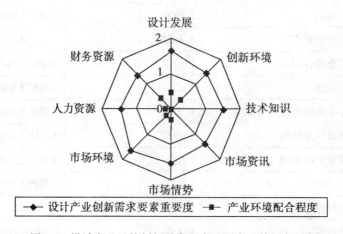

图 8-1 设计产业目前创新需求要素重要度及其配合程度

（2）未来五年的发展情况。以设计产业目前的状况，通过调查问卷，以及根据表 8-10 的统计分析结果（产业创新需求要素配合程度 p-value 小于等于 0.05 者判定为显著），本研究归纳出我国中配合度显著不足的产业创新需求要素共有 15 项，分别是：设计发展中的产学研的合作、政府对产业政策的制定两项，设计环境中的政府对产业创新的支持、技术转移及引进机制两项，技术知识中的上下游产业整合能力、建立系统标准两项，市场资讯中的先进与专业的信息流通与取得、设计奖项及信息取得两项，市场形势中的设计需求量大的市场一项，市场环境中的政府优惠制度、顾客导向的建立与经营能力两项，人力资源中的设计专业人员，国际设计市场拓展人员两项，财务资源中的完善的资本市场机制、研究经费两项。

表 8-10　　　　　　　　设计产业的产业环境配合程度分析（未来五年）

创新需求类型	创新需求要素	要素重要性		环境配合度	
		重要性平均值	（非常重要 Y/无关紧要 N）	卡方检定 p-value	充足 V/不充足 X
研究发展	国家创新能力	1.7714	Y	0.323（≥0）	
	国家整体对设计的支持	1.9429	Y	0.428（≥0）	
	设计师与客户合作网络	1.4571		0.275（≥0）	
	设计师之间的技术合作	1.657	Y	0.713（≥0）	
	产学研的合作	1.6286	Y	0.016（≥0）	X
	政府对产业政策的制定	1.4571		0.050（≥0）	X
研究环境	政府对产业创新的支持	1.4		0.000（≥0）	X
	具备整合能力的研究机构	1.5714	Y	0.127	
	技术转移及引进机制	1.4		0.001（≥1）	
	创新育成体制	1.3143		0.713	
技术知识	专门领域的研究机构	1.4571		0.275	
	上下游产业整合能力	1.7143	Y	0.050（≥0）	X
	建立系统标准	1.3143		0.005（≥0）	X
市场资讯	先进与专业的信息流通与取得	1.6286	Y	0.05（≥0）	X
	设计奖项及信息取得	1.1714		0.000（≥0）	X
市场形势	设计需求量大的市场	1.6571	Y	0.05（≥0）	X
	多元需求的市场	1.4		0.275（≥0）	
市场环境	国家基础建设	1.6857	Y	0.127	
	政府优惠制度	1.5429	Y	0.016	X
	顾客导向的建立与经营能力	1.6571	Y	0.050（≥0）	X
人力资源	设计专业人员	1.6286	Y	0.000（≥0）	X
	设计行业内管理人员	1.3429		0.713	
	国际设计市场拓展人员	1.3714	Y	0.001（≥1）	
财务资源	完善的资本市场机制	1.0571		0.005（≥0）	X
	提供长期资金的银行或投资减免	1.4572	Y	0.713	
	研究经费	1.5714	Y	0.05（≥0）	X

注：（1）Chi-square（虚无假设为专家认为配合度充足比率=0.5）。
（2）Y：平均值≥1.5（很重要）；N：平均值<0.5（无关紧要）。

由表8-10中可发现，目前设计产业发展中重要（要素重要性平均值≥1.5）且产业环境配合度不足的创新需求资源主要集中研究发展中产学研的合作，技术知识中的上下游产业整合能力，市场资讯中的先进与专业的信息流通与取得，市场形势中的设计需求量大的市场，市场环境中的政府优惠制度、顾客导向的建立与经营能力，人力资源中的设计专业人员，国际设计市场拓展人员，财务资源中的研究经费共9项。

至于未来五年设计产业发展中需要（1.5>要素重要性平均值>0.5）且产业环境配合度不足的创新需求资源则包括：政府对产业政策的制定、政府对产业创新的支持、技术转移及引进机制、建立系统标准、设计奖项及信息取得、完善的资本市场机制。以上的问卷结果（未来五年）可整理成如图8-2所示的雷达图，该雷达图的外圈方形图样表示产业创新需求资源的要素重要性，内圈菱形图样表示产业创新需求资源的环境配合程度。

由图8-2可看出，对于设计产业创新需要资源的要素重要性呈现提升的趋势，可能是因为专家们都意识到长期在价值链低端的发展将会有很大的威胁，企业在价值链高端竞争的重要性，虽然产业环境对于未来设计产业需求要素的配合度存在明显不足，但相比目前来看有了较大提升，说明专家们对未来产业环境发展还是持较乐观的态度。

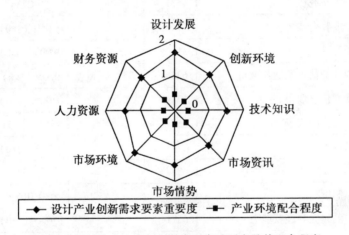

图8-2　设计产业未来创新需求要素重要度及其配合程度

3. 设计产业定位分析

根据设计产业相关文献整理，以及专家的访谈意见，归纳出我国设计产业目前以及未来五年定位所需要的产业创新需求要素，整理后如表8-11所示。

4. 设计产业的政策组合分析

根据设计产业产业环境配合度与产业政策组合分析的结果，归纳出设计产业发展过程中，专家认为重要而环境配合显著不足与不充分的创新需求要素，并归纳出政府发展设计产业所需配合的政策工具，见表8-12具体分为目前与未来五年两大部分评述。

表 8-11   设计产业现在定位与未来五年发展所需要的产业创新需求要素

现　在		未来五年	
创新需求资源	创新需求要素	创新需求资源	创新需求要素
设计发展	国家创新能力	设计发展	产学研的合作
研究环境	政府对产业创新的支持	技术知识	上下游产业整合能力
技术知识	上下游产业整合能力	市场情势	设计需求量大的市场
市场资讯	先进与专业的信息流通与取得	市场资讯	先进与专业的信息流通与取得
市场情势	设计需求量大的市场	市场环境	政府优惠制度 顾客导向的建立与经营能力
人力资源	设计专业人员 国际设计市场拓展人员	人力资源	设计专业人员 国际设计市场拓展人员
财务资源	提供长期资金的银行或投资减免	财务资源	研究经费

表 8-12   创新政策工具与产业创新需求资源关联表

		创新政策工具											
		国有企业	科学与技术开发	教育与训练	资讯服务	财务金融	租税优惠	法规与管制	政策性措施	政府采购	公共服务	贸易管制	海外机构
产业创新需求资源	设计发展	√	√	√			√		√				
	研究环境		√	√				√					
	技术知识		√		√				√				
	市场资讯				√								
	市场情势								√			√	√
	市场环境							√	√		√		
	人力资源		√	√									
	财务资源	√				√		√	√				

注：√表示直接影响。

资料来源：Rothwell, R., Zegveld, W. *Industrial Innovation and Public Policy*, France Printer, London, 1981.

（1）设计产业目前所需要的政策工具。首先政府应立即针对下列目前产业定位需要而环境配合度显著不足的要素作为政策工具，见表 8-13。

表 8-13　　　　　　　　　　　设计产业目前所需要的政策工具

创新需求资源	创新需求资源要素	政策工具
设计发展	国家创新能力	国有企业、科学与技术开发、教育与训练、租税优惠、政策性措施
研究环境	政府对产业创新的支持	科学与技术开发、教育与训练、法规与法制
技术知识	上下游产业整合能力	科学与技术开发、资讯服务、政策性措施
市场资讯	先进与专业的信息流通与取得	资讯服务
市场情势	设计需求量大的市场	政策性措施
人力资源	设计专业人员 国际设计市场拓展人员	科学与技术开发、教育与训练
财务资源	提供长期资金的银行或投资减免	国有企业、财务金融、法规与法制、政策性措施

（2）设计产业未来五年所需要的政策工具。首先政府应立即针对下列未来五年产业定位需要，而环境配合度显著不足的要素作为政策工具，见表 8-14。

表 8-14　　　　　　　　　　设计产业未来五年所需要的政策工具

创新需求资源	创新需求资源要素	政策工具
设计发展	产学研的合作	国有企业、科学与技术开发、教育与训练、租税优惠、政策性措施
技术知识	上下游产业整合能力	科学与技术开发、资讯服务、政策性措施
市场情势	设计需求量大的市场	政策性措施
市场资讯	先进与专业的信息流通与取得	资讯服务
市场环境	政府优惠制度 顾客导向的建立与经营能力	法规与法制、政策性措施、公共服务
人力资源	设计专业人员 国际设计市场拓展人员	科学与技术开发、教育与训练

四、相关政策建议

随着金融市场的逐步成熟、资本市场的开放，国内外市场形势发生了重大的转变，这对政府的宏观调控能力提出了更高的要求，仅仅依靠单项政策工具难以应对日趋复杂的经济社会事务。我国设计创新政策政出多门现象严重，缺乏专门机构进行统一管理，所采用的政策工具非常单一，严重限制了政策工具组合效应的发挥。鉴于此，必须加快对政策工具应用结构的优化。本研究通过专家访谈与调查问卷的方式，整合产官学界的意见，针对我国目前设计产业发展需要的因素的重要程度差异与已有政策配合度，提出具体推动政策，对我国政府设计产业政策制定中应关注焦点的问题提出一些建议。

（一）政策工具——公营事业（国有企业）

我国目前工程设计业务主要依托于国有企业，但是目前急需大力发展的产品设计却以民营经济为主体，在目前国家政策、资源均向国有企业配置的形式下，形成了我国工程设计竞争力迅猛、产品设计能力较弱的格局，因此必须在一定时期培养若干个大型的以产品设计为主导的国有企业，成立设计创新研院所，实行科技型企业模式管理，在设计水平和成果达到相当标准的大中型企业或设计公司设立国家级设计中心。此设计中心应由国家给予经费资助，承担专业设计行业统计、设计产业指数发布、国家级设计品牌培育等任务。

（二）政策工具——科学与技术开发

我国工业设计发展仍处于初级阶段，与工业发展要求和发达国家水平相比还有很大差距，缺乏高水平的专门人才、自主创新能力弱是其中的重要因素。应加强工业设计基础理论研究，尤其是我国未来设计发展方向的战略性研究，确立符合中国国情的工业设计概念，推广新的工业设计理念，理顺工业设计产业内外部的关系，促进设计产业有序发展。建立国家工业设计节和工业设计奖，建立国家工业设计博物馆或展览馆；创立高水平的工业设计杂志，举办"世界设计年会"。鼓励国内设计机构聘请国际设计专家和管理人才参与设计和管理。订定国际技术人才引进的优惠措施，聘请专家学者，鼓励基础研究奖励相关领域优秀学生出国学习最新技术，将先进技术引入。鼓励工业企业、工业设计企业、高等学校、科研机构建立合作机制，促进形成以企业为主体、市场为导向、产学研相结合的工业设计创新体系。

（三）政策工具——教育与训练

将工业设计普及教育的内容纳入小学和中学教育体系，培养公民对设计的鉴赏能力和成为未来高素质设计消费者。其中，学前教育和中小学教育应开设相应的工业设计基础课程。在本科和研究生阶段应将工业设计作为一级学科，重视高校工业设计学科建设。设计是一门综合性很强的学科，设计教育中要重视为学生搭建合理的知识结构，培养自主学习的能力与协作精神以及要结合企业和社会的实际需求展开教学。

（四）政策工具—— 租税优惠

采用租税抵减奖励措施来鼓励厂商投入设计经费与设计设备的投资，对具体的税种进行改革，如对增值税进行改革。鉴于设计产业无形资产较多，但是目前企业购买设计并没有获得抵扣，这就无形中抑制了设计创意的积极性。运用税收减免、抵扣以及延期等多项手段，激励文化创意企业走出去。针对所得税优惠政策进行必要的规范，对于涉及到文化企业的税收优惠，做好税收优惠的反馈工作。针对所得税优惠的调节作用，进行细致密集的调研，了解目前企业对这些税收优惠政策的反映程度。

（五）政策工具—— 政策性措施

将设计产业列为国家级重点产业，从政策层面要求各种组织机构重视设计产业，即明确将工业设计产业认定为高新技术产业。明确设计产业的主管部门，实行现代服务业、高新技术产业的全部产业优惠政策。在政策的制定方面，要发挥好中国工业设计协会、地方协会和各级行业协会的作用，促进政产学研商协同合作，加强对设计产业上下游整合。

（六）政策工具——法规与法制

加强立法专门化工作，将设计创新活动纳入法制化轨道。立法专门化是当前国际科技立法的发展趋势。在深化现有的知识产权法律体系基础上，建立健全与我国设计产业发展状况相适应的知识产权法律法规，建立工业设计产权局，延长外观设计专利的保护期，工业产品的出口要求专利认证，避免受到国外反倾销的诉讼。尽快制定与知识产权法相配套的设计产业政府法规，加强在知识产权制度运行中的公共权力的介入。

（七）政策工具——资讯服务

由主管单位建立平台，使现有的设计资源能得到整合及流通。政府提供一定补贴，鼓励设计人员参与国际性研讨会，以获取实时技术资讯。

（八）政策工具——财务金融

设计企业大部分是中小企业，面临着中小企业固有的"融资难"问题，政府应建立健全的研究设计经费申请渠道，对于具有潜力的研究开发计划给予补助或奖励。各级政府扶植当地中小企业时提高中小设计企业的比例，并专门设立工业设计发展基金，推动行业更好更快发展。

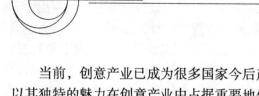

第九章 总结与展望

当前，创意产业已成为很多国家今后产业发展方向和新的经济增长点，工业设计以其独特的魅力在创意产业中占据重要地位。随着国际、国内市场竞争日益激烈，越来越多的国内企业意识到工业设计自主创新是提升产品竞争力，提高企业盈利能力的重要手段。然而，对工业设计产业的经济学研究还处在萌芽阶段，国外研究工业设计产业的文章较少，国内对工业设计产业经济理论的分析的文章也只有零星几篇，因此本书在总结前人研究的基础上，归纳了我国工业设计产业发展中出现的问题，提出一些解决的办法，从而得出一些有意义的结论。本章对全书的研究结论进行总结，并对研究中存在的问题和进一步的研究方向进行思考。

第一节 主要研究结论

本书在总结先前研究成果基础上，构建一个较为系统的工业设计产业发展模型，对影响工业设计产业发展的因素及其作用机制进行理论分析。全书的主要内容和研究结论概括如下：

第一，对设计、工业设计等相关概念进行定义，界定了本书所研究的工业设计产业，主要包括产品设计、工程设计等。我国的工业设计属于专业服务业一类。在经济学视角下，工业设计产业对经济及社会发展、城市建设的重要作用包括促进经济增长、推动产业结构升级、增值产业价值链、增强区域综合竞争力。从经济、制度、文化的角度构建了影响工业设计产业发展的三维分析框架，即工业设计产业发展受到产业结构升级、创意产业发展、科技进步及体制改革等因素的影响，发现产业结构升级的速度提高1%，将引起当年的设计能力水平提高8.34%，将引起未来一年的设计能力水平提高1.84%。这说明产业结构升级对设计能力水平的提高具有"乘数性质"的加速作用。创意产业的发展为工业服务业发展提供创意元素，并且科技进步为快速设计提供了基础，体制改革解决了工业设计企业的产权不清问题，这些都加速工业设计产业增长。通过工业设计产业发展趋势的研究，发现工业设计产业正朝着专业化、企业化、标准化、规模化、市场化等方向发展。

第二，通过对工业设计产业发展的历程进行回顾，认为我国的工业设计产业经历了计划经济时期、市场经济初期、加入WTO后时期三个阶段，但还处于生产型工业设计阶段，企业内对设计预算不多，外包设计费用也很低。接着对英国、美国、加拿大、日本等四国的研发服务业进行分析，发现我国的设计服务业还存在较大的差距，主要表现在：一是工业设计企业的规模普遍偏小，价值创造不能对投资产生吸引，在市场上抗风险能力非常差，导致设计服务业对制造业的影响力过小，企业管理层普遍不重视工业设计。二是工业设计产业竞争力比较弱。该行业自身的性质决定了其智力密集型特点，其所积淀的无形资产是其所有资产中最为重要、比重较大、质地最优的资产，而这一点往往为过去的管理所忽视，所以设计企业管理水平较弱，知识产权意识淡薄。三是工业设计产业的布局不经济，计划配置的惯性造成区域的不平衡，各种产业组织模式没有合理的采用，造成一些地区设计人才流失严重，后发劣势。

第三，通过对工业设计产业影响力的实证检验，发现工业设计产业的外溢效应对经济增长具有一定的推动作用，设计产出每增长1%，不考虑其他因素的变化，非设计部门的产出将增长2.475%。但目前的设计产业收入比重在第三产业、甚至在国内生产总值中比重相当小，资源配置缺乏效率，市场集中度不高，建议通过工业设计企业兼并优化设计资源配置，工程设计企业应该采用工程总承包这一国际通行模式，提高影响力。

第四，首先通过分析工业设计产业无形资产的构成、特征、地位和作用，发现我国的工业设计企业大部分没有认识到无形资产的作用，突出地表现在上市设计公司无形资产披露不充分，不规范，存在显性无形资产与隐性无形资产、边缘无形资产与技术类无形资产、新兴无形资产与传统无形资产结构失衡的问题。分析了发现、判断、优化无形资产对于提高工业设计产业具有重要意义。其次建构了工业设计产业无形资产价值模型，提出了无形资产价值由质量、速度、方向构成的方程式来计量，而这三个因素由人力资本、智力资本、智力结构资本三种指标来衡量。衡量工业设计产业中的无形资产因素，可以提高企业管理无形资产的水平，进而提升竞争力。

第五，研究了工业设计产业集聚理论与案例。构造了工业设计产业集聚动力机制模型，从企业层面的动力机制与优势、集群层面动力机制与优势和集群以外的创新机制和优势三个层面分析了模型框架的一些影响工业设计产业集聚的因素，专业化、知识溢出、规模效益、吸聚效应以及政府、行业协会、大学等都是工业设计产业集聚生成、发展的动力机制，而且工业设计产业集聚具有激励作用、减少专用性投资、防止欺诈以及地域品牌等优势。通过调研和对问卷调查的分析，发现我国的工业设计产业存在着两种模式，一是政府规划的综合性工业设计产业集聚区；一是与制造业紧密联系的专业设计产业集聚区。要抓住设计产业国际转移的有利机遇，着力从环境营造、要素培育制度创新等方面为综合性设计业集群成长创造有利的支撑条件，还要充分保护好符合市场化发展趋势的专业性设计产业集群，结合区位优势，发挥政府规划与引导作用，并加大资金、政策等方面的支持力度，要进一步完善集群内部的竞合机制。

第二节　我国工业设计产业发展的政策建议

　　我国的制造业、服务业特别是现代服务业自身的竞争力比较弱，在加入 WTO 后，都将面临很大的压力，而 2008 年的全球经济危机又一次给我们敲响了警钟，那些只依靠代加工，劳动力密集的产业在这场危机中犹如洪水中的小草，一阵风就会被吹倒。要摆脱这种困境，发展工业设计产业具有重要的战略意义。工业设计产业对制造业的贡献已有大量学者研究证实，而制造业乃是实体经济，对国家经济的健康发展起到关键作用。另一方面，随着城市人口的增加，环境意识的增强，大量的制造业转移到城市外围，设计产业是以无形资产投入为主，高附加值、低能耗，这些都非常适合目前建设我国"创新型国家"和节约环保型社会发展目标的要求，所以城市中发展创意产业如工业设计产业乃是明智之举。本书对工业设计产业的理论和实证研究表明要重视工业设计产业发展，并根据其产业特征制定、调整产业政策。制定配套措施，在缓解来自国外设计公司压力的同时，更好发挥工业设计产业对制造业的激励作用，实现产业的升级和结构调整，促进我国经济的转型。

　　第一，对工业设计产业的产业政策实行与高科技产业相同的产业政策。通过本书研究，表明工业设计产业是以智力创造为特征的产业，设计产业作为知识经济中重要组成部分，起着推动我国经济增长和增强国际市场竞争力的作用，因此也应该获得相同的待遇。然而，设计业至今尚未有与之相对应的正规性的"设计师"职称评审制度，设计师的地位未得到国家正式认可，设计师的社会地位也不尽理想。而国际上一些发达国家中，设计师与律师、医师的社会地位是相当的，收入也十分可观。设计师的社会地位和社会价值，是衡量设计产业成熟与否的指标之一，这一方面要靠设计师自身的努力，另一方面则需要政府的支持。

　　第二，对我国工业设计产业的保护和支持政策。也就是在提供一些优惠政策、营造良好环境同时，国内项目应该优先考虑国内设计公司，各级区域都优先考虑本区域的设计公司。这是基于两点原因：一是国内的工业设计产业还刚起步，国际竞争力不强，属于"幼稚产业"，理应得到保护。二是基于现实存在的问题，一些客户单位"崇洋媚外"、"舍近求远"，不考虑国外公司的情况以及国外公司对项目的熟悉程度就把项目承包给国外设计公司，而一些国外设计公司再将项目低价转包给国内设计公司，国外设计公司什么都没做就能轻松赚取大量利润，而国内设计公司由于难以获得合理的利润而无法发展壮大，致使竞争力越来越弱，从而陷入恶性循环的局面，不利于我国工业设计产业的健康成长。

　　第三，工业设计产业的发展应该以区域为单位，以区域为中心，建立设计园区，政府和企业共同制定相应的设计战略，逐渐引导整个城市的消费需求从对质、量的关注逐渐转向对于品牌、设计的重视，由心理需求所引发的体验性需求成为新的消费观。让设计的观念向区域外围扩散，促进整个区域设计竞争力朝着有序的、良性的方向发展。现在各省都在大力发展工业设计产业、创建工业设计产业集聚区，这种发展方向是对的，但还应该思考，本地区的工业设计产业的发展优势是什么，是哪些行业设计公司力量强，还是整个设计产业协调整合能力强？需要及时、准确地挖掘本区域的设计资源，制订适合本区域的设计产业模式。

第三节　不足之处与研究展望

本书研究工业设计产业的发展，对该产业的影响力、竞争力、产业集聚模式分别进行理论和实证的分析及检验，得出的一些结论丰富和完善了工业设计产业的经济理论分析，但同时也存在一些局限。一是本研究的数据大部分采用了工程勘察设计行业的数据，产品设计服务业的数据很难收集，可能会造成研究结论的偏差，今后的扩展方向是进一步深入考察产品设计行业并对个别典型公司跟踪研究，验证和完善本书的观点与理论模型。二是本研究是从工业设计的角度来探讨设计企业在发展过程中所遇到的问题，因此访谈所选择的对象都是工业设计背景的专家。若是以企业其他部门的观点来探讨类似的主题，例如：以营销、企业策划人员的观点来做探讨应该可以得到更宏观的研究结果。三是没有将工业设计产业与其他创意产业进行比较分析，如果今后有机会可以研究工业设计产业作为创意产业的共性和个性，将会对工业设计产业的发展起到很好的作用。

附录一　工业设计产业问卷调查

亲爱的被访者：

　　您好！我们是中南财经政法大学产业经济学专业工业设计产业研究调查小组，本调查的目的是了解我国目前工业设计产业的发展现状，研究工业设计企业的生存环境、企业间的相互联系，并为政府提供政策建议。问卷调查结果仅供科研使用，不涉及商业用途，我们保证对您所提供的一切信息保密。如有需要，在研究结束后，我们可将研究结果提供给贵公司，供贵公司在经营管理中作为参考。希望我们的调查活动能得到您的支持。祝您身体健康，工作顺利！

公司概况

1. 您在公司的职位是什么？＿＿＿＿＿＿＿
2. 贵公司在哪一年成立？＿＿＿＿＿＿＿
　　如果成立之初没有从事设计业务，那么是从哪一年开始从事设计业务的？＿＿＿＿＿＿＿
3. 贵公司是集团公司下属的子公司吗？是（　　）　　不是（　　）
4. 贵公司所有制形式：＿＿＿＿＿＿＿
　　a. 国有　　　b. 集体　　c. 股份制　　d. 个体私营　　e. 三资
5. 贵公司有多少员工（包括董事）？＿＿＿＿＿＿＿
6. 贵公司有多少专业人员？
　　a. 设计师（　　）人　　b. 建筑师（　　　）人　　c. 工程师（　　　）人
　　d. 咨询师（　　）人　　e. 其他专业人才（请注明）：＿＿＿＿＿＿＿

公司业务

7. 请简要描述贵公司的产品或服务。例：涉及工业与民用的建筑设计、勘察和工程咨询。

＿＿＿＿＿＿＿＿＿＿＿＿＿＿＿＿＿＿＿＿＿＿＿＿＿＿＿＿＿＿＿＿＿＿＿＿
＿＿＿＿＿＿＿＿＿＿＿＿＿＿＿＿＿＿＿＿＿＿＿＿＿＿＿＿＿＿＿＿＿＿＿＿

_____

_____

_____

_____

8. 贵公司提供以下哪种设计服务？

服务	勾选所有适用	占所有服务的比重（%）	与2003年比较				
			明显降低	降低一点	差不多	提高一点	明显提高
研发	☐						
设计现有产品或新产品零部件	☐						
设计最终产品	☐						
市场营销	☐						
其他服务（设备制造、咨询、建设、监理）	☐						

9. 请描述贵公司的出口情况。

	出口	出口国家	出口业务（请勾选所有适用的并估计相应比重）？						
			纺织服装业	建筑业	化工业	电力业	医药业	食品饮料业	汽车船舶业
是	☐		☐	☐	☐	☐	☐	☐	☐
			（ ）%	（ ）%	（ ）%	（ ）%	（ ）%	（ ）%	（ ）%
否	☐		请解释原因						

10. 贵公司的出口在过去5年有增加吗？
    是 ☐   否 ☐

11. 如果贵公司没有出口，计划在未来5年出口吗？
    是 ☐   否 ☐

12. 以下哪些业务是贵公司的主要业务（请勾选所有适用的并估计相应比重）？

	勾选所有适用	占当前销售额的比重（%）	占 2002 年该行业销售额的比重（%）	占 2013 年该行业销售额的比重（%）
纺织服装业	☐			
建筑业	☐			
化工业	☐			
电力业	☐			
医药业	☐			
食品饮料业	☐			
汽车船舶业	☐			

13. 请估计过去 5 年以下项目的变化。

	变化比例（%）		请解释变化原因
	增加	减少	
职员总数			
培训新老员工费用			
研发设计费用			
销售额			
净利润			
出口额			

14. 影响贵公司成功的因素是哪些（请画✓）？

影响成功的因素	不重要	有点重要	比较重要	很重要
资质				
品牌				
服务质量				
服务创新性				
提出新服务				
低价格				
客户服务				
使用新技术				
拥有专业技能和知识				

影响成功的因素	不重要	有点重要	比较重要	很重要
知识产权				
营销策略				
管理能力				
保持组织灵活性				
与委托人的关系				
服务的市场				
出口目的地数目				
出口总量				
其他（请注明）				

15. 在未来 5 年，您觉得贵公司的以下指标会增长吗？

	降低很多	降低一点	保持不变	升高一点	升高很多	预期变动多少（%）	请解释为什么或哪些因素影响增长
销售额							
净利润							
职员数							
出口额							

客户关系

16. 请描述贵公司客户所在地和占销售额的比重（请勾选所有适用的并估计相应比重）。

客户所在地	目前占销售额的比重（%）	过去 5 年占销售额比重的平均数（%）	未来 5 年占销售额比重的平均数（%）
公司所在城市□			
散布在全国□			
散布在全世界□			

17. 您认为在地理位置上公司离客户近重要吗?

不重要□　　有点重要□　　比较重要□　　非常重要□

18. 怎样描述贵公司的主要客户(请选择)?

跨国公司 □　　　　　　　　大型公司(500 人以上)□

中型公司(100 人以上)□　　小型公司(少于 100 人)□

19. 您认为以下哪种营销方法是最成功的(请选择所有合适的)?

面对面交流 □　　　存在的关系 □　　　广告□

网络 □　　　　　　出席商展□　　　　其他□(请注明)_____

20. 在您与客户的交流互动中,您认为以下哪种方法是最重要的(请勾选所有适用的并解释原因)?

交流方法	不重要	有点重要	比较重要	非常重要	请解释为什么
面对面交流	□	□	□	□	
电话	□	□	□	□	
传真	□	□	□	□	
书信	□	□	□	□	
E-mail 或网络	□	□	□	□	
其他(请注明)	□	□	□	□	

21. 过去 5 年,贵公司销售额来源的比例是什么?

客户类型	占销售额的比重(%)
老客户	
新客户	

22. 与 3 年前比较,下列活动在多大程度上改变了(请在每列选择一个)?

	没有变化	改变一点	改变很大	完全改变	请解释改变
服务的技术					
劳动力技能					
服务的方式					
提供的服务和产品					
公司的组织结构					

续表

	没有变化	改变一点	改变很大	完全改变	请解释改变
与客户的关系					
与其他设计公司的关系					

23. 在以下活动中，贵公司多大程度上帮助客户（请在每列选择一个）？

活动的类型	没	非常低	低	中等	高	非常高
进行研究						
开发设计新产品						
降低客户产品的失败率						
使客户生产更便利						
提高客户收入						
改进客户产品质量						
改进客户人机操作						
改善客户的风格和审美						
改进客户技术						
其他（请注明）						

24. 贵公司和客户的关系怎么样？
不密切 □　　　有点密切 □　　　非常密切 □

信息化水平

25. 贵公司职员使用计算机的比重为_____。
26. 贵公司计算机连接互联网的比重为_____。
27. 您认为技术升级或使用新方法在贵公司重要吗？
不重要□　　　有点重要□　　　比较重要□　　　非常重要□
28. 贵公司多长时间升级技术或购买新软件或计算机？
3~5 年 □　　1~3 年□　　每年 □　　每6个月 □　　每月□
其他（请注明）：_____

企业间竞争与协作

29. 贵公司有多少个直接竞争者?

30. 贵公司竞争者的所在地: _____

   主要在同一个城市 □ 　　　　　　　　主要在同一个省□

   散布在全国 □ 　　　　　　　　　　　散布在全球□

31. 最近有新的竞争者进入贵公司的业务领域吗?

   没有 □ 　　1-2 个 □ 　　比较多 □ 　　　　很多 □

32. 如果有新的竞争者,他们一般在哪些地方?

   同城 □ 　　　　同省 □ 　　　　全国 □ 　　　全球 □

33. 主要的竞争企业是:

   跨国公司 □ 　　　　　　大型公司(500 人以上)□

   中型公司(100 人以上)□ 　　小型公司(少于 100 人)□

34. 是否与本地其他企业间存在协作关系?

   是 □ 　　　　否 □

   如果是,有哪些协作关系?

   共用设备 □ 　合作营销 □ 　培训职员□ 　其他□(请注明) _____

35. 本地是否有行业协会?

   是 □ 　　　　否 □

   如果有,贵公司是否参加本地相关的行业协会?

   没有□ 　偶尔□ 　经常□

36. 上题如果回答"偶尔"或"经常",请答本题,贵公司享有协会的哪些服务?

服务	经常	偶尔	没有
1. 法律咨询			
2. 相关企业信息			
3. 课程与研讨会			
4. 信息公告板			
5. 作为与政府对话的代言人			
6. 其他(请注明)			

政府及其他机构

37. 政府对贵公司的创新和效益起作用的因素排序：_____
    a. 技术培训　　b. 教育改革　　c. 减免税　　d. 宏观经济稳定
    e. 其他（请注明）_____

38. 贵公司与以下机构的联系怎样？

机构	没有联系	偶尔联系	经常联系
1. 培训中心			
2. 技术中心			
3. 小企业服务机构			
4. 大学			
5. 科研机构			

39. 请列举本地与贵公司业务有关的 5 个中介服务机构：_____

_____

40. 您是否经常接受中介机构的服务？
    没有 □　　　　偶尔 □　　　　经常 □

非常感谢您在百忙之中参与此次问卷调查，向您致以崇高的谢意！

附录二 工业设计产业问卷调查结果

表 1 　　　　　您认为与客户面对面交流是最成功的营销方式吗?

		企业数	百分数
认为面对面交流有效	是	32	62.74%
	否	19	37.26%
	小计	51	100%

表 2 　　　　　您认为与客户之间存在的关系是最成功的营销方式吗?

		企业数	百分数
认为与客户存在的关系有效	是	39	76.47%
	否	12	23.53%
	小计	51	100%

表 3

		职员数在过去 5 年的增长			
		零增长	负增长	正增长	总计
培训费用在过去 5 年的增长	零增长	12	5	10	27
	负增长	1	0	2	3
	正增长	5	6	7	18
总　计		18	11	19	48

表 3-1 　　　　　**Chi-Square Tests**

	value	df	Asymp. Sig (2-sided)
Pearson Chi-Square	49.225[a]	4	.000
Likelihood Ratio	64.749	4	.000
Linear-by-Linear Association	38.428	1	.000
N of Valid Cases	48		

a. 4 cells (44.4%) have expected count less than 5. The minimum expected count is 69.

表 3-2 **Symmetric Measures**

	value	Asymp. Std. Error[a]	Approx. T[b]	Approx. Sig.
Interval by Interval Pearson's R	.904	.024	14.360	.000[c]
Ordinal by Ordinal Spearman Correlation	.908	.030	14.705	.000[c]
N of Valid Cases	48			

a. Not assuming the null hypothesis.

b. Using the asymptotic standard error assuming the null hypothesis.

c. Based on normal approximation.

表 4

		销售额在过去 5 年的增长			
		零增长	负增长	正增长	总计
培训费用在过去 5 年的增长	零增长	3	2	22	27
	负增长	0	0	3	3
	正增长	0	0	18	18
总计		3	2	43	48

表 4-1 **Chi-Square Tests**

	value	df	Asymp. Sig（2-sided）
Pearson Chi-Square	4.341[a]	4	.362
Likelihood Ratio	6.203	4	.185
Linear-by-Linear Association	3.620	1	.057
N of Valid Cases	48		

a. 7 cells（77.8%）have expected count less than 5. The minimum expected count is 13.

表 4-2 **Symmetric Measures**

	value	Asymp. Std. Error[a]	Approx. T[b]	Approx. Sig.
Interval by Interval Pearson's R	.278	.065	1.959	.056[c]
Ordinal by Ordinal Spearman Correlation	.294	.069	2.088	.042[c]
N of Valid Cases	48			

a. Not assuming the null hypothesis.

b. Using the asymptotic standard error assuming the null hypothesis.

c. Based on normal approximation.

表5

		净利润在过去5年的增长			
		零增长	负增长	正增长	总计
培训费用在过去5年的增长	零增长	12	2	13	27
	负增长	0	0	3	3
	正增长	0	0	16	16
总计		12	2	32	46

表5-1 **Chi-Square Tests**

	value	df	Asymp. Sig（2-sided）
Pearson Chi-Square	14. 162[a]	4	. 007
Likelihood Ratio	19. 141	4	. 001
Linear-by-Linear Association	12. 357	1	. 000
N of Valid Cases	46		

a. 6 cells（66.7%）have expected count less than 5. The minimum expected count is 13.

表5-2 **Symmetric Measures**

	value	Asymp. Std. Error[a]	Approx. T[b]	Approx. Sig.
Interval by Interval Pearson's R	. 524	. 076	4. 081	. 000[c]
Ordinal by Ordinal Spearman Correlation	. 540	. 076	4. 256	. 000[c]
N of Valid Cases	46			

a. Not assuming the null hypothesis.

b. Using the asymptotic standard error assuming the null hypothesis.

c. Based on normal approximation.

表6

		出口额在过去5年的增长			
		零增长	负增长	正增长	总计
培训费用在过去5年的增长	零增长	10	0	0	10
	负增长	1	2	0	3
	正增长	0	2	10	12
总计		11	4	10	25

表6-1 **Chi-Square Tests**

	value	df	Asymp. Sig（2-sided）
Pearson Chi-Square	29.735[a]	4	.000
Likelihood Ratio	36.415	4	.000
Linear-by-Linear Association	21.140	1	.000
N of Valid Cases	25		

a. 8 cells（88.9%）have expected count less than 5. The minimum expected count is 48.

表6-2 **Symmetric Measures**

	value	Asymp. Std. Error[a]	Approx. T[b]	Approx. Sig.
Interval by Interval Pearson's R	.939	.031	13.037	.000[c]
Ordinal by Ordinal Spearman Correlation	.943	.028	13.540	.000[c]
N of Valid Cases	25			

a. Not assuming the null hypothesis.

b. Using the asymptotic standard error assuming the null hypothesis.

c. Based on normal approximation.

表7

		培训费用在过去5年的增长			
		零增长	负增长	正增长	总计
研发费用在过去5年的增长	零增长	13	1	15	29
	负增长	0	1	1	2
	正增长	14	1	2	17
总体		27	3	18	48

表7-1   **Chi-Square Tests**

	value	df	Asymp. Sig（2-sided）
Pearson Chi-Square	52. 371[a]	4	. 000
Likelihood Ratio	63. 690	4	. 000
Linear-by-Linear Association	42. 951	1	. 000
N of Valid Cases	47		

a. 5 cells（55. 6%）have expected count less than 5. The minimum expected count is 13.

表7-2   **Symmetric Measures**

	value	Asymp. Std. Error[a]	Approx. T[b]	Approx. Sig.
Interval by Interval Pearson's R	. 966	. 018	25. 177	. 000[c]
Ordinal by Ordinal Spearman Correlation	. 962	. 022	23. 526	. 000[c]
N of Valid Cases	47			

a. Not assuming the null hypothesis.

b. Using the asymptotic standard error assuming the null hypothesis.

c. Based on normal approximation.

表8

		销售额在过去5年的增长			
		零增长	负增长	正增长	总计
研发费用在过去5年的增长	零增长	2	1	25	28
	负增长	0	0	2	2
	正增长	0	0	16	16
总计		2	1	43	46

表8-1   **Chi-Square Tests**

	value	df	Asymp. Sig（2-sided）
Pearson Chi-Square	2. 063[a]	4	. 724
Likelihood Ratio	3. 112	4	. 539
Linear-by-Linear Association	1. 778	1	. 182
N of Valid Cases	47		

a. 7 cells（77. 8%）have expected count less than 5. The minimum expected count is 04.

表 8-2   **Symmetric Measures**

	value	Asymp. Std. Error[a]	Approx. T[b]	Approx. Sig.
Interval by Interval Pearson's R	.199	.061	1.345	.185[c]
Ordinal by Ordinal Spearman Correlation	.209	.063	1.418	.163[c]
N of Valid Cases	46			

a. Not assuming the null hypothesis.

b. Using the asymptotic standard error assuming the null hypothesis.

c. Based on normal approximation.

表 9

		净利润在过去 5 年的增长			
		零增长	负增长	正增长	总计
研发费用在过去 5 年的增长	零增长	12	2	14	28
	负增长	0	0	2	2
	正增长	0	0	16	16
总计		12	2	32	46

表 9-1   **Chi-Square Tests**

	value	df	Asymp. Sig (2-sided)
Pearson Chi-Square	12.938[a]	4	.012
Likelihood Ratio	17.718	4	.001
Linear-by-Linear Association	11.518	1	.001
N of Valid Cases	46		

a. 6cells（66.7%）have expected count less than 5. The minimum expected count is 09.

表 9-2   **Symmetric Measures**

	value	Asymp. Std. Error[a]	Approx. T[b]	Approx. Sig.
Interval by Interval Pearson's R	.506	.076	3.891	.000[c]
Ordinal by Ordinal Spearman Correlation	.520	.076	4.034	.000[c]
N of Valid Cases	46			

a. Not assuming the null hypothesis.

b. Using the asymptotic standard error assuming the null hypothesis.

c. Based on normal approximation.

表 10

		出口额在过去 5 年的增长			
		零增长	负增长	正增长	总计
研发费用在过去 5 年的增长	零增长	11	4	3	18
	负增长	0	0	2	2
	正增长	0	0	5	5
总计		11	4	10	25

表 10-1　　　　　　　　　　　**Chi-Square Tests**

	value	df	Asymp. Sig（2-sided）
Pearson Chi-Square	14. 583[a]	4	.006
Likelihood Ratio	17. 430	4	.002
Linear-by-Linear Association	10. 982	1	.001
N of Valid Cases	25		

a. 7cells（77. 8%）have expected count less than 5. The minimum expected count is 32.

表 10-2　　　　　　　　　　　**Symmetric Measures**

	value	Asymp. Std. Error[a]	Approx. T[b]	Approx. Sig.
Interval by Interval　Pearson's R	.676	.099	4. 405	.000[c]
Ordinal by Ordinal　Spearman Correlation	.697	.097	4. 656	.000[c]
N of Valid Cases	25			

a. Not assuming the null hypothesis.

b. Using the asymptotic standard error assuming the null hypothesis.

c. Based on normal approximation.

附录三 工业设计产业政策调查问卷

我国工业设计产业的创新需求要素

尊敬的专家：

您好！我们是中南财经政法大学企业管理专业工业设计产业创新政策研究调查小组，本调查的目的是了解我国工业设计产业发展的需求要素，以及目前我国设计产业外部环境的配合程度，问卷调查结果仅供科研使用，不涉及商业用途，我们保证对您提供的一切信息保密。如有需要，在研究结束后，我们可将研究结果提供给您。希望我们的调查活动能得到您的支持。

祝您身体健康，工作顺利！

1. 针对设计产业研究发展的要素

项目		要素重要性			我国产业环境配合程度	
		很重要	需要	无关紧要	足够	不足
国家创新能力	目前					
	未来五年					
国家整体对设计的支持	目前					
	未来五年					
设计师与客户合作网络	目前					
	未来五年					
设计师之间的技术合作	目前					
	未来五年					
产学研的合作	目前					
	未来五年					
政府对产业政策的制定	目前					
	未来五年					

2. 针对研究环境的要素

项目		要素重要性			我国产业环境配合程度	
		很重要	需要	无关紧要	足够	不足
政府对产业创新的支持	目前					
	未来五年					
具备整合能力的研究单位①	目前					
	未来五年					
技术转移及引进机制	目前					
	未来五年					
创新培育机制②	目前					
	未来五年					
专门领域的研究机构	目前					
	未来五年					

3. 针对技术知识的要素

项目		要素重要性			我国产业环境配合程度	
		很重要	需要	无关紧要	足够	不足
上下游产业整合能力	目前					
	未来五年					
建立系统标准	目前					
	未来五年					

4. 针对市场信息的要素

项目		要素重要性			我国产业环境配合程度	
		很重要	需要	无关紧要	足够	不足
先进、专业的信息的交流与取得	目前					
	未来五年					
设计奖项及信息取得	目前					
	未来五年					

---

① 通过政府政策整合产业初期的研究方向、设立共同实验室及对研发投资的奖励等都是促进产业发展重要的力量。国家应成立具备整合能力的研究单位，类似于中研院、工研院等。

② 类似于设计企业的孵化器。

5. 针对市场情势的要素

项目		要素重要性			我国产业环境配合程度	
		很重要	需要	无关紧要	足够	不足
设计需求量大的市场	目前					
	未来五年					
多元需求的市场	目前					
	未来五年					

6. 针对市场环境的要素

项目		要素重要性			我国产业环境配合程度	
		很重要	需要	无关紧要	足够	不足
国家基础建设	目前					
	未来五年					
政府优惠制度	目前					
	未来五年					
顾客导向的建立与经营能力	目前					
	未来五年					

7. 针对人力资源的要素

项目		要素重要性			我国产业环境配合程度	
		很重要	需要	无关紧要	足够	不足
设计专业人员	目前					
	未来五年					
设计行业管理人员	目前					
	未来五年					
国际设计市场拓展人员	目前					
	未来五年					

8. 针对财务资源的要素

项目		要素重要性			我国产业环境配合程度	
		很重要	需要	无关紧要	足够	不足
完善的资本市场机制	目前					
	未来五年					
提供长期资金的银行或投资减免	目前					
	未来五年					
设计经费	目前					
	未来五年					

问卷至此结束！谢谢您宝贵的意见！

参考文献

［1］马歇尔：《经济学原理》，商务印书馆，1991 年版。

［2］阿伦·斯科特著，曹荣湘译：《文化经济：地理分布与创造性领域》，《马克思主义与现实》，2003 年第 4 期。

［3］保罗·克鲁格曼：《地理和贸易》，北京大学出版社，2000 年版。

［4］曹亮功：《设计院的企业特性》，《建筑学报》，2003 年第 2 期。

［5］陈文龙：《互动的模式与设计》，《设计》，2001 年第 12 期。

［6］陈勇强、胡佳：《美国工程总承包市场的发展及其启示》，《国际经济合作》，2007 年第 3 期。

［7］陈永高、孙剑：《基于工程建设总承包模式的并行设计管理研究》，《基建管理优化》，2007 年第 2 期。

［8］陈克军：《勘察设计行业体制改革研究》，国防科技大学硕士论文，2006 年。

［9］陈守明、韩雪冰：《基于制造业产业集群的生产者服务业发展模式》，《上海企业》，2006 年第 5 期。

［10］陈世辉：《我国 IC 设计业竞争因素分析》，台湾大学硕士论文，1999 年。

［11］陈秉义主编：《21 世纪的工业设计》，北京工业设计促进会，2000 年 4 月。

［12］陈映：《水泥行业设计院工程总承包项目分包合同管理》，《武汉理工大学学报（信息与管理工程版）》，2007 年第 5 期。

［13］蔡增正：《教育对经济增长贡献的计量分析——科教兴国战略的实证依据》，《经济研究》，1999 年第 12 期。

［14］蔡志敏、杜希双、关晓静：《我国工业企业技术创新能力评价方法及实证研究》，《统计研究》，2004 年第 3 期。

［15］范沁红：《工业设计的知识产权保护研究》，湖南大学硕士论文，2006 年。

［16］格鲁伯、沃克：《服务业的增长：原因与影响》，上海三联书店，1993 年版。

［17］官庆：《国有大型勘察设计单位改企建制探讨》，西南财经大学出版社，1997 年版。

［18］郭于贤：《全球前十五大 IC 设计公司经营绩效之研究——DEA 方法之应用》，台湾大学硕士论文，2007 年。

［19］郭雯：《设计服务业创新政策的国内外比较及启示》，《科研管理》，2010 年第 9 期。

［20］何洁：《外国直接投资对中国工业部门外溢效应的进一步精确量化》，《世界经

济》，2000 年第 12 期。

[21] 何玉玲：《无形资产价值影响因素之研究——以台湾 IC 设计业为例》，台湾交通大学硕士论文，2003 年。

[22] 何人可：《工业设计史》，北京理工大学出版社，2000 年版。

[23] 韩涛：《城市规划设计院市场拓展战略研究》，《规划师》，2007 年第 10 期。

[24] 洪华：《对大陆工业设计产业发展阶段的分析》，《中国质量》，2005 年第 3 期。

[25] 花建：《文化产业竞争力的内涵、结构和战略重点》，《北京大学学报（哲学社会科学版)》，2005 年第 2 期。

[26] 黄茗富：《工业设计产业组织能耐、绩效制度与竞争优势之个案分析》，台湾云林科技大学硕士论文，2004 年。

[27] 海军：《中国设计产业竞争力研究》，《设计艺术》，2007 年第 2 期。

[28] 胡顺云：《以设计为龙头的电力工程总承包管理研究》，华北电力大学硕士论文，2006 年。

[29] J. D. 弗雷姆：《新项目管理》，世界图书出版公司，2001 年版。

[30] 贾成贵：《浅谈以设计为主体的工程总承包》，《轻金属》，2003 年第 2 期。

[31] 蒋三庚：《CBD 与现代服务业企业集群研究》，《首都经济贸易大学学报》，2006 年第 5 期。

[32] 李红：《知识密集型服务业集群研究述评》，《科学管理研究》，2005 年第 6 期。

[33] 刘璟：《设计咨询行业中智力资本模型及其价值评估》，中南财经政法大学硕士论文，2003 年。

[34] 卢冈：《西北电力设计院工程总承包能力培育研究》，西北大学硕士论文，2006 年。

[35] 李于昆：《数字艺术创意产业的发展与思考》，《百家》，2006 年第 2 期。

[36] 林宝树：《IC 设计公司之评价效度分析》，台湾政治大学硕士论文，2001 年。

[37] 迈克尔·波特著，李明轩、邱如美译：《国家竞争优势》，华夏出版社，2002 年版。

[38] 彭纪生、仲为国、孙文祥：《政策测量、政策协同演变与经济绩效：基于创新政策的实证研究》，《管理世界》，2008 年第 9 期。

[39] 宋绪鹏：《论设计院从事工程总承包的优势》，《现代商贸工业》，2007 年第 10 期。

[40] 宋同正：《台湾资讯业设计资源与设计绩效之实证研究》，《科技学刊》，1998 年第 2 期。

[41] 魏艾主编：《中国大陆经济发展与市场转型》，扬智文化事业股份有限公司，2003 年版。

[42] 邵正光、陈俐艳：《黑龙江省服务业市场进入壁垒分析》，《宏观经济研究》，2004 年第 11 期。

[43] 藤田昌久、克鲁格曼著，梁琦主译：《空间经济学：城市、区域与国际贸易》，

中国人民大学出版社，2005 年版。

[44] 童慧明：《珠三角工业设计》，《美术观察》，1998 年第 8 期。

[45] 许正芳：《中国 IC 设计产业分析及竞争力之研究》，台湾科技大学硕士论文，2001 年。

[46] 许世洲：《IC 设计公司的外包产能规划》，台湾交通大学博士论文，2003 年。

[47] 徐康宁：《产业聚集形成的原因和影响研究》，复旦大学博士论文，2003 年。

[48] 王翔炜：《高雄都会区生产者服务业之发展与产业竞争优势分析》，台湾中山大学公共事务管理研究所硕士论文，1997 年。

[49] 王万弘：《成都建筑材料工业设计研究院发展战略研究》，西南财经大学博士论文，2003 年。

[50] 王晓玉：《国外生产性服务业集聚研究述评》，《当代财经》，2006 年第 3 期。

[51] 阎小培、许学强：《广州城市基本—非基本经济活动的变化分析》，《地理学报》，1999 年第 7 期。

[52] 闫蓉：《国际工程设计与承包市场相关性的定量分析》，对外经济贸易大学硕士论文，2006 年。

[53] 闫伦江、叶卫江：《石油工程设计企业工程总承包业务发展的探讨》，《天然气与石油》，2006 年第 5 期。

[54] 姚莉英：《服务业集群发展模式研究》，《广东社会科学》，2006 年第 4 期。

[55] 余如生：《中国成达工程公司开拓印尼市场的策略研究》，西南财经大学博士论文，2007 年。

[56] 杨小凯、黄有光：《专业化与经济组织》，经济科学出版社，1999 年版。

[57] 杨文福：《无形资产的价值动因分析——以台湾网络 IC 设计业为例》，台湾交通大学硕士论文，2003 年。

[58] 杨向东、汤重熹、梁玉成：《面临国际竞争的中国工业设计业》，《郑州轻工业学院学报》（社会科学版），2000 年第 4 期。

[59] 杨亚琴、王丹：《国际大都市现代服务业集群发展的比较研究》，《世界经济研究》，2005 年第 1 期。

[60] 杨亚琴：《上海现代服务业集群发展的途径与机理》，《上海经济研究》，2005 年第 12 期。

[61] 杨婷婷：《中国工业设计的文化元素研究》，吉林大学硕士论文，2007 年。

[62] 杨伟东：《珠三角与长三角工业设计比较》，湖南大学硕士论文，2006 年。

[63] 杨琳、李建伟：《金融结构转变与实体经济结构升级》，《财贸经济》，2002 年第 2 期。

[64] 杨忠义：《以设计为主导的工程项目管理新模式的研究》，大连理工大学硕士论文，2002 年。

[65] 姚莉英：《服务业集群发展模式研究》，《广东社会科学》，2006 年第 4 期。

[66] 尹定邦、陈汗青、邵宏：《设计的营销与管理》，湖南科学技术出版社，2003

年版。

[67] 钟慧珍:《浅谈无形资产评价问题》,《会计研究月刊》,2000 年第 7 期。

[68] 张立:《文化创意产业格局下的工业设计思考》,《科技进步与决策》,2007 年第 8 期。

[69] 中国科技发展战略研究小组:《中国区域创新能力报告》(2006—2007),知识产权出版社,2007 年版。

[70] 朱柏颖:《工业设计电脑化电脑辅助工业设计》,《设计》,1997 年第 6 期。

[71] 朱柏颖:《电脑辅助工业设计的回顾与展望》,《电脑绘图与设计》,2001 年第 5 期。

[72] 刘凤朝、孙玉涛:《我国科技政策向创新政策演变的过程、趋势与建议——基于我国 289 项创新政策的实证分析》,《中国软科学》,2007 年第 5 期。

[73] Alchian, A. and Demstez, H.: Production, Information Costs and Economic Organization, *American Economic Review*, 1972, vol. 62.

[74] Audretsch, David, B. and Stephan, Paula: Company-Scientist Locational Links: The Case of Biotechnology, *American Economic Review*, 1996, vol. 86.

[75] Audretsch, D. B. and Vivarelli, M.: Determinants of New-Firm Startups in Italy, *Empirica*, 1996, vol. 23.

[76] Bain. J. S.: Economies of Scale, Concentration and Conditions of Entry in Twenty Manufacturing Industries, *American Economic Review*, 1954, vol. 44.

[77] Baptista, Rui: Do Innovations Diffuse Faster within Geographical Clusters? *International Journal of Industrial Organization*, 2000, vol. 18.

[78] Bell, C. R.: Intellectual Capital, *Executive Excellence*, 1997, vol. 14.

[79] Best, Michael, H.: *The New Competitive Advantage: The Renewal of American Industry*, Oxford University Press, 2001.

[80] Britton, J. N. H.: Network Structure of an Industrial Cluster: Electronics in Toronto, *Environment and Planning A*, 2003, vol. 35.

[81] Brooking, A.: *Intellectual Capital*, London: International Thomson Business Press, 1996.

[82] Buren, Mark E.: A Yardstick for Knowledge Management, *Training & Development*, 1999, May.

[83] Caves, R. E.: Multinational Firms Competition and Productivity in Host Country Markets, *Economics*, 1974, vol. 41.

[84] Coase, R.: The Nature of the Firm, *Economics*, 1937, vol. 4.

[85] Coffey, W. J. and Bailly, A. S.: Producer Services and Flexible Production: An Exploratory Analysis, *Growth and Change*, 1991, Fall.

[86] Chiesa, V., Manzini, R., and Pizzurno, E.: The Externalisation of R&D Activities and the Growing Market of Product Development Services, *R&D Management*, 2004,

vol. 34.

[87] Chulin Li, Guang-zhen Sun: Diversity of Specialization Patterns, Schur Convexity and Transference: A Note on the Measurement of the Division of Labor, *Division of Labor & Transaction Costs*, 2006, vol. 2.

[88] Daniels, P. W., and O'Connor, K.: The Planning Response to Urban Service Sector Growth: An international comparison, *Growth & Change*, 1991, vol. 22.

[89] Daniels, P. W.: *Service Industries: A Geographic Appraisal*, London: Methuen, 1985.

[90] David L. Mckee.: *Growth, Development, and the Service Economy in the Third World*, Praeger Publishers, 1988.

[91] David. B. Audretsch.: Agglomeration and the Location of Innovative Activity, *Oxford Review of Economic Policy*, 1998, vol. 14.

[92] Dzinkowski, Ramona: The Measurement and Management of Intellectual Capital: An Introduction, *Management Accounting*, 2000, vol. 78.

[93] Edvinsson, L. and Malone, M. S.: *Intellectual Capital—Realizing Your Company's True Value by Finding Its Hidden Brainpower*, New York: Harper Business Publisher, 1997.

[94] Feder, G.: On Exports and Economic Growth, *Journal of Development Economics*, 1983, vol. 12.

[95] G. M. Peter Swann, Rui Baptista: A Comparison of Clustering Dynamics in the US and UK Computer Industries, *Journal of Evolutionary Economics*, 1999, vol. 9.

[96] Gary. S. Becker, Kevin. M. Murphy: The Division of Labor, Coordination Cost and Knowledge, *The Quarterly Journal of Economics*, 1992, vol. 107.

[97] Griliches, Z.: Explanations of Productivity Growth: Is the Glass Half-empty?, *American Economic Review*, 1994, vol. 84.

[98] Grant R. M.: The Resource-Based Theory of Competitive Advantage: Implications for Strategy Formulation, *Management Review*, 1991, vol. 33.

[99] Glasmeier, A., Howland, M.: Service-led Rural Development: Definitions Theories and Empirical Evidence, *International Regional Science Review*, 1994, vol. 16.

[100] Globermans: Foreign Direct Investment and Spillover Efficiency Benefits in Canadian Manufacturing Industries, *Canadian Journal of Economics*, 1979, vol. 12.

[101] Hansen, Niles: Do Producer Services Induce Regional Economic Development, *Journal of Regional Science*, 1990, vol. 30.

[102] Howells, J.: Product Sophistication, Industrial Organization and Location: The UK Pharmaceutical Industry, *Environment and Planning A*, 1985, vol. 17.

[103] Archibugi, D., Howells, J., and Michie, J.: Innovation Policy in a Global Economy, Cambridge: Cambridge University Press, 1999.

[104] Kaplan, R. S, and Norton, D. P.: The Balanced Scorecard—Measures that Drive

Performances, *Harvard Business Review*, 1992, vol. 70.

[105] Kaplan, R. S, and Norton, D. P. : *The Balanced Scorecard—Translating Strategy into Action*, Boston: Harvard Business School Press, 1996.

[106] Armbrecht Jr. F. M. Ross, Chapas, Richard B. : Knowledge Management in Research and Development, *Research Technology Management*, 1992, vol. 44.

[107] Karagozoglu, N. , and Brown, W. B. : Time-Based Management of the New Product Development Process, *Journal of Product Innovation Management*, 1993, vol. 10.

[108] Karl Erik Sveiby: *The New Organizational Wealth*: *Managing and Measuring Knowledge-Based Assets*, Berrett-Koehler Publishers, Inc. , 1997.

[109] Kotler, A. S. H. , Leong, S. M. , Tan, C. T. : *Marketing Management—An Asian Perspective*, Prentice-hall, 1999.

[110] Laursen, K. , and Salter, A. : Open for Innovation: The Role of Openness in Explaining Innovation Performance among UK Manufacturing Firms, *Strategic Management*, 2006, vol. 27.

[111] Leslie, D. , and Reimer, S. : Situating Design in the Canadian Household Furniture Industry, *The Canadian Geographer*, 2006, vol. 50.

[112] Lev, B. : *Intangibles*: *Management, Measurement and Reporting*, Washington DC: Brookings Institute Press, 2001.

[113] MacPherson, A. : New Product Development among Small Industrial Firms: A Comparative Assessment of the Role of Technical Service Linkages in Toronto and Buffalo, *Economic Geography*, 1991, vol. 67.

[114] MacPherson, A. : A Comparison of Within-Firm and External Sources of Product Innovation, *Growth & Change*, 1997, vol. 28.

[115] MacPherson, A. : The Contribution of External Service Inputs to the Product Development Efforts of Small Manufacturing Firms, *R&D Management*, 1997, vol. 27.

[116] MacPherson, A. : The Role of External Technical Support in the Innovation Performance of Scientific Instruments Firms: Empirical Evidence from New York State, *Technovation*, 1997, vol. 17.

[117] Masoulas &Vasilis: Organization Requirements Definition for Intellectual Capital Management, *International Journal of Technology Management*, 1998, vol. 16.

[118] Magnus, B. & A. Kokko: Foreign Direct Investment and Spillover of Technology, *Technology of Management*, 2001, vol. 22.

[119] Martin, B. & M. Albu: Knowledge Systems and Technological Dynamism in Industrial Clusters in Developing Countries, *World Development*, 1999, vol. 27.

[120] Moullaert, F. & G. Camal : The Locational Geography of Advanced Producer Service Firms: The Limits of Economies of Agglomeration, *The Service Industries*

Journal, 1993, vol. 13.

[121] Okudan, G. E. & Zappe, S. E.: Teaching Product Design to Non-Engineers: A Review of Experience, Opportunities and Problems, *Technovation*, 2006, vol. 26.

[122] Oliver, E. & Williamson: Understanding the Employment Relation: The Analysis of Idiosyncratic Exchange, *Bell Journal of Economics*, 1975, vol. 6.

[123] Perry, M.: The Capacity of Producer Service to Generate Regional Growth: Some Evidence from a Peripheral Metropolitan Economy, *Environment and Planning*, 1991, vol. 23.

[124] Robertson, M. & Swan, J.: Modes of Organizing in an Expert Consultancy: A Case Study of Knowledge Power and Egos, *Organization*, 1998, vol. 5.

[125] Richardo, D.: *The Principle of Political Economy and Taxation*, London: Gaernsey Press, 1973.

[126] Riddle: *Service-led Growth: The Role of the Service Sector in World Development*, New York: Praeger, 1986.

[127] Rolf Stein: Producer Services, Transaction Activities, and Cities: Rethinking Occupational Categories in Economic Geography, *European Planning Studies*, 2002, vol. 6.

[128] Rosenau, M. D.: Faster New Product Development, *Journal of Product Innovation Management*, 1998, vol. 5.

[129] Ron, M. & P. Sunley: Deconstructing Clusters: Chaotic Concept or Policy Panacea, *Journal of Economic Geography*, 2003, vol. 3.

[130] Roos, J., G. Roos, L. Edvinsson, and N. C. Dragonetti: *Intellectual Capital: Navigating in the New Business Landscape*, New York: New York University Press, 1998.

[131] Saxenian, Anna Lee, Regional Networks: *Industrial Adaptation in Silicon Valley and Route 128*, Cambridge: Harvard University Press, 1994.

[132] Scott, A. J: Flexible Production Systems and Regional Development: the Rise of New Industrial Spaces in North America and Western Europe, *International Journal of Urban and Regional Research*, 1988, vol. 12.

[133] Senn Lanfranco: Service Activities' Urban Hierarchy and Cumulative Growth, *The Service Industries Journal*, 1993, vol. 13.

[134] Sveiby K. E.: The Intangible Assets Monitor, *Journal of Human Resource Costing & Accounting*, 1997, vol. 2.

[135] Sullivan, Patrick H.: *Profiting from Intellectual Capital: Extracting Value from Innovation*, New York: John Wiley & Sons, 1998.

[136] Standifird, S. S. & Marshall, R. S.: The Transaction Cost Advantage of Guanxi-Based Business Practices, *Journal of World Business*, 2000, vol. 35.

[137] Sven Illeri: Producer Services: The Key Sector for Future Economic Development, *Entrepreneurship & Regional Development: An International Journal*, 1989, vol. 1.

[138] Swann, Peter Prevezer, Martha: A Comparison of the Dynamics of Industrial Clustering in Computing and Biotechnology, *Research Policy*, 1996, vol. 25.

[139] Swann, G. M. Peter: The Functional form of Network Effects, *Information Economics and Policy*, 2002, vol. 14.

[140] Tether, B.: Who Co-operates for Innovation, and Why: An Empirical Analysis, *Research Policy*, 2002, vol. 31.

[141] Ulrich, D.: Intellectual Capital = Competence * Commitment, *Sloan Management Review*, 1998, vol. 339.

[142] Vanchan, V.: The Recent Growth Performance of US Firms in the Industrial Design Sector, *Industry & Innovation*, 2008, vol. 15.

[143] Williamson, O. E.: *The Economic Institutions of Capitalism*, New York: Free Press, 1988.

[144] Wood, P. J.: *Consultancy and Innovation*, London: Routledge, 2002.

[145] Yang, X. & Borland, J.: A Microeconomic Mechanism for Economic Growth, *Journal of Political Economy*, 1991, vol. 99.

[146] Young & Allyn: Increasing Returns and Economic Progress, *The Economic Journal*, 1928, vol. 38.

[147] Yusuf, S. & Nabeshima, K.: Creative Industries in East Asia, *Cities*, 2005, vol. 22.

[148] Rothwell, R. & Zegveld, W.: *Industrial Innovation and Public Policy*, Preparing for the 1980s and the 1990s, Frances Pinter, 1981.

[149] Vesa Yli-Pelkonen: Ecological Information in the Political Decision Making of Urban Land-use Planning, *Journal of Environmental Planning and Management*, 2008, vol. 51.

[150] You Zhao Liang, Ding Hau Huang, Wen Ko Chiou: Oriented Design to the Chinese Industries Scenario and Experience Innovation Design Approach for the Industrializing Countries in the Digital Technology Era, *Comput Inform Sci Eng*, 2007, 2.

[151] Guy Julier: Design and Political Economy in UK, *Knowledge, Technology & Policy*, 2009, 4.

[152] Sung-Sik Lee, Jaehwan Lee, Suk-Gill Jung, Young-Soon Park, Charn Moon: A Study on Design Industry Development Model of Korea in 2010, *Geo Journal*, 2010, 5.

后 记

工业设计产业研究是颇具挑战性的研究，由于统计资料和文献都较少，研究起来难度非常大。本书是在我的博士论文基础上经不断修改、丰富而最终形成的。在本书即将付梓之际，心存万分的欣喜和惶恐。欣喜的是，这部凝聚了我个人多年心血和汗水而独立完成的学术专著，能够呈现在读者面前，算是对多年来一直鼓励我的各位师长、同仁、家人和朋友的一个回报；惶恐的是，自己虽然近几年来一直对本论题进行跟踪研究，但毕竟才疏学浅，唯恐本书不能给读者提供充足的知识增量。无论如何，本书若能引发更多读者关注我国的设计产业，作者的预期目的也就达到了。

在本书面世之际，我心中充满无限的感激之情。在此，首先要感谢我的导师汪海粟教授。2006年我硕士毕业做出了"读博"的理性选择，有幸成为汪老师门下的一名博士研究生。汪老师学识渊博、思维睿智、治学严谨、为人豁达，深深感染着我。在确定博士论文选题过程中，导师以敏锐的洞察力为我确立了富有前瞻性和挑战性的选题。在研究进程中，每每遇到困难，导师的指点总能拨开迷雾。天道酬勤，本项研究已获得三项基金的资助并有十余篇系列论文在国内核心期刊陆续发表，今后唯有加倍努力才是对恩师最好的报答！

我要感谢胡立君教授、丁士军教授、任剑新教授。在开题报告会上，各位专家提出的建议和意见启迪了我的研究思路，对后来的研究和写作大有裨益。我要感谢博士论文答辩委员会主席简新华教授，委员王宗军教授、邬义钧教授、陈池波教授、胡立君教授、任剑新教授、段从清教授等。各位专家客观到位的评价，为我进一步完善论文形成本书提供了极大的帮助。我要感谢胡川教授、汪峰副研究员、文豪副教授、张世如副教授曾给予我的提携、鼓励和无私的帮助。

在本书写作过程中，本人还得到了学院领导辛忠孝书记、陈池波院长的大力支持和众多满怀善意的同事热情的鼓励。这些来自方方面面的支持和帮助，我将一并铭刻在心，并把它们化为前行的鼓舞和动力。

最后，我还要感谢我的先生江昊、爱女江筱宽，有了你们的理解和默默支持，我才能安心学习和工作。

由于我从事工业设计产业研究的时日尚短，书中错谬浅陋之处在所难免，但犹存敝帚自珍之心，故贡献于大家，恳请读者批评指正。

王娟娟

2013年7月于武汉绿汀雅境